KDI 원로들의 증언 – 1980년대

KDI, 자율·경쟁·개방의 시대를 열다

나남
nanam

편찬에 참여하신 분들

KDI 원로들의 증언 – 1980년대

KDI, 자율·경쟁·개방의 시대를 열다

KDI 원로들의 증언 편찬위원회

나남
nanam

1980년대 한국 경제는 만성적 인플레이션을 진정시키기 위해 통화와 재정긴축을 단행하는 안정화, 정부 주도 성장에서 시장기능을 중요시하는 자율과 경쟁, 그리고 수입개방을 통해 물가를 안정시키고 경쟁력을 높이는 개방화로 전환했습니다.

물가안정을 위한 환율 현실화, 안정적 통화공급, 건전재정 등 KDI의 건의들은 1980년대 정부의 경제정책 기조에 그대로 반영되었습니다. 수입자유화 방안을 제시함으로써 단계적 관세인하 정책의 이론적 밑받침을 제공했으며, 공기업 부문의 효율성 제고와 민영화를 위한 연구는 정부투자기관 책임경영제도의 개발과 운영 개선을 위한 중요한 지침서가 되었습니다. 재벌들의 경제력집중에 문제의식을 가지고 연구를 지속하여 〈공정거래법〉 제정과 이후 이 법의 개정 작업에도 많은 역할을 했습니다.

소득분배와 사회보장체제에 관한 실증 연구들은 의료보험, 산업재해, 연금 및 퇴직금, 고용보험제도 등의 설계와 도입을 견인했습니다. 금융시장 기능을 되찾기 위한 금리자유화 연구에도 앞장섰으며, 북한의 산업 및 무역구조와 경제제도 등 북한 경제실상 분석과 남북한 경제협력 방안에 관한 정부의 기본정책 수립을 지원했습니다.

이 책은 1980년대 한국 경제가 안정화·개방화·자율화를 추진하는 과정에서 KDI가 수행한 정책연구가 정책 수립에 어떻게 기여했는지 당시 연구자와 관계자의 구술을 중심으로 정리했습니다. 그 과정에서 불가피하게 당시 연구자를 대신하여 지인의 이야기나 관련 사료로 대신한 경우도 있음을 양해해 주시길 바랍니다.

이 책에서는 1980년대에 KDI가 수행한 모든 연구 내용을 소개하지는 못했습니다. 또한 KDI의 연구를 체계적으로 분석한 것이 아님을 알려드립니다. 그러나 정책연구와 제안 그리고 정책 개선을 위한 당시 정책담당자나 연구자의 생각이 드러나 있어 경제정책 수립 과정에서 정책연구의 역할과 기여에 대한 독자들의 궁금증 해소에 도움이 되리라 생각합니다.

끝으로 이 책이 나오기까지 수고해 주신 모든 분들께 감사를 드립니다. 먼저 증언해 주신 원로들께 깊은 감사를 드립니다. 인터뷰에 응해 주신 KDI 원로들은 당시의 기억을 되살려 증언해 주신 것은 물론 소장하고 있던 진귀한 자료까지 찾아 주는 수고를 아끼지 않으셨습니다.

편찬위원회에서는 시대별로 정책연구의 핵심 쟁점과 주요 편찬 방향을 설정하고 증언해 주실 원로분들의 선정은 물론 원고 검토 등 책의 완성도를 높이기 위해 많은 노력을 기울여 주셨습니다. 송대희 편찬위원장과 남상우·노성태·여운방·설광언·전홍택·김주훈·조병구 편찬위원, 증언 기록을 책으로 재구성하는 과정에서 많은 KDI 보고서를 일일이 찾아 읽고 확인하고 보완해 주신 홍은주 교수님께 감사드립니다. 그리고 이 프로젝트의 실무를 담당한 주호성 실장을 비롯한 KDI 경제정보센터 연구진에게도 감사를 표합니다.

2023년 11월
KDI 원장 조 동 철

1980년대에 접어들면서 한국 경제는 어려운 국내외 경제환경에 처하게 되었습니다. 세계적으로 1979년에 촉발된 제2차 석유파동으로 1980년대 초부터 고물가·고실업의 스태그플레이션에 따라 많은 나라가 저성장의 어려움을 겪었습니다. 국내적으로도 1979년 박정희 대통령 시해 사건과 1980년 농업생산 부진에 따른 마이너스 경제성장 등 극심한 사회혼란과 경제불황을 경험하면서 1980년대를 맞이했습니다.

그러나 한국 경제는 1980~1990년 기간 중 연평균 8.9%라는 고도성장을 실현하여 1인당 GDP가 같은 기간 중 한국보다 높았던 22개국을 추월함으로써 상위 중진국 수준으로 도약하는 데 성공했습니다. 물가도 한 자릿수로 안정시켰고 실업률도 낮아졌으며 정부지출도 억제하여 GNP 대비 국가부채비율도 감소시켰습니다. 1인당 GDP가 1980년에 1,700달러 수준이었으나 1996년에는 1만 달러를 넘자 한국은 선진국 클럽인 OECD에 가입했습니다.

이 책에서는 이와 같이 한국이 고도성장을 지속해 나갔던 1980~1990년 기간 중 KDI의 정책 기여 연구활동을 원로들의 증언을 통해 들어 보았습니다. 원로 증언 대상 연구주제의 선정, 선정된 연구주제 관련 증언 원로 및 관련 공직자 등 관계자의 선정, 증언녹취기록 중 지면 제약 등의 이유로 제외해야 할 부분의 검토 및 편집 등은 편찬위원회에서 결정했습니다. 원로 증언은 1980년대 연구활동을 주 대상으로 했으나 관련 연구가 지속된 경우 1990년대와 2000년대까지 언급했습니다.

원로들의 증언을 엮어 한 권의 책으로 발간하기까지 감사할 분이 많습니다. 특히 기꺼이 증언해 주신 원로들께 감사드립니다. 인터뷰를 돕기 위해 배석하여 말씀을 보태어 주신 분들께도 감사를 표합니다. 이 책이 발간되도록 적극적으로 뒷받침해 주신 조동철 원장께 감사의 마음을 전

합니다. 항상 좋은 의견을 내주신 남상우 박사를 비롯한 편찬위원들과 행정적으로 뒷받침해 준 주호성 실장을 비롯한 KDI 직원들께도 감사드립니다. 또한 증언 기록을 책으로 재구성하는 과정에서 관련 KDI 보고서를 일일이 찾아 읽으며 확인하고 보완해 주신 홍은주 교수께 감사드립니다.

2023년 11월
편찬위원장 송 대 희

지중해가 세상의 중심이던 아득한 옛날, 유럽과 소아시아인들은 지중해의 끝으로 가면 지옥의 절벽으로 떨어진다고 믿었습니다. 그리고 그 절벽으로 가는 마지막 관문을 헤라클레스의 기둥 Columnae Herculis이라고 불렀습니다. 지금의 이베리아반도와 북아프리카 사이, 지중해에서 대서양으로 넘어가는 지브롤터 해협에서 볼 수 있는 날카로운 바위산이었습니다.

그런데 기존의 잘못된 지식의 틀을 깨는 용감한 사람들은 항상 존재하는 법입니다. 호기심 많은 일단의 선원들이 헤라클레스의 기둥을 지나 지중해를 벗어났습니다. 이들은 헤라클레스의 기둥 너머에 절벽이 아니라 지중해보다 훨씬 더 큰 바다인 대서양이 있다는 것을 발견했습니다.

제가 이 책의 편찬과 기록 작업에 참여하면서 알게 된 사실은 KDI의 시니어 연구원들을 비롯하여 그들과 작업한 많은 사람들이 헤라클레스의 기둥을 넘은 '용감한 지식 선원들'이라는 점입니다. '용감한'이라는 표현을 쓴 데는 이유가 있습니다. 과거의 지식과 경험에 매몰된 안전한 세상을 벗어나 불안하고 좌표도 분명치 않은 개방화와 세계화로 한국 경제를 이끌어내고 시대를 한참 앞서 제도개혁을 주장하려면 만만치 않은 기득권의 저항에 부딪히기 때문입니다.

1980년대 초반에 KDI가 수행한 관세정책 개편 방안 및 개방화 연구는 '8% 균일관세율' 제도의 도입을 주장하여 한국 경제를 수입개방화 시대로 극적으로 이끌었습니다. 높은 관세율의 보호를 받아 편안하게 온존해온 많은 기업들은 갑자기 낮아진 관세에 일부는 당황하고 일부는 크게 반발했습니다.

GATT 우루과이라운드보다 훨씬 앞서 "주곡을 제외한 농산물 시장 개방 및 농업 구조조정을 선제적으로 수행해야 한다"고 외쳤던 연구 때문에 KDI는 분노한 농민들로부터 '쇠똥세례'를 받았습니다. 한국을 '제2의 일본'으로 경계하던 미국이 〈미국통상법〉 301조를 동원한 통상압력을 가하는 것을 감지하고 이를 선제적으로 해소하기 위해 상공부 차관으로 가서 수입자유화를 직접 챙겼던 KDI 원장은 '미국 CIA의 앞잡이'라는 뒷말을 들었습니다. 그 시절 선제적 개방화와 구조조정을 주장했던 KDI 연구원들은 대부분 비슷한 비난에 직면했습니다.

이 같은 저항을 이겨내면서 1980년대에 KDI는 한국 경제의 새로운 패러다임으로 개방화 연구를 지속했고 개방론은 KDI의 대표적 브랜드가 되었습니다. 좁지만 안전했던 국내 시장을 넘어 넓지만 불확실한 세상으로 항해하기 시작한 한국은 지금 세계 10위의 통상대국으로 부상했습니다.

KDI는 국내적으로도 〈공정거래법〉의 제정과 정착에 경제학적 통찰을 제공했습니다. 〈공정거래법〉은 당연히 재계의 거센 반대에 부딪혔습니다. 법안의 핵심 경쟁논리, 특히 경제력집중 방지 관련 내용을 KDI가 제공했다는 사실이 알려지면서 연구를 주도한 일부 KDI 박사들은 한동안 정체 모를 협박 전화에 시달리기도 했습니다.

이러한 과정을 거쳐 1980년 12월 31일에 제정된 〈독점규제 및 공정거래에 관한 법률〉(약칭 〈공정거래법〉)은 재화와 서비스가 거래되는 시장에 공정하고 투명한 경쟁의 질서를 정착시켜 물가안정 및 소비자 후생을 높이는 데 결정적 역할을 했습니다. 대기업 위주의 기울어진 운동장을 중소기업과의 상생협력의 장으로 변화시켜 공급망의 효율성을 높이고 한국 경제가 균형발전을 하는 데도 기여했습니다.

현재 한국 경제의 높은 위상, 대서양과 태평양을 넘나드는 글로벌 지평과 선진화된 시장 시스템은 1980년대 KDI의 지식탐험에 힘입은 바가 크다는 점을 이 책에서 분명히 알 수 있습니다.

2023년 11월
집필자 홍 은 주

KDI 원로들의 증언―1980년대

KDI, 자율·경쟁·개방의 시대를 열다

차 례

개발연대의 종언과 위기 속의 변화

국보위의 등장과 안정화 시책의 도입

1979년 말 박정희 대통령 시해사건 이후 지속된 정치적·사회적 불안은 제2차 석유 파동의 여파로 가뜩이나 어렵던 한국 경제를 점점 더 힘든 상황으로 몰고 갔다. 1980년 여름 냉해로 흉작까지 이어지면서 도매물가 상승률은 40%를 상회했다. 1980년 한국 경제는 마이너스 성장과 대규모 경상수지 적자를 기록하면서 최악의 위기를 맞았다.

정치·경제적 혼란과 사회적 소요가 계속되자 신군부는 1980년 5월 16일 밤, 부분계엄을 전국계엄으로 확대하는 한편 행정 공백과 정치 공백 상태를 메우기 위해 '국가보위비상대책위원회'(이하 국보위)를 발족시켰다. 국보위는 사실상 국무회의와 국회 기능을 통합한 강력한 힘을 가진 조직이었다.

이 과정에서 경제기획원EPB: Economic Planning Board의 기획국장으로 있다가 한국개발연구원KDI: Korea Development Institute으로 부임하기로 예정되어 있던 김재익 박사가 국보위 경제과학분과위원회 간사를 맡게 되었다. 당시 국보위 경제과학분과위원회 간사는 오늘날로 말하면 국회 경제과학위원회 상임위원장에 행정부 경제부총리와 경제수석까지 겸한 그야말로 막강한 자리였다. 안정화 및 자율·개방론을 주장하던 대표적 인물인 김재익 박사가 간사를 맡았기 때문에 자연스럽게 경제기획원과 KDI가 1970년대 말부터 추진했던 안정화 시책이 신군부의 핵심 경제정책으로 자리 잡았다.

당시 경제기획원에서 통계국장으로 일했던 KDI 김대영 박사는 그때 상황을 다음과 같이 회고한다. [1]

국보위가 생기기 이틀 전쯤인가? 그날이 금요일이었는데, 경제기획원 차관이 김재익 씨와 저 두 사람을 부르더니 김재익 국장에게는 "당신은 그동안 수고 많이 했으니까 KDI에 가서 좀 쉬어라", 그리고 저에게는 "당신은 일을 조금 더 도와주고 가라"고 그럽니다. 그래서 김재익 박사가 KDI로 가는 걸로 내정되어 있었어요.

그런데 바로 이틀 뒤에 국보위가 생기면서 김재익 씨가 국보위 간사로 갔어요. 그러다 제5공화국이 들어서면서 경제수석으로 자리를 옮긴 겁니다.

김재익 박사가 나중에 수석이 되었을 때 나라 경제를 위해서 얼마만큼 노력했느냐 하면 "통계의 중요성이 대통령 머릿속에 박혀 있어야 된다"면서 저보고 대통령에게 1시간 동안 브리핑을 하래요. 그래서 제가 고민하느라 며칠 동안 잠을 못 잤습니다. 통계국장한테 대통령에게 직접 브리핑할 기회를 주는 경제수석은 김재익 수석 외에 달리 없을 겁니다. 물론 그것은 저를 위해서가 아니라 대통령 교육용으로 필요했던 겁니다.

그래서 제가 차트를 만들어 대통령께 보고드렸더니 "뭐, 알아들을 것 같기도 하고 아닌 것 같기도 하고 잘 모르겠다"고 해요. 굉장히 솔직한 반응이었습니다(웃음). 전 대통령이 허삼수 비서실장을 불러서 "자네들도 통계국장한테 교육 좀 받아야겠어" 그러더니 저보고 거기 가서 다시 한번 교육하라는 겁니다.

---

1 김대영, KDI 원로 인터뷰, 〈KDI 아카이브〉, 2017. 3. 18.

KDI, 한국 경제의 대전환을 이끌어내다

당시 신군부는 다행히 경제정책에 크게 간섭하지 않았다. 경제는 오로지 경제관료와 전문가들의 판단에 맡겨졌다. [2]

"12·12를 계기로 전두환 보안사령관을 중심으로 하는 신군부 세력이 정권의 핵심으로 진입했지만 경제 쪽에는 신경을 쓸 겨를이 없었어요. 복잡한 경제 현상에 대한 전문지식도 없었을 뿐만 아니라 정치적 승부에 총력을 기울이고 있던 상황이었으니까요. 이 같은 분위기는 1980년 국보위가 구성될 때까지 계속되었고, 따라서 이 시기 경제정책은 전적으로 경제관료들의 판단에 맡겨진 상태였습니다"라는 것이 당시 군부 핵심 인사의 설명이다.

때로 축복은 위기의 가면을 쓰고 다가온다. 1980년 한국이 직면했던 정치적 위기는 역설적으로 경제 면에서 큰 기회가 되었다. 정부 주도 성장에서 시장기능을 중시하는 자율화 시대로, 만성적 악성 인플레이션inflation 완화를 위해 통화와 재정 긴축을 단행하는 안정화 시대로, 수출 일변도 정책에서 수입개방을 통해 물가를 안정시키고 경쟁력을 높이는 개방화 시대로 이행하기 위해 한국은 경제정책의 대전환을 시도했다.

KDI는 경제기획원과 함께 1980년대 경제정책 개혁의 선봉에 나서며 큰 변화의 흐름을 이끌어냈다. 1970년대 후반부터 안정화·개방화·자율화의 이론적 밑그림을 그렸을 뿐만 아니라, 이 내용이 경제발전 계획에 반영되어 시행되도록 자문했다. [3] 1979년 12·12 사태 이후 악화된 경제위기 수습에도 앞장섰다. [4]

1980년대 초반에 이르러 KDI는 소득계층 간 갈등을 줄이고 사회적 형평성을 증진시키기 위해 사회복지제도 강화를 강하게 주장했다. 의료보험제도를 연구하고 도입하는 데 KDI는 크게 기여했다. 일찍이 국민연금 도입을 주장하고 대통령을 끊

---

2 이장규, 《경제는 당신이 대통령이야》, 올림, 2008, 92쪽.
3 경제 안정화 종합시책, '제5차 경제사회발전 5개년 계획' 수립 등에 참여했다.
4 1980년 재무부가 발표한 '환율 및 금리인상 조치'(1·12 조치)를 기획했다.

임없이 설득하여 1988년 국민연금을 도입하는 제도적 쾌거를 올리는 데도 KDI가 핵심적 역할을 수행했다.

KDI는 또한 재벌기업들의 경제력집중이 야기하는 문제점에 주목하는 연구를 계속하여 최초의 〈공정거래법〉 제정에 기여했고, 이후 이 법의 개정 작업에서도 결정적 역할을 했다. 5 나아가 공기업 비효율을 시정하기 위해 공기업 평가제도와 법을 제정하여 국가재정의 효율성을 높이는 데 앞장섰다. 6 금융시장 기능을 되찾기 위해 금리자유화 연구에도 힘썼다. 소련 해체와 사회주의 몰락이 시작된 1980년대 후반부터는 북한 경제와 통일대비 연구에 크게 기여했다. 나아가 국제교류협력 사업을 추진하며 개발도상국을 비롯한 국제사회와 경제개발 경험과 지식을 공유했다.

1980년대에 들이닥친 위기와 혼란의 고비마다 KDI는 이를 극복할 장단기 정책 방향을 설정하기 위해 정책 연구와 수립에 앞장섰을 뿐만 아니라 활발한 국제교류를 통해 한국 경제의 위상을 높이는 데도 큰 역할을 수행했다.

---

5 1980년 〈공정거래법〉 제정과 1986년 〈공정거래법〉 개정 작업에 참여했다.
6 1983년 〈정부투자기관관리 기본법〉 제정 작업에 참여했다.

경제정책의 대전환,
안정화 연구

1장

1980년 위기극복 대책

KDI, 경제 긴급조치서 환율인상 주장

1979년 말 박정희 대통령 사후 한국은 정치와 경제 면에서 한 치 앞을 내다보기 어려운 혼미한 안개 정국에 접어든다. 특히 경제적으로 제2차 석유파동이 장기화되면서 경기침체와 물가불안, 국제수지 악화라는 삼중고에 시달렸다. 국제 신용평가기관들이 한국의 신용등급을 하향 조정하여 외환위기가 우려되는 다급한 상황에서 특단의 조치가 필요했다. 더 근본적인 문제는 원유의 수입물량 자체를 확보할 수 없다는 사실이었다. 비축된 석유량이 바닥을 드러내고 있었다. 하필 한겨울에 이 사달이 났으니 온 국민이 추위에 떨어야 했다. 1980년을 한 달 앞둔 한국 경제는 그야말로 안팎이 캄캄했다.

대통령 유고 사태로 국가 정책의 최고 책임자가 된 신현확 총리는 물가불안과 국제수지 악화 및 외자유출 사태를 막기 위해 경제기획원에 경제 긴급조치를 주문했다. 경제기획원과 재무부 공무원들과 KDI 박사들은 호텔에서 합숙하면서 1980년 1월 초에 발표할 경제위기 극복을 위한 긴급조치 방안을 마련했다. 이때 합숙에서 안정화의 기본 방향에는 모두 합의했지만 가장 논란이 된 부분은 환율인상이었다.

1970년대 한국은 중화학공업 투자와 건설을 위해 거액의 외자를 도입하면서 기업들의 외자 상환 부담을 줄여 주기 위해 환율을 달러당 484원으로 오랫동안 고정시켰다. 인위적 원화 고평가가 지속되자 실질환율이 20% 이상 절상되어 1970년대 후반에는 수출부진과 경상수지 악화를 야기하는 부작용을 낳았다.

KDI 팀은 이 같은 상황을 적시하면서 "국제수지 적자를 줄이고 외환위기를 돌파하려면 과감한 환율 현실화가 필요하다"고 주장했다.

남상우 당시에 저는 KDI에서 주니어였습니다. 우리 신임 연구원들이 KDI 계량모델을 돌려 시뮬레이션 결과를 가져다드리면 구본호 부원장이나 김만제 원장님 같은 분들이 본인들의 경험과 직관을 가지고 "아, 이 정도 선으로 가면 좋겠다"고 최종 결정을 내리던 시절입니다.

KDI의 추산 결과, 환율을 달러당 484원에서 580원으로 인상하면 수출은 3억 달러가 증가하고 수입은 3억 달러가 감소할 것으로 추정되었습니다. 환율정책을 물가 대책으로 써서는 안 된다는 데는 KDI 거시경제학자들은 대부분 동의했습니다. 그것은 경험적으로 축적된 지혜였죠. 환율은 국제수지 방어와 수출을 위해 가장 중요한 정책변수이기 때문에 환율은 적정 수준을 유지해야 한다고 봤습니다.

그때까지 한국은 외채가 많아 달러당 484원 수준에서 환율이 인위적으로 오래 묶여 있었기 때문에 수출 채산성이 아주 나빴습니다. 1979년에 수출 채산성이 확 떨어지는 게 눈에 보여서, 우리가 국제수지 방어를 위해 환율인상을 주장한 겁니다. 환율인상이 수입물가를 올리겠지만 물가 잡는 방법은 환율 말고 다른 수단도 있었기 때문이죠.

그러나 경제기획원의 강경식 차관보는 석유파동 와중에 환율까지 올리면 수입물가가 급등할 것이라는 현실적 우려 때문에 이를 완강히 반대했다. 의견이 팽팽하게 엇갈리면서 강 차관보와 구본호 부원장 사이에 난상토론이 벌어졌다.

다음은 구본호 박사의 회고이다. [1]

---

1 구본호, KDI 원로 인터뷰, 〈KDI 아카이브〉, 2017. 3. 8.

20

1980년을 전후하여 연간 도매물가상승률이 40% 가까이 될 때이니까, 강경식 차관보는 환율을 올리면 물가가 더 오르게 된다는 이유에서 반대했습니다.

이에 대해 저는 "재정도 긴축이고 금융도 긴축인데, 그러면 경기부양은 무엇으로 할 것이냐? 환율이다. 정책목표가 세 가지이면 정책 수단도 적어도 세 가지 이상이 되어야 답이 나온다"고 하면서 환율인상을 주장했습니다. 그렇게 두 시간, 세 시간 둘이서 난상토론을 계속했죠. 결론을 내리지 못한 채 밤 9시쯤 남상우 박사에게 초안을 작성하라고 하고 퇴근했습니다.

그런데 그다음 날 아침에 KDI에 출근해 보니 강 차관보가 환율을 484원에서 580원으로 올려놓았습니다. 제 주장이 고스란히 반영된 것이었죠.

구본호 박사는 "강 차관보가 그 전날 그렇게 완강히 반대해 놓고도 다음 날 아침 아무 말도 없이 내 주장을 전적으로 수용한 점이 인상적이었다"고 기억한다. 이 에피소드에 대해 강경식 차관보를 가까이에서 보좌했던 오종남 당시 기획원 사무관은 강 차관보가 밤새 정책을 곱씹다가 필요하다고 생각하면 유연하게 사고의 전환을 하는 스타일이었다고 기억한다.

당시 경제기획원 사무관이던 오종남 박사의 회고이다.

오종남 달러당 484원을 지켜온 지가 오래되어 고정환율 비슷하게 되어 버렸어요. 그런데 이걸 한꺼번에 580원으로 올리자고 KDI가 강하게 주장하니까 강경식 차관보가 밤새 고민하다가 그걸 받아들이기로 단안을 내린 것입니다.

제가 당시 옆에서 보니까 강 차관보의 사고가 굉장히 유연하고 일단 한번 결정을 내리면 정책으로 밀어붙이는 힘이 대단합니다. 왜 아침에 갑자기 방향을 바꿨느냐? 이분이 정책의 방향에 대해 밤새 많이 생각하나 봐요. 저녁에 "오 사무관, 이거 이렇게 작업해" 하고는 다음 날 아침에 출근해서 주제를 바꾸는 경우가 적지 않았어요. "내가 밤새 고민해 보니까 이게 맞는 것 같으니 이렇게 가자"고 하는 거죠.

"소나기 오는데 천둥까지 치게 만들려는가?"

물가가 걷잡을 수 없이 폭등하던 시절에 환율인상은 큰 모험이었다. 1970년대 말에 대통령의 뜻을 정면으로 거스르면서 안정화 정책을 소신껏 밀어붙였던 신현확 총리 조차 "환율이 오르면 물가 오름세에 기름을 붓는 것 아닌가?"라면서 환율인상 방안에 큰 우려를 나타냈다.

구본호 박사는 당시 상황을 이렇게 회고한다. [2]

1980년 1월 초에 신현확 총리께 강경식 차관보와 김만제 원장 그리고 제가 외환위기를 극복하려면 환율인상을 해야 한다고 보고하자 신 총리가 화를 냈습니다.

"재정긴축, 금융긴축은 좋은데, 환율인상은 안 된다. 안 그래도 지금 물가가 이렇게 오르는데 환율을 올리면 어떻게 되겠는가? 나는 지금 정치적으로 소나기를 맞고 있는데 당신들이 천둥까지 치게 만들려고 하는가? 서민들이 지금 악성 인플레이션 때문에 이렇게 고생하는데 여기에 어떻게 기름을 부을 수 있겠는가? 환율인상만은 안 된다."

그런데 그때까지 가만히 듣고만 있던 김만제 원장이 "그래도 구 박사 말이 옳습니다"라고 말하더라고요.

보고를 마치고 나오면서 제가 김 원장에게, "경제는 말뚝을 제대로 박아야지요. 금리, 환율이라든가 재정이라든가 이런 큰 거시지표를 제대로 박아야 물 흐름이 제대로 갈 것 아닙니까? 정치를 끌고 들어오다니 실망입니다"라고 했습니다.

이 말에 김 원장이 "두고 보세요. 신 총리가 구 박사 말을 들을 겁니다"라고 하더니 실제로 그렇게 되었습니다.

합숙 당시 경제기획원의 오종남 사무관과 KDI의 남상우 박사는 각각의 기관을 대표하여 최종 집필을 책임졌다. 두 사람 다 아직 젊을 때다. 밤샘 작업을 밥 먹듯 해도 체력이 떨어지지 않았고, 오랫동안 작업을 같이하면서 형, 아우로 부를 만큼 친분이 두터워졌다.

---

2 구본호, KDI 원로 인터뷰, 〈KDI 아카이브〉, 2017. 3. 8.

오종남 1979년 말에 남 박사님과 저, 그리고 다른 관계자들이 호텔방에 들어가서 위기극복 대책 마련을 위해 철야 작업을 했죠. 그때 온갖 대책이 다 논의되었는데 금리나 환율의 경우 경제기획원 업무가 아니니까, 재무부 이용만 차관보, 정영의 국장까지 불러서 논의했습니다.

재무부의 정영의 국장과 강경식 차관보가 고시 동기인가 그래요. 제가 지금도 기억나는데, 그 자리에서 두 분이 아주 격렬하게 언쟁을 벌였습니다. 정 국장은 "금융도 잘 모르는 사람이 무슨 금리, 환율을 언급하느냐?"는 논리를 내세웠어요. 강 차관보는 "그래, 내가 잘 모른다. 그런데 모르는 사람이 개혁을 하는 거다"라고 맞받아 쳤지요.

당시 강경식 차관보가 관치금융을 잡기 위해 주장하던 게 금융자율화였거든요. 그런데 안정화를 지지하는 신현확 씨가 힘이 있을 때니까 결국 재무부 업무였던 금리와 환율도 경제기획원과 KDI가 다 가져와서 주도권을 갖고 자율화 작업을 하게 된 것입니다.

남상우 그때 KDI에서 작업한 것이 〈경제난국 극복대책〉이란 보고서예요. 1980년 1월에 발표한 자료인데, 1979년 연말에 호텔에서 작업했습니다. 당시 작업 내용을 보면, (환율인상을) 반대하는 쪽에서는 환율을 올리면 수입물가가 더 오를 수 있다는 문제를 제기했습니다. 우리는 환율을 현실화하되, 물가를 그냥 내버려 두면 곤란하겠다고 판단하여 환율에 더해 금리까지 인상하는 안을 검토했어요.

그래서 KDI에서 환율을 올리고 금리를 안 올리면 어떻게 되는지, 금리까지 다 올리면 경제에 어떤 영향을 미치는지 종합 시뮬레이션해서 결괏값을 보고서에 기록했습니다. 결국 경제가 계속 좋지 않고 인플레이션이 잡히는 기미가 보이자 1982년에는 금리를 확 내렸지만요.

저는 주로 KDI 거시경제모형에 기초해 환율 수준에 따른 시뮬레이션 결과치를 도출하여 보여 주면서 정책 선택을 도왔습니다. KDI에서는 거시분석팀뿐만 아니라 곽태원 박사라든가 문희화 박사라든가 다른 분들도 무척 고생했습니다.

오종남 그때 우리가 호텔에서 공동 작업을 하면서 집에도 못 가고, 그렇다고 뭘 하고 있다고 설명도 못 했어요. 어느 날 집사람이 "당신 대체 무엇 때문에 집에도 못 들어와요?"라고 자꾸 물어보니 난감했죠.

당시 많은 분들이 작업에 참여했지만 결국 최종적으로 보고서를 쓰기 위한 펜대를 잡은 것은 저와 남상우 박사님 둘이었죠. 다른 분들은 부분적으로 도왔기 때문에 자신이 전체적으로 무슨 일을 돕는지 정확히 알지 못했을 수도 있습니다.

특히 환율인상 문제는 시장에 흘러 나가면 큰일 날 수 있기 때문에 보안 유지가 중요했죠. 그런데 그때 환율인상이 이루어질지도 모른다는 루머가 시중에 퍼져 시장에 큰 혼란이 일어났습니다.

당시 시장이 요동쳤던 이유는 알고 보니 최규하 대통령이 환율을 인상하는 것이 옳은지 판단하기 위해 외부 전문가 몇 사람에게 물어본 것이 화근이었다. 이를 확인하는 과정에서 일부 내용이 시장에 흘러 나가 평지풍파가 일어난 것이다.

경제 회복의 신호탄이 된 '1·12 조치'

더 이상 발표를 미루면 혼란이 더 걷잡을 수 없이 커지리라는 판단하에 철야 작업 끝에 1980년 1월 12일 '1·12 긴급조치'가 발표되었다.

이 조치의 핵심은 급격한 금리 인상 조치와 환율 20% 인상 조치였다.[3] 어느 정도 부작용이 우려되었지만 가장 큰 문제인 국제수지 방어와 고용 증가를 최우선 순위에 둔 그야말로 긴급조치였다. 언론에서도 '고육지책'이자 '모험적 시도'라고 보도했다.[4]

---

3 금리는 평균 18.8%에서 24%로 올랐다. 수출금리는 연 9%에서 당분간 12%로 인상하되 이후 15%로 올리기로 했다.
4 〈경향신문〉, 1980. 1. 14.

다행히 환율을 올리자 1980년 수출은 12.6% 증가했고, 이후 한국 경제가 경상수지를 회복하는 데 큰 도움이 되었다.

1·12 조치 당시 경제부총리를 맡았던 이한빈 박사는 국제통화기금IMF과 국제부흥개발은행IBRD 등 국제기구에서 당시 한국의 과감한 환율 평가절하를 적절한 정책으로 평가했다고 회고한다. [5]

저는 KDI 전문가들의 주장(환율인상)에 의견을 같이하고 있었어요. 그래서 1980년 1월 12일을 기해서 환율을 20% 평가절하를 단행했지요.

그해 2월 워싱턴에 가서 여러 사람들을 만나는 김에 IBRD의 맥나마라Robert S. McNamara 총재와 IMF의 자크 드 라로지에르Jacques de Larosière 전무이사를 만났는데 우리의 평가절하 조치를 극찬해 주었습니다. 이들의 반응을 보고 이러한 정책은 지금 당장은 국내에서 비난을 받지만 시간이 지나면 경제호전의 기초가 되겠구나 하는 확신 같은 것을 느낄 수 있었지요.

---

5 이한빈 인터뷰(대담 김주남), 〈EPB는 이렇게 태어났다: 기획과 예산을 통합한 Super-Ministry의 필요성 절감〉, 1989, 22쪽.

2장

안정화 정책에 대한 기여

KDI의 안정화 연구와 경제 패러다임의 전환

KDI는 1970년대 초부터 물가안정에 기반한 성장 전략을 지속적으로 건의했다. 일찍이 1972년 8·3 조치 때도 물가 3% 달성 필요성을 주장했고, 제1차 석유파동에 따른 1974년 1월 비상경제대책 발표 시에도 물가 3% 달성 필요성을 강조했다.

KDI의 물가 3% 달성 필요성 건의는 1970년대 중후반 중화학공업 육성 드라이브를 비롯한 성장정책에 밀려 빛을 보지 못하다가 1970년대 말부터 경제기획원을 중심으로 경제관료들 사이에서 공감대가 확산되었다.

1978년 말부터 그동안 안정적이던 국제 원유 가격이 인상되었고 동시에 다른 국제원자재 가격도 상승하기 시작하면서, 한국 경제는 제2의 석유파동을 맞이했다. 1979년에는 수출 증가 속도가 현저히 줄어들었고 불황의 어두운 그림자가 드리워졌다.

이러한 상황 훨씬 이전부터 한국 경제가 당면한 문제에 대해 정책대안이 지속적으로 제시되었고 또 검토되었다. 경제위기의 시작과 함께 그동안 논의된 정책의 재검토가 본격화된 것은 한국 경제의 장기적 발전에 중요한 전기가 되었다.

1979년 3월, 박정희 대통령은 한국 경제가 당면한 과제 해결을 위해 특별 정책협의회를 소집했다. 경제기획원 장관, 대통령 경제담당특별보좌관, 경제 제1수석비서관, 경제과학심의회 상임위원, 한국은행 총재, KDI 원장으로부터 한국 경제가 왜 활력을 잃어 가는지, 어떤 처방이 필요한지 보고받았다.

박 대통령은 그 자리에서 한국 경제의 장기적 성장을 위해 안정기조 정착이 선결과제라는 결론을 내리고 경제기획원 장관에게 경제운용 방식을 과감히 전환하는 종합대책을 강구할 것을 지시했다.

이에 따라 정부는 1979년 4월 17일에 재정안정, 금융긴축, 투자 조정, 수입 촉진, 경쟁 촉진, 가격현실화, 금융자율화 등 한국 경제 운용의 선결과제를 광범위하게 포함하는 경제 안정화 종합시책을 발표했다.

KDI는 1979년 5월 '경제 안정화 종합시책에 대한 정책협의회'를 개최한 바 있다.[1] 또한 안정화·자율화에 기초한 '제5차 경제사회발전 5개년 계획'(1982~1986년)의 수립에 적극 참여했다. 1980년 7월에는 경제운용 방식 전환을 위한 주요 정책과제들을 토론하는 정책협의회를 잇따라 개최했다.[2]

이때의 KDI 정책협의회 보고서는 "과거 정부 주도 경제개발이 취약한 민간자본 축적 및 기업능력 부족 때문에 시작되었지만, 정부 주도에 의한 투자 및 자본동원체제 장기화의 부작용이 커졌다"고 지적했다. 그 결과, "정부 의사결정 과정의 폐쇄성과 일방성이 강화되었으며, 지나친 정부규제 혹은 보호정책으로 민간 부문의 창의성과 위험부담 기능이 약화되어 정부에 대한 과도한 의존 경향이 초래되었고, 경쟁제한적 통제의 조장 및 인허가 업무의 과다 때문에 경제효율성은 물론 경쟁성과 진보성을 상실했다"고 비판했다.

이 보고서는 또한 20대 재벌의 부가가치 점유율이 1978년 33.2%에 이르는 등 한국 경제의 재벌 의존도가 지나치게 높다고 지적했다. 독과점형 상품 비중이 1974년 69.8%에서 1977년에는 86% 이상으로 높아진 통계를 제시하면서 약화된 중소기업

---

1 KDI, 〈경제 안정화시책 자료집: 79. 4·17 경제 안정화 종합시책을 중심으로〉(상·하), 1981.
2 KDI, 〈제5차 5개년 계획 수립을 위한 정책협의회 토의 내용: VIII 경제운용 방식의 전환〉, 〈제5차 5개년 계획 작성을 위한 경제운용 방식의 전환에 관한 주요 정책과제〉, 1980 등 참조

<표 1-2-1> 중소기업 비중의 한국·일본 간 비교표

구분	한국 (1978년)	일본 (1977년)
종업원 수	45.8%	70.5%
생산액	30.4%	57.2%
금융대출	23.0%	61.0%

출처: KDI, 〈제5차 5개년 계획 작성을 위한 경제운용 방식의 전환에 관한 주요 정책과제〉, 1980, 10쪽.

경쟁력에 우려를 나타냈다. 당시 KDI 보고서의 한국과 일본 간 중소기업 비교표를 살펴보면, 한국 중소기업이 일본 중소기업에 비해 금융대출 면에서 크게 소외되었음을 알 수 있다(〈표 1-2-1〉 참조). [3]

이 밖에도 고도성장, 수출입국 등 맹목적 목표에 집착하여 다른 분야나 다음 계획연도 경제운용 등에 지속적 악영향을 미쳤다고 지적했다. 특히 중화학 투자 가운데 기술 축적과 결합되지 않는 대규모 투자가 결과적으로 수출이나 현물로 생산되지 않으면서 통화증발을 촉진시켜 인플레이션을 조장했다는 것이다.

과거의 문제점에 대한 반성을 바탕으로 KDI 보고서는 "제5차 5개년 계획 기간에는 정부의 과보호적 기업정책에서 탈피하여 정부와 기업 간에 새로운 관계 전환을 모색하여야 한다. 과도한 정부 간섭을 줄이고 기업과 시장의 자율성을 강화해야 한다"고 천명했다. [4]

나아가 물가안정 기반 조성을 위해 시장에서 정통적 가격기구를 회복시키고, 통화 안정 공급 및 건전재정 운용, 그리고 완충재고 확대, 수입원자재 비축 확대 등 재고정책의 적극적 추진이 필요하다는 안정화와 자율화 방안을 제시했다. [5]

이 같은 내용의 KDI 정책보고서는 이후 1980년대 정부 경제정책 기조에 고스란히 반영되고 집행되었다.

---

3 KDI, 〈제5차 5개년 계획 작성을 위한 경제운용 방식의 전환에 관한 주요 정책과제〉, 1980, 10쪽 등 참조
4 KDI, 〈제5차 5개년 계획 수립을 위한 정책협의회 토의내용: VIII. 경제운용 방식의 전환〉, 1980, 26~27쪽, 사공일 박사 증언.
5 KDI, 〈제5차 5개년 계획 작성을 위한 경제운용 방식의 전환에 관한 주요 정책과제〉, 1980, 21쪽.

"경제는 당신이 대통령이야!"

1980년 9월 전두환 대통령이 취임했다. 그는 취임사에서 "안정과 자율, 개방을 통해 민간 시장경제를 활성화하겠다"는 경제정책 기조를 밝혔다. 이 내용은 전두환 국보위 상임위원장 특별보좌관이던 허문도의 요청을 받아 부총리 자문관이던 김기환 박사(후일 KDI 원장)가 작성했다.

정부 주도의 경제발전 전략에서 선회하여 '안정화·개방화·자율화'라는 3대 목표가 제5공화국 정부의 공식 정책 노선으로 자리 잡은 것은 안정론자인 김재익 박사가 대통령비서실 경제수석을 지내면서 대통령을 설득했기 때문이다.

김재익 박사는 자신을 대통령비서실 경제수석으로 발탁하겠다는 전두환 대통령에게 이렇게 물었다고 한다. "제가 생각하는 경제정책은 인기도 없고, 기득권 세력이 환영하지도 않습니다. 그래도 저를 쓰시겠습니까?" 그러자 전두환 대통령의 유명한 말이 이때 등장한다. "경제는 당신이 대통령이야!"6

오종남 나중에 전두환 사령관이 대통령이 된 이후 김재익 박사를 경제수석을 시키고 "경제는 당신이 대통령이야!" 이렇게 나오니까 안정화 시책에 반대할 사람이 아무도 없었지요. 경제기획원 기획국장으로 있을 때 강경식 차관을 도와 안정화 작업 실무팀장을 했던 김재익 수석이 경제 실권을 다 쥐고 김 수석을 대통령이 밀어주니까 안정화 시책이 이때부터 강력하게 추진되기 시작했습니다.

9월 16일, 대통령 취임 후 첫 경기부양 대책이 발표되었다. 마이너스 경제성장이 가시화된 최악의 경기악화 상황에서 발표한 경기부양책이라 기업들의 기대가 컸다. 그런데 막상 발표된 내용에는 금리와 양도소득세를 약간 내린 것 외에는 경기부양 대책이 거의 들어 있지 않았다. "돈을 풀어 인위적인 경기부양은 하지 않겠다"는 강력한 안정화 의지가 반영된 결과였다. 1980년대 한국 경제의 패러다임이 성장 일변도에서 안정화로, 정부 주도에서 시장 자율로 일대 전환을 이룬 분수령이 된 시점이었다.

---

6 이장규, 《경제는 당신이 대통령이야》, 올림, 2008, 92쪽.

"물가를 한 자릿수로 잡아라"

1981년부터 본격화된 안정화 시책 중 가장 중요한 목표는 물가안정이었다. 1981년 4월 월간 경제동향보고회의에서 경제기획원 당국자가 "물가안정 목표를 20%로 잡겠다"고 보고하자 대통령은 "올해 물가를 반드시 한 자릿수로 잡으라"고 강하게 지시했다. 야당에서는 "마른 나뭇가지로 불을 끄려고 한다"고 논평하면서 반발했다.

그러나 김재익 경제수석은 경제운용의 근본을 뒤집으려면 한국 경제가 고통스러운 금단 증세를 장기간 감내해야 한다고 대통령을 설득했다. 이때 그는 "술을 끊어야 할 알코올 중독 환자에게 한 잔 술을 허락하는 것은 친절이나 자비가 아니다"라는 명언을 남겼다. [7]

공무원 임금동결이 가장 먼저 발표되었고, 곧이어 "수출경쟁력을 높이기 위해 과도한 임금인상을 억제한다"는 발표가 나왔다. 임금인상을 하는 기업은 은행대출을 제한하겠다는 금융권의 '자율 아닌 자율 결의'도 이때 이루어졌다.

어려운 경제 상황에서 여당의 텃밭인 농민들에게 낮은 추곡수매가 인상을 수용하라고 하고 국민들에게 임금인상 억제 등 고통 분담을 요구하는 것은 자칫 군사정부의 정치적 위기로 이어질 수 있었다. 따라서 안정화 시책을 지속적으로 주장하는 경제기획원과 이를 이론적으로 뒷받침한 KDI를 보는 정치 실세들의 시선이 곱지 못했다.

1981년 말 무렵 남상우 박사는 당시 KDI에 재직하면서 청와대에 연구원으로 파견 나가 있던 홍병유 박사를 통해 청와대로 들어오라는 연락을 받는다. 당시 주요 세력가였던 허화평은 남 박사를 불러 놓고 격앙된 어조로 불만을 토로했다.

남상우 "KDI는 언제까지 국민들로 하여금 허리띠를 졸라매라고만 할 건가? 머지않아 국내 경기가 호전될 것이라더니 그런 기미는 아직도 감감하지 않나? 불확실한 미래를 담보로 국민의 고통을 계속 강요해도 되는가?"라고 불만을 토로했습니다.

---

7 고승철·이완배, 《김재익 평전》, 미래를소유한사람들, 2013, 120쪽.

허 씨의 불만은 김재익 경제수석과 김만제 KDI 원장을 향한 것이었지만, 전 대통령의 확고한 신임을 받는 이들을 직접 공격하기는 어려웠던 것 같습니다. 그래서 KDI에서 안정화 연구를 주도하던 저를 불러 분풀이했던 것입니다. [8]

한국 예산평가의 시작

김재익 수석에 대한 대통령의 신임은 막강 정치 실세인 '쓰리 허 씨'[9]를 물리칠 만큼 대단했다. 대통령의 재가를 받은 경제기획원 예산실은 한국 경제의 고질적 병폐 가운데 하나였던 방만한 재정 수술에 착수했다. 정부는 1982년 예산의 중복 요인을 찾아내고 비용을 과감히 정리하며 보조금과 불필요한 출장비 등을 줄이면서 실행예산을 통해 대폭 감축했다.

1981년 예산에 대해 KDI의 박종기·이규억 박사는 국가예산이 정책목표를 위해 얼마나 효율적으로 사용되는지 분석하고 평가하는 국내 최초의 보고서를 발표했다. [10] 미국의 브루킹스연구소Brookings Institution에서 1970년부터 해오던 예산평가 작업을 KDI가 국내에 도입하여 응용한 것이다.

이 보고서는 "중화학 부문의 개별 산업에 대한 지원을 산업지원 정책 테두리 안에서 결정되도록 재조정하고 지원예산도 대폭 축소하며 중소기업에 대한 재정 지원은 특정 업종이나 기업별 선별지원 대신 산업별 지원으로 바꾸고, 완제품 대기업과 부품생산 중소기업 간의 자율적 계열관계 및 공정거래 환경조성이 시급하다"고 강조했다.

과학기술 예산의 경우 정부출연기관에 집중되어 기술 혁신의 유인효과가 낮다고 평가하고, 기업과 정부가 연구개발비를 함께 부담하여 공동연구를 추진하는 방안을 권고했다. 이 밖에도 이 보고서는 교육, 보건, 환경 등 다양한 분야에 걸쳐 예산

---

8 KDI, "경제안정 정책 2: 1980년대 초의 안정화시책", 《KDI 정책연구 사례: 지난 30년의 회고》, 2003, 94쪽.
9 허화평 보좌관, 허삼수 사정수석비서관, 허문도 정무 제1수석비서관을 가리킨다.
10 박종기·이규억 편, 《국가예산과 정책목표, 1981년》, KDI, 1981.

평가와 정책권고를 했다.

안정화 예산 원년 1982년의 예산안[11]은 많은 변화를 시도했다. 이에 대해 KDI는 일반회계와 특별회계를 합친 규모가 1974년 이래 가장 낮은 증가율을 보였으며, 물가안정을 위해 한국은행 차입금을 일체 계상하지 않았다는 점 등을 들어 정부의 강력한 예산 절감 노력과 재정 지출 억제 의지를 높이 평가했다.

그러나 여전히 국방비와 교육비 등 경직성 예산이 편성되었다고 지적했다. 국방예산의 경우 민간경제에 대한 상호보완성 및 방위산업의 민간산업에 대한 기술이전 효과 극대화 등을 통해 예산 집행의 효율성을 높이고, 교육에 편중된 사회개발 부문 예산은 보건, 의료, 주택 등 다른 부문에 더 분배할 것을 권고했다.[12] 군부가 정치적 힘을 가진 정권하에서 국방비에 대해 비판적 언급을 하는 것은 큰 용기가 필요한 일이었다.

1983년 예산은 초긴축 예산과 흑자 예산, 강도 높은 '제로베이스 예산ZBB: Zero-Base Budgeting'[13]을 도입했다. 이에 대해 KDI는 "정부의 제로베이스 예산제도 도입이 재정 집행 낭비 요소 제거와 투자 우선순위 조정, 예산 편성제도 개선 측면에서 바람직하다"고 평가했다. 다만 한국은 총세수에서 간접세 비중이 63% 이상으로 지나치게 높고,[14] 소득세 비중이 낮아 소득 증가나 감소에 따른 조세의 경기조절 기능이 취약하며, 명목세율이 지나치게 높기 때문에 투자나 노동 의욕을 저해하고 조세회피 현상을 유발한다고 지적하고 세수 측면의 개선을 촉구했다.[15]

---

11 '안정적인 성장기반의 확립'을 경제운영의 핵심 기조로 설정한 1982년은 '제5차 경제사회발전 5개년 계획'의 첫 시행연도로, 물가안정을 경제정책의 최우선 과제로 제시했다.

12 박종기·이규억 외 편, 《국가예산과 정책목표, 1982년도》, KDI, 1982.

13 과거의 예산 규모 및 계획 등과 같은 고정관념을 버리고 매년 예산 편성 때마다 전면적으로 예산항목을 재검토하여 효율성을 높이는 예산 편성 방식이다. 그전에도 예산 편성 지침에 들어 있었지만 실행하지 못하다가 1983년 예산 편성에 전격 도입했다.

14 직접세 비중은 미국 92%, 일본 71%, 서독 53%인 데 비해 한국은 36.3%로 낮지만, 간접세는 63.7%로 총 조세수입 중 간접세 비중이 지나치게 높다고 지적했다.

15 최광 외 편, 《국가예산과 정책목표, 1983년도》, KDI, 1983.

양곡정책 개선안의 제시

정부가 1981년부터 긴축재정을 추진하면서 가장 말썽이 많고 정치적 부담이 컸던 문제는 추곡수매가 인상률을 낮추고 수매량을 줄이는 것이었다. 정부가 매년 추곡수매가를 계속 올리는 바람에 양곡糧穀특별회계(이하 양특) 적자가 점점 커지자 한국은행에서 돈을 빌려 메웠는데 이것이 통화증발과 인플레이션의 큰 원인이 되었다. [16]

KDI는 문팔용 수석연구원 등을 중심으로 1970년대부터 양특 적자 해소 방안과 수매 및 방출제도의 문제점을 꾸준히 지적해왔다.

다음은 당시 KDI가 1974년에 제시한 양곡정책 개선안의 주요 내용이다. [17]

양특 적자를 축소 내지 해소하는 데 크게 두 가지 방법을 생각할 수 있다. 첫째는 매입가격과 방출가격 어느 한쪽의 상대 수준을 높이든가 낮추든가 하여 가격 격차를 없애는 방법이고, 둘째는 국내산 양곡에 대한 정부의 관리조작 규모를 줄이고 대신 자유시장 기구에 의한 유통비율을 높이는 방법이다.

우리나라의 전반적 상황을 염두에 두고 득실관계를 따져 볼 때 매입가격을 적정률로 올리고 이를 기준으로 중간 경비를 가산한 판매원가를 방출가격으로 적용하는 방향으로 이중가격 해소가 이루어져 양특 적자를 해소해야 할 것이다.

양곡 수매 및 방출 제도 역시 개선되어야 한다. 쌀 수확기에서 시작하여 시일이 지날수록 정부 수매가격을 올려 주는 차등수매제(시차수매제)와 계절가격 변동을 허용하는 차등방출가격제 도입이 필요하다. 한편 정부미 방출에 있어서는 적정 계절변동폭을 도입하여 단경기에는 상향 조작하고 추수기를 앞둔 일정 기간에는 하향 조작하는 차등방출(시차방출)가격제 도입이 필요하다.

1974년 KDI가 제시한 양곡정책 건의안은 대통령 결재까지 받았으나 농림부가 거세게 반대하여 무산되었다. 그러나 KDI는 물러서지 않았다. 이중곡가 및 수매방식

---

16 양곡사업 적자를 보전하기 위한 정부의 한국은행 장기차입이 통화증발에서 차지하는 비중은 1970년대에 평균 20~30%였고 1975년에는 90%를 차지하기도 했다.
17 KDI, "1970년대 양정과 정책 건의", 《KDI 정책연구 사례》, 2003, 99~118쪽.

문제 해결을 연구보고서를 통해 계속 촉구했다. 그 결과, 1977년산(1978년 미곡연도)부터 시차수매제가 일부 실시되었을 뿐만 아니라[18] 경제기획원은 농수산부가 요청한 수매가 24% 인상 요구를 10%로 대폭 낮추었고 수매량도 900만 섬에서 600만 섬으로 크게 줄였다.

그러자 야당은 물론이고 여당에서도 난리가 났다. 전통적으로 여당 편이던 농촌지역이 돌아설 위험이 있다는 것이었다. 농촌지역 국회의원들은 신병현 부총리를 농수산위원회에 출석시켜 "언어도단이다", "농민들을 다 죽일 생각이냐?"면서 따졌다. 정회만 다섯 차례를 할 정도로 공방이 계속되었다. 결국 여당인 민정당이 15~17%로 중재에 나섰고 경제기획원이 양보하여 14%로 최종 확정되었다. 과거 추곡수매가 평균인상률 30~40% 선에 비하면 크게 낮춘 셈이다.

대국민 안정화·자율화 경제교육

정부는 1984년 예산안을 마련하면서 '예산동결 조치'라는 극약 처방을 내렸다. 세출 규모를 전년 수준으로 묶는다면 경제성장에 따라 자연히 늘어나는 세입으로 흑자재정 달성이 가능하다고 추정하고 목표를 세운 것이다. 전년 기준 예산제도를 제로베이스 예산제도로 개혁했고, 예산지출을 전방위적으로 과감히 줄여 나갔다.[19]

임금이 계속 동결되자 근로자들의 불만이 갈수록 커졌다. 이러한 상황에서 대국민 설득을 위해 경제부처 공무원들과 KDI 박사들이 안정화의 필요성을 알리는 경제교육에 총동원되었다.

---

18 KDI가 제시한 인센티브가 충분히 반영되지 않은 반쪽 개혁이었기 때문에 큰 효과를 보지 못했다.
19 예산지출 동결의 원칙은 ① 정부기구의 신설·증설 및 직급 상향조정, 공무원 증원 등의 전면 동결 ② 공무원 봉급 동결 ③ 56개 공공기관에 동결 원칙 적용 ④ 금융기관 및 국영기관 출자 대폭 삭감 ⑤ 신규 사회간접자본 건설의 중단 등이었다.

남상우 재정긴축, 통화긴축에 따른 각종 반발을 누그러뜨리려면 강력한 안정화 정책이 왜 필요한지 국민들에게 상세히 설명해야 할 것 아니겠어요? 그래서 정부가 대국민 설득을 위해 경제교육을 안정화 정책의 한 패키지로 실시한 것입니다. 안정화를 하려면 추곡수매가를 많이 못 올리니까 농민들을 설득해야죠, 임금인상을 억제해야 하니까 근로자들을 설득해야죠, 다양한 사람들에게 경제교육이 필요했습니다. 처음에는 공무원 대상으로 교육을 시작해서 다음은 학교 교사들까지, 수많은 경제교육에 KDI 박사 여러 명이 동원되었습니다.

국민의 이해와 협조를 이끌어내는 방법으로 대국민 경제교육을 활용하자는 아이디어를 최초로 낸 사람은 KDI 김만제 원장이었다. 그 아이디어를 받아들여 경제기획원에서는 대국민 경제홍보 관련 부서를 만들기도 했다.

KDI 박사 스타의 탄생

당시 경제교육으로 일약 스타덤에 오른 사람이 KDI의 사공일 박사다. TV 경제교육 프로그램에 사공일 박사가 출연했는데 그 프로그램이 세간의 화제가 되었던 것이다. 그가 유명한 '스타 박사'가 된 스토리는 이러하다.

어느 날 강경식 차관보가 전화를 해서 "사공 박사, 한국의 월터 크롱카이트Walter Cronkite20가 한번 돼 보시오"라고 권했다. 사공일 박사는 '국민들에게 눈높이 경제교육을 하는 프로그램이라고 하니 제대로 한번 해보겠다'며 출연을 결심했다. MBC의 김강정 기자와 함께 기획과 연출에 참여하고 진행을 맡은 경제 다큐멘터리였다. 〈어려워지는 국제 환경과 우리의 대응〉이라는 제목의 이 프로그램은 사공일 박사가 미국, 영국, 프랑스, 독일, 일본 등 선진 5개국을 방문하여 현지 경제사정과 경제

---

20 월터 크롱카이트(1916~2009년)는 객관적 사실 보도로 '미국에서 가장 신뢰받는 공인'으로 불린 언론인이자 CBS 방송의 저녁 뉴스 앵커였다.

난 대응 방안을 심층 취재하고 한국 경제에 대한 시사점을 찾아보는 내용이었다.

프로그램이 방영된 때는 1982년 12월 하순이었다. 노벨경제학상 수상자들이 나와 세계 경제 침체의 원인을 분석하고 한국 경제에 대해 충고하는가 하면, 선진국 경제장관과 은행가, 사업가, 학자들이 등장해 어려운 경제를 설명하면서 이를 극복하려면 어떻게 노력해야 하는지 알려 주었다. 이 프로그램은 3회에 걸쳐 방송되면서 기대 이상의 폭발적 반응을 얻었다.

1983년 1월 대한상공회의소 신년 하례식에서 사공일 박사는 정·관·재계 인사 800여 명 앞에서 새로 편집한 30분짜리 비디오테이프를 상영하면서 "선진 5개국이 경제불황에 어떻게 대처하고 있는가? 한국 경제에 대한 시사점은 무엇인가? 한국 경제 상황에 비추어 기업이나 관료들이 타산지석他山之石으로 삼아야 할 부분은 무엇인가?"에 대해 강의하기도 했다. 이를 계기로 정부의 대국민 경제교육은 크게 탄력을 받았다. 신문사를 비롯한 다른 언론도 경제교육에 동참했다. [21]

KDI 사공일 박사의 TV 출연과 신년 하례회 강의는 KDI가 보고서나 '워킹 페이퍼working paper'가 아닌 TV라는 첨단 매체를 동원하여 안정화 시책을 뒷받침한 색다른 대국민 홍보 활동이라는 점에서 특기할 만하다.

필자도 MBC 특집방송을 보고《알기 쉬운 경제교실》책자를 집필하는 데 이를 활용했다. 신년 하례식 강의를 계기로 재계와 상공인을 비롯하여 지도급 인사들 사이에 사공일 박사의 이름이 널리 알려졌고, 그는 1983년 10월 아웅산 테러사건으로 공석이 된 대통령 비서실 경제수석으로 발탁되어 제5공화국 경제정책의 주역으로 일하게 된다.

---

21 최택만 전 서울신문 논설위원, 〈경제풍월〉, 178호(2014년 6월호).

균형재정과 물가안정 목표의 달성

온 나라의 경제주체 모두가 허리띠를 졸라맨 강도 높은 안정화 시책의 효과는 서서히 나타났다. 1982년 2조 2,220억 원의 적자를 기록했던 재정이 예산동결을 실시한 1984년에 9,230억 원의 적자로 감축되었다. 특히 일반회계에서 5,500억 원가량의 흑자가 생겨 양특 적자 보전용 한국은행 차입을 그만큼 줄일 수 있었다. '균형재정'의 꿈이 이뤄진 것이다.

재정뿐만 아니라 통화 부문에서도 긴축이 지속되었다. 안정화 시책을 강력히 추진한 '제5차 경제사회발전 5개년 계획' 기간(1982~1986년) 동안 총통화 증가율은 1981년 27.4%에서 1986년 16.8%로 낮아졌다. 그 결과, 물가가 지속적으로 하락하기 시작했다. 1982년 들어 원유도입단가 및 주요 원자재 가격이 하락하는 등 국제적 환경도 유리하게 작용했다.

수입 인플레이션 요인이 제풀에 꺾이면서 소비자물가상승률이 1982년에는 사상 처음으로 한 자릿수 이하로 떨어졌다. 물가상승률은 1978~1981년 평균 21.2%에서 1982년 7.3%, 1984년 이후에는 2%대로 극적으로 하락했다. 물가안정 덕분에 노동자들은 실질임금이 상당히 늘어나는 경험을 했다. 22

경제 안정화 시책을 성공적으로 추진한 사람은 청와대의 김재익 수석과 경제기획원의 강경식 차관보였고, 이론적 뒷받침을 한 사람은 KDI의 김만제 원장이었다. 세 사람은 성격과 스타일이 달랐지만, 국가 경제의 큰 방향성에 동의했고 각자의 위치에서 제 역할을 다했다. 이후 앞서거니 뒤서거니 경제수석이나 장관 등을 지내면서 경제정책의 조타수가 되어 안정화 시책을 장기간 일관되게 추진해 나갔다.

오종남 김재익 수석과 강경식 차관보, 두 콤비에 의해 안정화 정책이 발동이 걸렸는데 그 과정에서 KDI와 김만제 원장이 지대한 역할을 했습니다. 김 수석이나 강 차관보는 처리할 행정업무가 너무 많아 안정화 시책을 마련하는 데 100% 매달릴

---

22 물가상승률이 2%대로 안정되면서 실질임금이 1985년 6.4%, 1986년 5.8%로 지속적으로 상승했다.

수 없었죠. 다행히 KDI라는 걸출한 싱크탱크가 있었던 것이 당시 경제정책 패러다임이 안정화로 전환되는 데 '신神의 한 수'가 되었다고 봅니다. 선봉에 강경식-김재익 라인이 있었고, 이들과 생각을 공유하던 김만제 원장이나 KDI 박사들이 이론적으로 뒷받침하여 일이 진척될 수 있었습니다.

결론적으로 1970년대 말 안정화 정책은 강경식 차관보, 김재익 국장, 김만제 원장이 삼각체제를 이루어 시작되고 추진되었다고 생각합니다.

KDI 박사들의 관계 진출과 안정화 기조 유지

이렇게 시작된 안정화 정책은 김재익 수석이 아웅산 테러사건으로 작고한 뒤에도 흔들림 없이 지속되었다. 김 수석의 후임으로 KDI 출신 사공일 박사가 경제수석으로 발탁되고 김만제 원장이 재무부 장관이 되어 안정화 정책의 근간을 유지했던 것이다.

사공일 박사가 청와대로 갔을 때는 "그동안 할 만큼 했으니 이제 그만 안정화의 고삐를 늦추고 경기를 부양해야 할 때다"라는 목소리가 커진 시점이었다. 특히 재계는 "물가가 2년 만에 크게 떨어졌으니 긴축은 그만하고 금리를 내리며 통화를 더 풀어 기업들이 투자할 수 있게 해 달라"는 건의를 집요하게 되풀이했다. 마침 선거를 앞두고 있었고 누구의 입김도 통하지 않던 김재익 수석이 세상을 떠나자 정치권도 "재계의 의견이 맞다"고 동조하고 나서면서 안정화 기조가 흔들릴 위기에 처했다.

사공일 박사는 당시 상황을 이렇게 회고한다. [23]

제가 1983년 10월에 청와대에 들어가 보니 모두들 '경제수석도 바뀌고 했으니 이제 긴축 그만해라. 경제 활성화해야 할 때 아니냐' 그런 분위기였습니다. 하도 여러 군데에서 그런 말들을 하니까 대통령 스스로도 강력한 안정화 정책에 대해 '이게 진짜 내가 이래도 되나?' 하는 의심을 하고 있었습니다.

---

23 육성으로 듣는 경제기적 편찬위원회, 《코리안 미러클 2: 도전과 비상》, 나남, 2014, 179~180쪽.

그러나 나는 물가 오름세 심리라는 것이 몇십 년이 쌓인 것인데 완전히 안정됐다고 판단하기 이르다, 지금은 이걸 양보해서는 안 되고 절대로 안정의 고삐를 늦추면 안 된다고 스스로 다짐했습니다.

사공일 박사가 경제수석으로 취임한 지 얼마 되지 않았을 때의 일이다. 유명 일본 기업인이 청와대를 방문하여 전두환 대통령을 접견한 자리에서 "그동안 긴축을 많이 해서 성과가 있었으니 이제부터는 경기 진작책을 써야 합니다. 토목공사 등을 해서 경기부양을 할 때인데 여기에 필요한 자금은 일본처럼 국채國債를 발행하면 됩니다"라고 조언했다.

당시 많은 기업이 온갖 논리를 동원하여 긴축의 고삐를 늦추어야 한다고 주장하고 있었다. 이러한 상황에서 이름이 잘 알려진 일본 기업인이 비슷한 조언을 하자 전 대통령이 사공 수석을 불러 "국채를 발행하여 대규모 토목공사를 하는 문제에 대해 어떻게 생각하나?"라고 물었다. 사공 수석은 대통령이 알아듣기 쉽게 '구축효과'crowding-out effect를 설명했다.

"일본은 우리나라와 사정이 다릅니다. 일본은 국민들이 부자라서 정부가 국채를 발행하면 다 사 주기 때문에 그게 가능합니다. 그런데 우리나라는 국민저축률이 아주 낮습니다. 국민들이 국채를 사 버리면 다른 저축을 하지 않기 때문에 민간기업들이 돈이 모자라 투자하기 어렵게 됩니다. 지금 그런 정책을 쓸 수 없습니다."

전 대통령은 그 설명을 듣고 아무 말도 하지 않았다. 충분히 납득했다고 여기고 사공 수석은 대통령을 대신해 미국 출장을 떠났다.

그런데 그사이에 사달이 날 뻔했다. 대통령이 비밀리에 경제부처 장관을 지낸 적 있는 다른 사람을 불러 경기부양책에 대한 의견을 물어본 것이다. 다행히 이 자리에 문희갑 예산실장과 경제기획원 출신 이석채 청와대 비서관이 배석하여 사공 수석의 말이 맞다고 입을 모았다. 그 후 긴축을 늦추어야 한다는 이야기가 더 이상 들리지 않았다.

1980년대 안정화 시책에 대한 평가

1980년대 초반에 한국 경제는 기로에 서 있었다. 비상한 정치적 격변의 와중에 급격한 경기 후퇴와 높은 물가상승률, 경상수지 악화라는 삼중고를 겪고 있었다. 난국을 정면 돌파하기 위해 정부는 안정화를 통한 인플레이션 요인의 근본적 제거, 자율 및 개방을 통한 시장 시스템의 정착, 금리자유화 및 금융개혁 등 구체적인 안정화·자율화 목표를 선언했다.

그 결과, 경제운용이 일방적인 정부 주도에서 시장경제 기조로 전환되었다. 중화학공업 일변도의 육성보호 정책에서 산업 간 균형발전 정책으로 바뀌면서 사회 부문 간 불균형 누적을 줄이고 경제발전 단계에 맞는 제도적 전환을 모색했다. 정부에 의한 경제개발비 비중이 1980년 21.6%에서 1983년 17.2%까지 감소했다. 무엇보다 해방 이후 오랫동안 한국 경제를 괴롭혀온 만성적 인플레이션 기대심리를 완화하여 두 자릿수였던 물가상승률이 한 자릿수로 낮아졌다.

재정개혁에서도 괄목할 만한 성과를 거두었다. 재정건전성 확보를 위해 긴축재정 기조를 유지함에 따라, 1981년 이후 재정적자 규모가 점차 감소했고 1983년부터 종합재정수지가 크게 개선되었다. 제로베이스 예산제도 도입 등 세출 구조조정에 힘쓴 결과, 방위비를 비롯한 경직성 예산이 줄어들고 양곡관리기금의 적자 폭이 감소하는 등 일반회계수지가 흑자로 돌아섰다.

GDP 대비 국가채무 비율도 안정화 정책 시행 첫해인 1982년에 21.1%였는데, 이후 재정긴축이 이루어짐에 따라 그 비율이 지속적으로 낮아져 1995년에는 8.3%까지 떨어졌다. [24]

---

24 황성현, "한국의 1980년대 긴축 재정정책 연구", 〈예산정책연구〉, 4권 2호(2015년 11월호), 82~112쪽.

3저 효과로 날개 단 한국 경제

1985년 미국 뉴욕에서 열린 선진국 재무장관 회의에서 일본 엔화와 독일의 마르크화를 미국 달러에 대비해 상당 폭 절상하기로 하는 플라자합의Plaza Accord25가 이루어졌다. 그 후 실제로 2년간 엔화와 마르크화는 달러화에 대해 각각 66%와 57% 절상되었다.

국내 물가와 재정이 안정된 상황에서 플라자합의 이후 달러 가치 하락에 이어 국제 원유 가격과 국제금리 하락 등 이른바 '3저 효과三低 效果'26가 발생했다. 높아진 엔화 가치로 인해 일본 수출이 주춤하는 사이 한국 수출은 날개를 달았다. 게다가 국제 원유 등 원자재 가격 및 국제금리가 하락하여 원유 가격은 배럴당 13~14달러로 유지되었으며, 국제금리는 8% 수준에서 안정되었다. 1970년대에 온갖 무리수를 쓰며 육성한 중화학공업이 10년 만에 수출경쟁력을 갖추기 시작했다.

한국은 1986년 사상 최초로 무역수지 흑자를 달성했다. 27 '3저 호황기'의 마지막 해인 1988년에는 1조 6,430억 원의 흑자를 냈다. GDP는 1986년 이래 3년간 연 10% 이상 늘어나며 고도성장을 거듭했다. 1986~1988년에 이룬 10%가 넘는 경제성장, 3% 미만의 물가상승은 '안정 속 성장'이라는 놀라운 기록을 세웠다.

한편 같은 기간 100억 달러가 넘는 경상수지 흑자를 기록하자 달러가 쏟아져 들어왔을 뿐만 아니라 소득이 빠르게 증가하고 물가가 안정되어 실질금리가 보장되면서 금융저축이 증가했다. 언제나 투자할 돈이 부족해 쩔쩔맸었는데 처음으로 풍족한 국가 경제를 이룬 것이다. 글로벌 시장에서 선진기업들과 각축을 벌이던 한국

---

25 1985년 9월 G5, 즉 미국·프랑스·독일·일본·영국 재무부 장관들이 미국 뉴욕 플라자호텔에서 달러화 강세를 시정하기 위해 일본 엔화와 독일 마르크화에 대해 미국 달러화 가치를 절하하기로 결정한 조치이다. 이 조치로 엔화가 대폭 절상되고 한국의 수출가격 경쟁력이 높아져 경상수지 흑자를 달성하게 되었다.

26 1986~1988년에 국제시장에서 일어난 저금리·저달러·저유가 현상에 기반한 경제적 효과를 말한다. 저금리는 1985년 이전 8%를 상회하던 달러 금리가 1986년 이후 6~7% 수준으로 하락한 현상이다. 저달러는 1985년 플라자합의 이후 일본과 독일이 자국 화폐가치 절상에 나서면서 달러화 가치가 2년 동안 30% 이상 급락한 현상이다. 저유가는 1985년 이전 텍사스 중질유WTI 가격이 약 30달러에 달했으나 1986년 이후에는 10달러대까지 떨어진 현상이다.

27 한국은 1985년 8억 9,000만 달러 적자였다가 1986년에는 46억 5,000만 달러 흑자로 전환되었다.

기업들의 연구개발R&D 투자가 급증하고 기술 수준과 생산성이 향상한 것도 이 시점이다.

1980년대 초반에 강력한 안정화 시책으로 건전재정과 물가안정을 이루고 한국이 시장경제 자율시스템을 어느 정도 복원했기 때문에 1986년 외부에서 발생한 3저 효과를 최대한 누릴 수 있었다는 분석이 있다.

오종남 회고해 보면, 과거 우리나라에 큰 호황이 두 차례 있었어요. 1970년대에 1976~1978년 호황과 1980년대에 1986~1988년 호황이죠. 이 두 번의 호황이 서로 연결되어 있어요. 1970년대 호황 끝 무렵에 심각한 인플레이션이 발생했는데 이를 해결하기 위해 1970년대 말부터 안정화 시책이 시작되었고, 이에 더해 1980년대 초의 중화학공업 산업합리화 조치 등이 효과를 나타내서 그 후 1986~1988년 호황의 바탕이 되었다고 생각합니다. 제 나름의 해석이니까 다른 사람들은 의견을 달리할 수도 있겠지만 적어도 저는 그렇게 봅니다.

그때 외부적으로 엔고, 저유가 등의 요인이 발생했죠. 그런데 핵심은 우리가 그 같은 외부 요인을 충분히 활용할 만한 내재적 준비가 되어 있었다는 것입니다. 바로 1970년대 후반과 1980년대 초반에 걸쳐 추진한 안정화 정책과 산업합리화 정책이 내부 기저를 형성해 준 것이라고 생각합니다.

그러나 장기간에 걸친 재정긴축에 대해서는 '과연 그렇게까지 해야 했는가?'라는 논란이 있었다. 지속적 고도성장의 결과 더욱 예민해진 사회복지 부문에 예산을 써야 했는데 그런 노력이 부족했다. 도로, 항만, 철도 등 사회간접자본SOC: Social Overhead Capital 투자도 미흡하여 1990년대에 막대한 물류비용 상승을 초래했다. 또한 물가안정에 최우선 목표를 둔 나머지 환율을 물가안정의 수단으로 활용하여 환율이 경직화되는 부작용을 낳기도 했다.

남상우 종합적으로 말하면, 당시에 안정화는 반드시 필요했고 그 수단인 재정긴축이 물가 안정화와 재정 건전화를 달성하는 데 기여했던 것은 분명합니다.

그런데 예산동결 같은 극단적 선택에 대해서는 재정학자들 사이에서 "그때 재정 긴축이 너무 지나쳤다. SOC가 무너졌다"는 비판이 꽤 있었어요. 인프라 투자가 너무 부족하여 산업경쟁력 차원에서 물류비용이 많이 들게 되었다는 비판이죠. 그리고 투자사업 관련 지출보다 복지 쪽은 덜 줄였다고는 하지만 사회복지를 좀 더 강화해야 했다는 지적도 있습니다. 예산동결에 따라 복지를 소홀히 하는 바람에 1987년 6·29 민주화선언 이후 복지 요구가 한꺼번에 분출했다는 거죠. 재정기능이 물가 안정화 목표 달성을 위해 너무 약화되었다는 겁니다.

지금 복기해 볼 때 저 개인적으로도 '그때 그렇게까지 재정긴축을 밀어붙일 당위성이 있었나?' 싶어요. 균형재정은 당연히 좋은 일이죠. 다만 당시에 정도가 좀 지나친 게 아니냐는 비판도 있었습니다.

오종남 그렇게 얘기할 수도 있겠지요. "어느 한쪽에 너무 힘을 실어 주면, 다른 쪽에서 결국 풍선효과balloon effect가 난다"는 말씀이잖아요. 사후적으로 그렇게 볼 수도 있겠죠. 하지만 그 당시까지 우리나라 재정이 팽창 위주였고 오랫동안 지나치게 방만했기 때문에 문희갑 씨 같은 분이 한번 그렇게 강하게 밀어붙인 것이 재정건전성 회복이라는 측면에서 엄청난 획을 그었다고 저는 생각해요.

또 문희갑 씨의 배경 자체가 예산 쪽이기 때문에, 그 시점에 거시적 감각까지 요구하기는 좀 무리였을 것입니다.

홍은주 그래도 그때 균형예산의 개념이 확고히 정립되어 예산에 버퍼buffer (여유)가 생겼고, 그 결과 1997년 아시아 금융위기 때 정부가 과감한 확장재정으로 위기에 대응할 수 있었던 게 아닌가 싶습니다.

오종남 그것은 전적으로 맞는 말입니다. 그래서 건전재정포럼도 만들고, 1994년인가 제가 예산관리과장일 때 재정의 자동 경기조절기능을 한번 도입해 보자는 페이퍼를 썼던 기억이 나네요.

경기가 좋을 때는 흑자예산을 편성해서 버퍼를 만들어 놓고, 경기가 나쁠 때는 적자예산을 편성해서 재정의 경기조절기능을 한번 도입해 보자고요. 그때는 우리나라의 재정부담률이 아직 높지 않을 때라 너무 앞선 고민을 한 셈이었죠. 하지만 타이밍이 맞지 않아 당장 현실화되지 않더라도 저는 그런저런 정책적 고민들을 미리 연구해 두는 것이 중요하다고 생각합니다.

그런 점에서 저는 KDI가 해온 선제적 연구들이 큰 의미가 있고 정리하고 있는 경제정책사 기록도 아주 중요하다고 봅니다. 이것이 대한민국이 다른 개발도상국에 알려 줄 굉장히 중요한 지식재산이라고 생각하거든요.

예를 들면, 제가 IMF 이사로서 몽골 출장을 갔을 때 재무부 장관이 3일 동안 저와 함께 다니면서 여러 가지를 물어보았는데, 그 질문에 답변하는 데 아무 문제가 없었습니다. 우리가 이미 과거에 다 경험해 본 거니까요. "지금 양고기가 동이 나서 양고기 값이 올라가는데 물가안정을 하려면 어떻게 해야 합니까?"라는 물음에 "수입하면 됩니다"라고 대답했는데 다들 놀라더라고요. 몽골에서 양을 수입한다는 것은 상상조차 못했거든요. "과거에 우리가 해보니까 하면 됩니다. 발상의 전환이 필요합니다"라고 자신 있게 말했죠.

우리가 걸어온 어느 시점인가에 지금 아시아 개발도상국들의 상황을 맞춰 보면 나름대로의 처방이 나오거든요. 물론 디테일에서 좀 차이가 나고 적용하는 데 여러 가지로 현실적이고 정치적인 고려도 해야 하지만 근본은 비슷하다고 봅니다. 그래서 저는 KDI의 정책연구와 우리 정부가 해온 시책들의 정리와 집대성이 큰 지식재산이 될 수 있다고 생각합니다.

홍은주 오랫동안 관행화되어온 정부 주도의 고도성장에 익숙한 최고통치자에게 180도 전환된 새로운 경제정책을 모색하게 한 것은 경제기획원이나 KDI나 대단히 강단 있고 의미 있는 일이었다고 생각합니다. 선제적 정책연구를 수행하여 지식을 생산하는 KDI 같은 집단이 있었고, 그 지식을 받아들여 확실하게 집행하려는 경제 공무원들의 정책 의지가 있었기에, 이 두 힘이 합쳐져 당시 안정화 시책의 정착과 경제정책 패러다임의 전환이 가능했던 것 아닐까요?

오종남 그렇습니다. 다른 지식인의 말을 이해하고 받아들이려면 자기도 관련 지식이 충분히 있어야 해요. 정책연구기관과 정책수립 및 집행기관이 서로 토론하고 사유하고 지식을 교환하는 과정에서 시야가 넓어지고 시너지가 생겨 어느 순간 새로운 아이디어가 나옵니다. 1980년대에 경제기획원과 KDI가 그렇게 이인삼각을 했지요.

남상우 오 교수님 말에 전적으로 동의합니다. 제가 베트남과 미얀마, 사우디아라비아 등의 싱크탱크 창립과 정책자문에 상당한 노력과 시간을 기울였지만 우리나라 같은 방식으로 일이 잘되지 않았습니다. 우선 정책기획과 집행 기능에 괴리가 있습니다. KDI 같은 정책연구기관이 최고지도자의 전폭적 지원을 받아 좋은 정책을 개발하는 역할을 제대로 해야 하는데 지원이 잘 안 되는 것입니다.

말씀하신 대로 1980년대 초의 한국이라는 시공간에서 KDI가 안정화 정책에 나름대로 기여할 수 있었던 것은 경제기획원이라는 좋은 정책 카운터파트counterpart가 있었기 때문이라고 생각합니다. 경제기획원이 KDI의 정책연구 결과를 신뢰했고 해당 정책의 도입이 필요하다고 판단하면 흔들림 없이 추진했기 때문에 성공할 수 있었던 것이지요.

개방화 정책에
기여하다

1장

높아진 개방화 압력

냉전 종식과 미국의 통상정책 수정

미소냉전 국면에서 확고한 우위를 차지한 미국은 1970년대 중반부터 개도국 지원 일변도의 통상정책을 수정하기 시작했다. 미국 기업들이 정부와 의회에 불공정무역 시정을 요청하는 경우가 증가하자 미국은 동맹국들에게 통상압력을 점차 높여 나갔다. 미국은 동맹국들이 불공정무역을 한다고 지적하고, 동맹국들에게 덤핑수출 금지와 자국 산업 보호를 위한 높은 관세장벽을 철폐해 달라고 요구했다.

미국이 불공정무역을 시정하기 위해 동원한 법적 장치는 1974년 〈미국통상법〉 301조이다.[1] 미국의 불공정무역에 대한 불만과 통상압력은 초기에는 일본에 집중되었다. 냉전체제가 지속되는 동안 미국의 보호와 지원으로 성장한 일본이 이제 도리어 불공정한 덤핑수출로 미국 시장을 급속히 잠식하여 미국의 관련 산업을 위축시

---

1 이 조항은 미국으로 수출하는 나라가 취하는 불공정무역 관행을 제거함으로써 미국 상품의 수출을 용이하게 하기 위해 부문별·품목별로 불공정무역 행위에 보복 조치를 취할 수 있도록 한다. 즉, ① 부당한unjustifiable 행위 ② 불합리한unreasonable 행위 ③ 차별적discriminatory 행위 등으로 내국민 대우나 최혜국 대우가 거부된 경우를 불공정무역 행위로 보고, 이에 대해 미국무역대표부USTR가 의무적으로 보복 조치를 취하도록 규정했다.

킨다는 비판적 인식이 미국에서 확산되었던 것이다. [2]

1980년대 중반 들어 미국의 통상압력은 한국을 비롯한 신흥 개발도상국에까지 점차 확대되었다. 한국이 1986년부터 경상수지 흑자를 기록하자 한국을 제2의 일본으로 인식하는 경향이 미국 산업계에 퍼진 것도 통상압력 강화의 요인으로 작용했다. 미국 정부가 자신들이 요구하는 바대로 불공정무역이 시정되지 않으면 무역 보복 조치를 단행하면서 동맹국들과 미국 사이에 통상 마찰이 빈발하게 되었다.

KDI, 수입개방 필요성을 제기하다

이처럼 달라진 분위기 속에서 맹목적 수입금지 조치를 우려하며 개방의 필요성을 제기하는 목소리가 점차 커지기 시작했다. 국내에서 물가관리를 위해 수입개방의 필요성이 높아졌다. 또한 그동안 애국심으로 국산만 사용했던 국민들도 밀수품으로 들여온 '일제'와 '미제' 상품의 좋은 품질을 접하고는 국산 상품의 질에 불만을 표시했다. 밀수품들이 물밀듯 쏟아져 들어왔다. 한국 경제의 체질과 경쟁력을 한 단계 향상시키려면 보호주의 장벽을 낮추고 글로벌 경쟁질서에 노출시킬 필요가 있다는 의견이 정부 부처 일각에서 등장했다.

당시 경제기획원 사무관이던 오종남 박사는 개방화의 필요성에 대한 이론적 조언을 받기 위해 KDI의 서석태 박사를 자주 찾아갔다고 기억한다.

오종남 1977년에 제가 〈수입자유화의 필요성〉이라는 내부 보고서를 썼던 것이 기억납니다. 사무관 시절 자금계획과에서 무역 및 국제수지를 담당할 때 보니까, 특정 산업을 계속 과보호하는 것이 우리나라 산업의 발전과 경쟁력에 큰 장애물이 되고 있었어요.

---

2   일본이 덤핑 수출뿐만 아니라 미국의 자본, 상품, 서비스가 자국 시장으로 들어오지 못하도록 여러 가지 관세적·비관세적 장벽을 쌓고 있다는 불만이 미국에서 고조되자 미국은 일본에 통상압력을 점차 강화해 나갔다.

안정화 시책에 포함된 수입자유화 원칙

수입개방의 필요성은 물가안정이 목표인 안정화 조치와 패키지로 연결되었다. 수입개방이 이루어지면 상품 수급이 원활해져서 물가가 안정되고, 물가가 안정되면 각종 제조원가의 절감을 통해 국제경쟁력을 강화할 수 있기 때문에 장기적으로 수출 증대가 가능하다는 논리였다.

　남상우 박사의 설명이다.

남상우　당시는 물가가 크게 오르던 시절이라 그런 움직임이 있었나 봅니다. 중화학공업 위주로 가면서 경공업이 상당히 위축되었고, 생필품과 건축자재 등의 가격이 오르니까 수입개방을 하지 않으면 도저히 안 되겠다 싶었겠죠. 그런 관점에서 보면 사실 안정화 정책보다 수입개방의 필요성이 먼저 제기되었다고 할 수 있습니다.

유치산업 보호기간이 지났기 때문에 수입품과의 경쟁을 통해 산업 효율을 극대화해야 한다는 주장도 제기되었다. 특히 중화학공업의 비교우위와 수출경쟁력을 확보하려면 고도의 기술이 필요한 부품은 무리하게 국산화하기보다 수입을 활성화하는 편이 낫다는 의견이 나왔다.

　따라서 대통령의 공식적 허가를 받아 1979년 4월에 발표한 '4·17 경제 안정화 종합시책'은 "국내 가격이 국제 가격보다 일정 비율 이상 높은 품목에 대해 수입을 자유화해야 한다"는 원칙을 제시했다. 가령 전화기나 가공식품 등의 품목은 수입을 자유화하되 관세로 보호하겠다는 것이다.

　그러나 이때의 수입개방 주장에는 별다른 정책의 무게가 실리지 못했다. 수입개방의 구체적 내용이 가격이 급등한 농산물과 생필품, 전략적 원자재 등에 제한되었기 때문이다. 뿐만 아니라 안정화 정책을 찬성하는 사람들조차 경상수지 적자가 심각하고 만성적 외자 부족인 상황에서 수입개방은 아직 시기상조라는 의견을 많이 내놓았다.

　수입개방은 논의만 무성했을 뿐이다. 1980년대 초까지 국내 산업은 1960년대 후반부터 구조화된 높은 관세장벽과 광범위한 수입규제 때문에 여전히 국제경쟁으로부터 차단되어 있었다. '국제수지 방어론'이 수입규제의 핵심 논리였다. 해외상품 수입이 허용될 경우 시장 잠식을 우려한 국내 기업들은 "수입개방은 외자 낭비를 야기하여 경상수지 적자를 심화시킬 것"이라는 논리를 확산시켰다. 따라서 1980년대 들어 신속하게 추진된 안정화 조치와 달리 개방화 조치는 별다른 진전을 이루지 못했다.

이처럼 지지부진했던 수입개방화 조치를 수면 위로 끌어올려 한국 사회에서 격렬한 개방화 논쟁을 점화시킨 것은 KDI가 발표한 일련의 연구보고서였다.

2장

KDI의 균일관세율 제안

'8% 균일관세율 안' 보고서

1982년 4월 무렵, KDI의 양수길 박사는 재무부로부터 단기 연구과제 하나를 의뢰받았다. "재무부가 관세정책의 현황을 체계적으로 점검·평가하고 관세율 구조 등에 걸친 종합적 개편을 촉진하고자 하니 이 작업을 도와 달라"는 내용이었다.

양 박사가 들여다보니 당시 관세율 제도는 복잡다단했다. 1982년 수입액 243억 달러 중 관세를 부과한 것은 41.2%에 불과하고 나머지 58.8%는 면세했으며 산업별·품목별로 세율 격차도 아주 컸다. 수입 원자재는 관세율이 낮거나 면제된 반면 국산화된 완제품의 경우 국내 시장을 보호하기 위해 고율의 관세를 부과했다.[1] 산업에 대한 관세의 중립성을 현저히 위배하고 있었다.

양수길 박사는 연구에 앞서 김종환 과장을 만나 재무부의 구상을 들었다. "산업의 미래, 정책의 중요성, 고용의 중요성 및 산업의 유망성 등을 구분해 α, β, γ 식으

---

1 가령 원유와 광물은 0%, 기초소재 10%, 중공업 기계 15%, 석유 중간제품 20%, 강판·강선 25%, 합성수지 30%, 냉장고·라디오·신발·섬유류 50%, 담배·술·자동차·보석류 100% 등 10단계의 관세를 부과했다. 여기에 사치품 수입류는 고율의 특별소비세를 추가로 부담하게 했다.

로 계량화하고, 이들에 적절히 가중치를 두어 합산해 산업별로 달리 세율을 정하고 자 한다. KDI가 이러한 계량화 작업을 수행해 달라"는 것이었다.

양수길 관세 이론 중 '과학적 관세논쟁scientific tariff argument'이란 것이 있어요. 재무부는 바로 그런 방식으로 가야 한다고 생각했습니다. 각 산업 품목에서 몇 가지 중요한 특성을 계량화해 가중평균을 구함으로써 관세율을 책정하는 논리의 수식을 적용하자는 구상이었죠. KDI에서 이를 구체화하는 연구를 하고 공개토론을 한번 해 달라고 부탁했습니다. 관세의 기본 철학은 산업의 중요도에 따라 수입 관세를 더 많이 부과한다는 것이었습니다.

그때부터 제 고민이 시작되었습니다. 우선 품목별로 세율을 일일이 정부가 책정한다는 것이 과연 가능한 일인지 저로서는 상상이 가지 않았거든요. 한번 생각해 보세요. 그 수많은 품목별로 산업의 가중치나 중요성을 누가 어떻게 어떤 기준으로 선제적으로 판단합니까? 더 근본적으로, 과연 보호가 산업경쟁력 제고를 위해 올바른 처방인지 고민했죠.

이때부터 2개월에 걸쳐 양수길 박사와 재무부 사이에 수시로 토론이 벌어졌다. 이 과정에서 양 박사는 각종 이론을 참고하며 '균일관세율 안'을 구상하게 되었다.

양수길 당시 제가 산업지원제도를 연구하면서 몇 달 동안 고민하다 내린 결론이 있어요. 핵심은 산업보호정책을 개편하는 데 있다는 것입니다. 저는 관세정책을 조세정책이나 무역정책으로 접근하기보다 산업정책의 관점에서 해석하고 접근했어요.

그래서 결론적으로 재무부에서 바랐던 것과는 정반대로 아주 심플한 균일관세율 안을 해답으로 내놓았어요. 당시에 제가 참고한 자료 중 하나가 호주 경제학자 맥스 코던Max Corden의 저서 《관세론Theory of Tariff》이었습니다.

1982년 7월 6일에 열린 '관세정책 개편을 위한 시안試案'이라는 공청회에서 양수길 박사는 당시 상식으로는 상당히 충격적인 '균일관세율' 방안을 제시했다.

이날 공청회에서 양수길 박사는 "일반적으로 관세는 세수 확보나 소비 억제 목표나 산업지원 및 경상수지 관리 차원에서 다른 내국세제나 금융제도상의 지원, 또는 거시경제 운영 수단 등에 비해 자원배분 왜곡의 부작용을 가져올 뿐만 아니라 소기의 정책목표 달성 여부도 확실치 않은 차선의 수단"이라고 지적했다. 그리고 "이상적인 관세정책은 무관세 정책이지만, 관세를 부과한다면 목표 세수를 보장하는 수준에서 모든 품목에 균일한 세율을 부과해야 한다"고 강조했다.

이어 양 박사는 당시 세수 현실에 비추어 볼 때 균일관세율은 8%가 적절하다고 주장했다. "특정 산업용 수입기계류 및 원료품에 대한 관세감면을 폐지하되 재정수요에 부응하며 동시에 관세의 산업 간 중립성을 확보하도록 원칙적으로 모든 품목에 걸쳐 균일관세율을 부과하도록 한다. 보다 구체적으로는 관세의 현 재정부담률을 고려하여 관세를 8%로 균일화하고, 수입규제를 철폐해 산업보호 기능을 전부 관세제도에 흡수시켜야 한다"면서 구체적인 관세정책 개편 방안을 제시한 것이다.

이 주장의 타당성은 함께 연구한 유정호 박사가 수행한 '산업의 실효보호율 구조연구' 결과를 통해 실증적으로 입증되었다. [2]

양수길 균일관세율로 결론 내린 것은 처음 연구를 시작할 때 가졌던 동일한 의문에 기초했습니다. '정부는 산업의 중요성을 판단하여 관세율을 달리하겠다고 하는데 산업별·품목별로 일일이 계량화한다는 것이 과연 가능한 일인가?' '모든 것은 결국 시장에서 결정되지 않는가?' '특히 개별 기업 간 경쟁과 이로 인한 자구 노력 여하에 따라 경쟁력이 생겨 결과가 달라지지 않는가?' '어떤 정부 혹은 어느 개인이 특정 산업이 장래에 경쟁력을 갖출 것이라고 사전에 책임 있게 예측할 수 있을까?'

결국 정부가 산업의 미래를 예단하여 자의적 판단을 내리는 것은 오히려 역효과를 가져오리라는 것이 저의 결론이었습니다. 고민은 오래했지만 결론은 쓰기가 쉬웠죠. 지금 생각해도 상당히 과격한 주장인데, "이론적으로는 세수 보전의 수단으

---

2 KDI 출신인 김광석 경희대 교수가 벨라 발라사Béla Balassa 교수의 방법론에 입각해 국내 최초로 1968년 기준으로 방대하고 어려운 추정 작업을 한 것이 있는데 이 방법론에 따라 추정했다.

로서가 아니라면 관세는 낮을수록 좋다"라는 결론을 담은 것입니다.

당시 우리 보고서의 키워드는 수입자유화를 해야 하는 이유를 설명하면서 사용한 'X 비효율X-inefficiency'이었습니다. 경제학 교과서에도 나오지만, 우리는 흔히 경제 분석에서 우리 경제가 '생산가능 한계선production frontier'에 이를 정도로 각종 자원을 최대한 효율적으로 활용하고 있다고 가정합니다.

그러나 저는 이렇게 생각했어요. 실제로는 우리 경제 내에 각종 규제의 비효율성이 있어서 우리가 생산가능 한계선이 아닌 그 내부에 머물고 있는데, 그 주요 요인 중 하나가 보호정책이라고 보았습니다. 즉, 기업들이 보호정책에 안주해 효율 극대화를 위한 경영 혁신과 기술개발 노력을 소홀히 하고 대신 정부 청사를 드나들며 보호와 지원을 해달라는 로비를 한다고 본 것이죠. 그래서 생산의 비효율이 조장되고 기술 혁신이 등한시된다, 궁극적으로 산업보호는 산업을 지원하는 것이 아니라 산업의 효율성을 해치는 것이다, 그게 저의 핵심 주장이었어요.

KDI 균일관세율 방안에 업계 초긴장

당시 KDI의 균일관세율 방안은 산업정책 및 수입정책에서 발상의 전환을 촉구하는 것이 주목적이었다. 양수길 박사 자신도 이처럼 급진적인 내용이 당장 정책으로 실현 가능하리라고 생각하지 않았다.

그런데 언론은 KDI의 연구를 단순히 연구만을 목적으로 한다고 보지 않았다. "재무부가 왜 KDI에 연구를 맡기겠나, 단순한 연구 목적은 아니며 결국 시행을 전제로 하는 것"이라고 여겼다. 따라서 KDI의 '8% 균일관세율 안'은 사실상 기정사실화되어 발표 직후 언론에서 대대적으로 보도했다. '8% 균일세율로 관세 대폭 개편', '관세감면제도의 폐지' 등의 제목으로 톱기사를 장식했다. 신문마다 전면 또는 반면에 걸쳐 상세한 해설기사와 정책협의회 토론 내용을 실었다. 해설기사들은 '적자생존의 산업정책', '부실기업 도태로 경쟁력 강화 겨냥' 등의 소제목을 달아 보고서의 핵심 내용을 부각시켰다.

그러자 연구를 의뢰했던 재부무가 우선 난색을 나타냈다. 상공부 또한 "'8% 균일관세율 안'은 국내 산업보호정책을 사실상 포기하는 것을 의미한다. 가동 초기 단계인 데다가 아직 국제경쟁력이 갖추어지지 않은 중화학공업이 큰 타격을 받게 될 것"이라면서 반대의 목소리를 높였다.

KDI의 균일관세율 개편안에 깜짝 놀란 전국경제인연합회(이하 전경련)와 대한상공회의소(이하 대한상의), 한국무역협회 등도 적극적으로 반대 논리를 만들기 시작했다. 1982년 하반기 중 경제단체별로 관세제도 개편 연구를 추진했고 그 결과를 정부에 건의서 형식으로 제출했다. 당시 여러 경제단체의 주장은 "관세율을 균일화할 것이 아니라 오히려 현재의 11단계에서 40단계 이상으로 더 세분화해야 한다"는 것이었다.

전경련은 '관세율 조정 기본 방향에 관한 건의'(1982. 7)를 통해 "균일관세율 도입은 시기상조"라고 평가하고, "기본적으로 현행 경사傾斜 구조의 관세율 체제를 유지하되 그 구조를 합리화하고 특히 다단계화해야 한다"고 주장했다.

대한상의도 '우리나라 관세정책의 전개 방향'(1982. 8)이라는 건의서를 통해 "KDI의 균일관세율 안은 지금까지의 어떤 경제조치보다 더 엄청난 충격과 부작용을 낳게 될 것"이라고 강조했다.

당시 언론지상에서도 관세제도 개편을 둘러싼 열띤 토론이 벌어졌다.

강경식 장관, KDI의 '8% 균일관세율 안' 채택

논쟁에 마침표를 찍은 사람은 당시 재무부 장관으로 취임한 강경식이었다. 1982년 5월 이철희·장영자 사건이 발생하면서 나웅배 장관이 물러나고 철저한 개방론자인 강경식 재무부 차관이 재무부 장관이 되면서 KDI가 제시한 8% 균일관세율 논리를 전격 수용한 것이다.

이에 따라 재무부는 관세율 개편 작업을 추진했고 다음 해에 '8% 중심세율 안'이라는 명칭으로 관세율 구조 개편을 5년에 걸쳐 단계적으로 추진하기에 이른다.

양수길 재무부 실무자들이 "균일세율은 좀 과하다, 중심세율이라고 바꾸자"고 제안하여 이름을 바꿨습니다. 제가 추후에 검토해 보니 8% 균일세율이나 중심세율이나 다 문제가 있더라고요. 그래서 1983년 초에 발간한 산업지원제도 개편방안 보고서에서는 균일관세율 안을 버리고 0%를 장기적 목표로 상정하고 꾸준히 인하해 나가자는 방안을 제시했습니다. 이것을 '선형삭감線型削減, liner cuts 방식'이라고 합니다.

재무부는 이 대안을 받아들이지 않고 대신 8% 중심세율을 고수하더군요. 그래서 제가 "이름이야 무엇이 되었든 향후 세율을 내리는 것은 좋은데 올려서는 안 된다"고 역제안했습니다. 무관세였던 광물 등의 원자재에는 오히려 3% 가량의 관세를 부과하자는 내용을 보고서에 넣었습니다.

그것은 우리가 원자재 수입국으로서 자원절감적 산업구조로 가면서 이를 위해 기술개발을 촉진하려면 원자재 수입에 관세를 조금이라도 부과하는 것이 낫다는 취지였습니다.

3장

판도라의 상자를 열다

수입개방 논쟁

정부 주도 산업정책의 한계 비판

"8% 균일관세율로 시작했다가 장기적으로 관세율을 아예 0%까지 낮춰야 한다"는 양수길 박사 주장의 함의는 사실 수입개방 촉진 효과에 있었다.

1983년 1월에 KDI에서 발표한 〈산업정책의 역할과 지원제도의 개편방안〉이라는 보고서에서는 균일관세제도 개편을 포함하여 수입규제의 폐지가 더욱 명시적으로 강조되었다. "균일관세가 의미가 있으려면 보호정책으로든 산업정책으로든 수입규제를 없애야 한다. 수입규제를 존치시키면서 균일관세율을 부과한다면 관세율을 부과하는 목적이 세금을 더 걷는 수단밖에 안 된다"는 내용을 적시한 것이다.

한편 재무부가 마련한 '관세개편 5개년 계획'(1984~1988년)에 따라 '관세개편협의회'라는 민간 자문기구가 설치되었다. 여기서 양수길 박사는 중화학 부문 분과위원장 역할을 맡아 수입자유화를 역설했다.

양수길 저는 위원회에서 기업과 산업에 미치는 변화의 충격을 최소화하려면 약 5년에 걸친 관세율 변화 이행계획을 만들어 사전에 고지하고 그 스케줄대로 꾸준히 추진하되 핵심 전제로 수입자유화를 동시에 추진해야 한다고 꾸준히 역설했습니다.

양수길 박사가 이 같은 신념을 가지게 된 계기는 관세율 연구에 앞서 1982년 2월 KDI가 개최한 '새로운 산업정책에 관한 국제 심포지엄'이었다. [1]

당시 일본 산업이 높은 경쟁력으로 국제시장을 제패하고 있었기 때문에 국제사회는 정부가 특정 산업에 직접 개입하여 육성하는 일본식 산업정책 유효성에 대해 활발히 논쟁을 벌였다. "일본처럼 정부가 특정 유망산업을 선정해 보호·육성하고 각종 정책적 혜택을 주어 경쟁력 있는 승자로 키우는 '승자 육성' 정책이 과연 효과가 있는가?"라는 문제가 제기되었고, KDI가 일본식 승자 육성의 유효성에 관한 국제 심포지엄을 개최했다. [2]

1982년 2월 15일부터 17일까지 KDI에서 열린 이 국제 심포지엄에는 저명한 해외 전문가 9명[3]을 비롯해 국내 학자, 실업계 대표, 유관 고위 공무원 등 다수의 전문가가 참석했다. 이들은 산업구조의 고부가가치화, 기술 혁신 촉진, 산업조직 효율화, 승자 육성 등 네 가지 주제를 놓고 심도 있는 토론을 벌였다.

이 심포지엄에서 일본 전문가는 승자 육성을 효과적으로 추진하려면 우선 산업 구조조정과 독과점monopoly 규제, 노사협력 등 몇 가지 전제조건을 충족해야 한다고 설명했다.

양수길 박사에 따르면 심포지엄에 참석한 일본인 전문가의 주장은 다음과 같았다.

---

1 이하 KDI 보고서 내용은 《KDI 정책연구 사례》(2003)의 "1980년대 수입자유화 정책"(양수길)을 요약한 것이다.
2 이 국제 심포지엄이 개최될 무렵 KDI에서는 중대한 변화가 있었다. 1971년부터 10년 이상 KDI를 이끌어오던 김만제金滿堤 원장이 물러나고 신임 김기환金基桓 원장이 취임한 것이다.
3 미국 미네소타대의 앤 크루거 교수, 세계은행 경제분석실장인 헬렌 휴즈 박사, 일본경제연구센터JERC의 노부요시 나미키 연구위원, 서독 킬대학의 게르하르트 펠스 교수, 프랑스 국제경제동향연구소CEPII의 이브 베르텔로 소장, 호주국립대의 킴 앤더슨 교수 등이 참가했다.

일본 정부가 제2차 세계대전 이후 장래성이 유망한 산업을 선정하고 〈산업발전촉진 특별법〉을 제정해 지원해온 것은 사실입니다.

그러나 우선 이것을 5년 단위의 시한부時限附로 실시했습니다. 둘째, 육성에 실패한 산업은 과감하게 산업합리화 조치를 통해 구조조정을 실시했습니다. 셋째, 이러한 미시적 조치들보다 중요한 성공 요인은 광범위한 내수시장을 터전으로 국내 기업 간 치열한 경쟁을 유도하고 독과점 규제를 엄격히 실시했습니다. 이로 인해 대기업과 중소기업 간 협력 및 균형발전이 이루어졌습니다. 넷째, 공산주의 및 천연자원 공급 불안의 위협으로 국가 자립정신이 제고되었고, 사회적 단합이 조성되고 유지되었으며, 특히 노사협력이 잘 이루어졌습니다.

KDI 세미나에 참석한 크루거 교수와 휴즈 박사 등 구미 학자들은 일본의 승자 육성에 한결같이 비판적이었다. 당시 심포지엄에서 구미 전문가들이 합의한 핵심 결론은 다음과 같다.

첫째, 정부가 특정 산업의 장래성을 정확하게 예측할 수 없으며, 설령 예측할 수 있다고 해도 정부의 이른바 유망산업의 지원과 보호는 그 자체로 해당 산업 기업의 자생적 발전 노력을 저해하기 쉬운 만큼 그 효능에 한계가 있다.

둘째, 산업의 육성은 일반적으로 특정 산업이 아닌 기업활동 지원을 통해 이루어져야 한다. 이러한 지원은 산업 간 균등히 그리고 기능별로 실시되어야 하며, 그 방법은 기업인들의 기업가정신과 위험부담 능력을 제고하고 실패와 도산을 허용하는 것이어야 한다. 이는 경쟁 촉진, R&D 지원, 벤처자본 공급, 외국인직접투자 유치, 금융자율화, 중소기업의 규제완화 및 금융지원 등을 포함한다.

셋째, 유치산업의 보호·육성도 시도해야 하지만, 유치산업의 지원은 어디까지나 시한부로 실시해야 한다. 그 산업 내 투자는 기업인들에게 맡기고 이들의 도산과 실패를 허용하는 것이 중요하다.

심포지엄에서 도출된 결론은 이후 수입개방에 관한 양수길 박사의 여러 연구에 지대한 영향을 미쳤다.

양수길 당시 심포지엄에서 부각된 가장 중요한 인식은 엄밀한 의미에서 볼 때 유망 품목은 있어도 유망 산업은 없고 유망성의 현재화顯在化 여부는 시장 여건에 좌우된다는 것이었습니다.

어떠한 산업 부문 내에서도 그 유망성은 품목에 따라 다르고 또 유망 품목의 성공 여부는 기업인에 따라 다른 것이며, 기업인의 성공 여부와 이에 이르는 행태는 그가 처한 사업환경, 특히 경쟁 여건에 따라 좌우된다는 인식이었죠.

따라서 특정 산업을 수입개방으로부터 보호하는 것은 각 산업의 중요성, 유망성, 적정 보호 수준을 정부가 선제적으로 모두 판단하고 설계할 수 있음을 전제하는데 사실 이러한 판단 자체가 불가능하다는 것이 결론이었습니다.

산업경쟁력 향상을 위한 시장개방 촉구4

국제 심포지엄이 열린 1982년 말에 KDI는 경제기획원의 요청으로 산업지원제도 개편 방안이라는 장기과제를 맡게 되었다.

산업지원제도 개편 문제는 1970년대에 재정을 총동원하여 이루어졌던 중화학공업 투자의 부실률이 높고 가동률이 극히 저하된 데 따른 반성이 제기되면서 1980년대 초에 주요 쟁점으로 떠올랐다. 당시 세계은행에서 구조조정 차관Structural Adjustment Loan을 빌려주면서 한국 중화학공업 현황에 문제의식을 갖고 차관 제공의 전제조건으로 이러한 연구를 요구했던 것이다.

당시까지 산업정책 연구를 맡았던 남종현 박사가 대학으로 자리를 옮기면서 1982년 3월에 이르러 균일관세율 연구를 수행했던 양수길 박사가 경제기획원 요청에 따른 산업지원제도 개편 연구를 총괄하게 되었다. 결론부터 말하면, 1982년 말 경제기획원이 KDI에 위탁했던 용역과제 〈산업지원제도의 개편방안에 관한 연구〉는 한국 사회에서 '판도라의 상자'를 연 것 같은 뜨거운 개방화 논쟁을 촉발시켰다.

---

4 이하 개방화 연구와 이로 인해 벌어진 사건에 대한 내용은 《KDI 정책연구: 지난 30년의 회고》(KDI, 2003)에 게재된 양수길 박사의 기고문을 참고하여 집필했다.

당시 연구는 양수길 박사가 보고서 작성 총괄책임을 겸하며 유정호 박사와 산업보호 구조 분야를 맡았고, 기계공업 현황 및 도급거래 증진정책 등의 부문별 연구를 다른 연구자들에게 분담시켜 추진했다. 기계 분야[5]가 개별 연구 대상으로 선정된 이유는 산업 전반에 걸쳐 범용성이 가장 넓은 부문인 동시에 육성에 따른 전략적 가치가 가장 높은 부문으로 간주되었기 때문이다.

각 부문별 연구 책임자들은 원내 전문가들[6]은 물론 원외 전문가들[7]의 지원을 수시로 받으면서 연구를 진행했다. 당시 호주의 정부 연구소[8]에 딕 필머Dick Filmer라는 실효보호율[9] 계량작업 전문가가 있었는데 유정호 박사와 팀을 만들어 연구했다. 이 연구에서는 산업보호 운용의 실태와 문제점 파악을 위해 각 산업의 실효보호율에 대해 유정호 박사가 비판적 분석을 시도했다.

양수길 산업별 실효보호율을 측정하는 것이 아주 복잡하고 방대한 가격조사를 해야 하는데, 유정호 박사가 어려움을 무릅쓰고 그걸 충실하게 잘 해냈어요. 실효보호율이 아무런 원칙이 없이 들쑥날쑥하게 나타났습니다. 관세정책으로 산업을 보호한다고 하지만 실제로 각 산업을 보호하는 효과가 별로 없고 의도와 전혀 다른 부정적 결과를 가져올 뿐이라는 점을 실증하는 자료로 유 박사의 실효보호율 추계가 인용되었습니다.

실효보호율 연구의 핵심 결론은 다음과 같다. (정부의) 각종 산업보호의 수단이 산업정책의 목적을 위해 의미 있게 활용되기에는 원천적으로 한계가 있음을 실효보호

---

5 중화학공업 부문 중 조립금속, 일반기계, 전기기기(전자 포함), 수송기기(자동차, 조선) 및 정밀기기 등과 관련된 분야였다.

6 원내에서는 구본영·박준경 박사, 홍성덕 주임연구원 등이 자문에 참여했다.

7 원외에서는 여러 대학교수들로부터 심도 있는 자문을 받았다.

8 Australia. Industries Assistance Commission.

9 실효보호율은 그 산업이 창출하는 부가가치 가격의 상승률로 명목보호율(보호로 인한 어느 산업의 산출물 가격의 상승률)을 산업관계표에 적용함으로써 추정할 수 있다(유정호·홍성훈·이재호, 《산업보호와 유인체계의 왜곡: 1990년 명목 및 실효보호율 추정》, 1993. 272쪽 참조).

율 추정 결과치를 통해 확인할 수 있다. 즉, 부문 간·품목 간 실효보호율 격차가 심해 품목 수준에서는 실효보호율이 -5% 이하부터 +300% 이상까지 분포되어 있다. 특히 마이너스 실효보호를 받는 부문은 전체의 41%에 이르고 있다.

아울러 농업과 제조업 간 실효보호율의 격차도 심각했다. 농업이 제조업에 비해 크게 과보호되었던 것으로 추정되었다. 이 같은 두 부문 간 실효보호 효과의 격차는 1968년을 기준으로 김광석 박사에 의해 추정된 실효보호율 수준에 비해서도 크게 확대된 것으로 나타났다. 이는 당시 지속적으로 공업 부문의 노동력 흡수가 요구되는 신흥 공업국가였던 한국에서는 바람직하지 않은 결과로 해석되었다.

실효보호율 추정 결과로 확인한 또 하나의 문제점은 다음과 같다. 산업보호는 제한된 총량의 각종 생산자원이 국내 판매용으로 활용되는 요인을 제공하는 만큼 수출용 활용을 억제한다. 따라서 산업 전반적으로 수출 지원을 통해 수출 유인을 제공해 국내 판매 유인을 상쇄해 주는 것이 바람직하다. 그러나 1970년대 초 이후 수출 유인이 지속적으로 약화되고, 국내 판매 유인은 강화되어 1980년대 초에 산업 유인 체제는 1960년대와 달리 수입대체 지향적이고 따라서 수출제한적 편향偏向이 있는 것으로 판단되었다.

산업보호 정책의 또 하나의 심각한 문제점은 명목보호율 내지 실효보호율 구조 이전으로, 관세보호와 수입규제 등의 보호시책에 시한時限과 사전적 예시성豫示性이 없다는 사실이다.

양수길 그때가 1982년 12월 24일이었는데, 연말까지 보고서를 내기 위해 며칠을 고민하다 내린 종합적 결론이 "우리나라 산업은 특히 중화학공업의 본격적 육성 추진 시점 이후부터 지나치게 보호해 주고 지원해 줘서 과보호되고 있으며, 이 때문에 기업인들이 경쟁력 강화 노력이나 R&D는 안 하고, 정부 청사만 드나들며 '지대 추구 rent seeking'만 하러 다닌다"는 내용이었죠.

당시 연구에서 김승진 박사가 맡은 기계공업 지원정책 연구는 정부가 산업을 위해 이처럼 수많은 종류의 보호와 지원을 해주기 때문에 오히려 역효과를 가져오는 만큼 보호 지원을 더 늘리기보다 오히려 줄여야 한다고 주장하는 자료로 인용되었습니다. 김재원 박사의 중소기업 하도급 연구는 당시 하도급 촉진 제도의 비효율성을 지적했습니다.

양수길 박사가 김승진 박사의 기계공업 부문 연구를 점검한 결과 정부 지원이 무척 다기多岐하고 총규모가 매우 크다는 사실을 발견하여 기존 지원시책 또는 체계를 간소화하고 효율화하는 방향으로 정책권고를 풀어갔다.

산업지원 시책에 대한 건의의 초점도 국제경쟁을 차단하는 기존 산업보호정책의 획기적 전환에 두었다. "산업정책의 핵심 목적은 각 산업의 국제경쟁력을 촉진하고 발현시키는 데 있다. 따라서 산업에 대한 보호와 지원이 필요하다고 하더라도 이는 한시적이어야 하며, 국내적으로는 산업 간 자원 재배분의 비효율을 야기하므로 선별적이며 제한적이어야 한다. 해당 산업을 국내 경쟁은 물론 국제 경쟁에 노출시키는 것 자체가 궁극적 의미에서 가장 중요한 산업정책이라고 볼 수 있다"는 것이 결론이었다. [10]

관세와 수입규제 등을 통한 산업보호는 효과적으로 운영하는 데 한계가 있을 뿐만 아니라 국제적 통상 마찰의 부작용도 우려되었다. 따라서 산업정책 개편의 방향을 관세와 수입규제에 의한 산업보호 및 여타 지원시책의 완화와 합리화에 두기로 했다.

보고서의 권고 내용을 한마디로 요약하면, 양수길 박사가 직전에 수행했던 '8% 균일관세율 안'을 더욱 진전시킨 '전면적 시장개방론'이었다. [11]

---

[10] 이는 앞서 언급한 승자 육성 관련 국제 심포지엄에서도 이미 확인된 원칙이었다.

[11] 보고서의 결론은 다음과 같다. "첫째, 1984년부터 5년간 관세 및 수입규제의 종합적 개편을 실시하되 수입규제를 대등관세율로 대치하고 1985년 이후 4년간에 걸쳐 '선형삭감 방식'에 의해 관세율을 인하한다. 아울러 주요 산업 관세 감면 품목을 폐지한다. 둘째, 수입자유화와 아울러 수입으로 인한 시장교란에 대처하고 유치업종의 잠정적 보호를 위해 각종 탄력세율제도를 정비 활용한다. 농산물의 경우도 수입을 자유화하되, 다만 주곡主穀은 수입자유화에서 제외한다. 셋째, 농산물 수입자유화는 농촌 경제의 현대화를 위한 종합적 구조조정의 일환으로 추진한다. 넷째, 보호정책 개편을 환율인상 및 금융개혁과 병행 추진해 상호 보완토록 한다."

양수길 저희가 산업 전반에 걸쳐 전면적 개방을 주장했습니다. 보호가 아닌 개방만이 국내 산업의 경쟁력 제고를 위한 급선무라는 논리를 제시했습니다. 나아가 개방은 향후 5년 내에 사전 예시 일정에 따라 추진하고, 여타 금융 등 국내적 산업지원의 축소, 산업 구조조정 지원, 인력의 적응 훈련, 기업의 자구 노력 지원, 대기업·중소기업 간 하도급 관계의 개선 등 산업 관련 정책 패키지를 제시했습니다.

한마디로 "산업경쟁력을 강화하려면 전면적으로 시장개방을 추진해야 한다. 농산물도 주곡은 식량안보 차원에서 생산을 보호하되 그 밖의 모든 것은 시장개방을 하자"고 과감하게 주장했어요.

KDI가 선도한 수입자유화 공개토론

국내 유치산업 보호와 경상수지 확보를 위해 수입규제 장벽을 높이는 것이 상식처럼 여겨지던 시절에 KDI가 경제기획원에 제출한 산업지원 정책 전환 및 수입개방 보고서는 엄청난 사회적 반향과 논쟁을 불러일으켰다. 공산품 전면 개방과 수입자유화 일정을 제시해야 한다는 의견이 당시의 통념상 급진적이었을 뿐만 아니라 농산물도 주곡 외에는 수입자유화하자는 내용은 더욱 충격적이었다.

KDI의 사공일 부원장과 김기환 원장에게 이 내용을 사전에 보고하자 사공일 부원장은 "현실적 여건을 감안해 내용을 적절히 조절할 것"을 권고했다. 반면 김기환 원장은 "일단 가장 원칙론적인 대안代案을 제시하여 현 산업지원체제의 문제점을 부각시키는 것이 바람직하다"는 입장으로 흔쾌히 보고서 발간을 승인했다.

양수길 박사는 1983년 1월에 보고서를 경제기획원에 제출한 후 2월 중순에 해외 출장을 떠났다. 그런데 2월 말에 귀국하니 온 언론이 KDI 보고서에 관한 기사로 도배하다시피 한 것을 보고 깜짝 놀랐다. 21일 자 석간과 22일 자 조간에서 'KDI, 전면 수입자유화 주장'이라는 제목으로 일제히 1면 톱기사로 보도한 것이다.

양수길 고백하자면, 사실 이 내용에 대해 여론을 수렴할 만한 시간이 부족했습니다. 제가 보고서를 제출하고 난 직후에 임무를 위해 동남아 출장을 갔거든요. 훗날 아시아태평양경제협력체APEC의 모체가 되는 태평양경제협력회의PECC: Pacific Economic Corporations Conference가 당시에 출범했습니다. PECC 제4차 총회 서울 유치와 아시아태평양 무역자유화 방안 연구를 협의하기 위해 2월에 동남아로 서둘러 출장을 갔던 거죠. 그런데 귀국해 사무실에 와 보니까 KDI 보고서 내용이 대한민국 모든 신문에 1면 톱으로 대서특필되어 있는 거예요. 'KDI 전면 수입자유화 주장'이라는 제목으로요.

가슴이 철렁했어요. 당시 신문은 저희 보고서를 단순한 연구보고서로 보지 않고 '정부가 이걸 하려는데 KDI가 앞장섰다'는 식으로 늘 해석했거든요. 그때부터 매스컴에서 전화가 오고 온통 난리가 났습니다.

비공개로 경제기획원에 보낸 보고서가 왜 이렇게 대서특필되었을까? 알고 보니 보고서의 일부 내용이 흘러나와 2월 14일 무렵부터 몇몇 신문에 게재되었는데, 워낙 충격적인 내용이라 이른바 '물먹은' 다른 언론들이 경제기획원에 크게 항의하고 공개를 요구하는 바람에 경제기획원이 그 보고서의 전문을 공개해 버렸던 것이다.

뚜껑 열린 '수입개방 판도라의 상자'

KDI 보고서는 개방화라는 '판도라의 상자'를 연 것이나 다름없었다. 대대적인 수입자유화 논쟁이 그 후 수년간 전국적으로 널리 전개되었다. 특히 그 후 반년간 정부 내에서는 물론이고 경제계, 학계, 언론계에서 수입자유화에 대한 토론과 논쟁이 치열하게 벌어졌다.

KDI 보고서 공개 직후 치열한 논쟁이 벌어진 이유는 경제기획원이 수입자유화와 산업지원의 축소 쪽으로 큰 방향을 잡아가는 것에 대응하여 이를 반대하는 상공부가 산업연구원KIET으로 하여금 반론을 제기하는 입장을 발표하도록 하면서 부처 간

논쟁이 불붙었기 때문이었다. [12]

KIET가 "전면 수입개방은 시기상조로 산업에 큰 타격을 줄 수 있다"고 반대하는 보고서를 내놓자 1983년 3월 16일 KDI는 또다시 '수입자유화 대정부 건의안'을 발표했다.

관세율 구조 개편과 함께 수입자유화를 통해 경쟁력 있는 산업구조로 바꿔 국내 산업의 대외경쟁력을 높이고 적자생존 시장원칙을 만들어 자원배분의 효율화를 기하며 산업구조의 고도화를 유도해야 하며, 우리나라의 수입자유화 비율은 74.8%에 불과한데 대만의 97.7%, 일본의 97% 수준으로 높여야 하고, 특히 시장지배적 독과점 품목의 수입자유화 비율은 46.15%에 불과하므로 조속히 시정해야 한다는 내용이었다.

무역자유화 여부를 초점으로 하는 경제기획원과 상공부 간의 첨예한 산업정책 논쟁이 KDI와 KIET 두 연구원 간에 대리전 양상으로 전개되고 있었다. 당시 경제기획원과 상공부의 물밑논쟁 준비는 이미 그 이전에 시작되었다는 것이 정설이다.

1982년 KDI가 새로운 산업정책 지원제도 연구를 위해 국제 세미나를 개최하고 관세정책 개편안에 대한 정책협의회를 개최하는 과정에서 '수입자유화 및 산업지원 축소'로 방침을 밝히자 상공부는 은밀히 산업연구원을 시켜 이에 대한 반대 논리, 즉 중요 산업에 대한 선별 지원과 국내 산업 보호를 위한 국산화 시책을 골자로 하는 보고서를 만들어 때를 기다리고 있었던 것이다. [13]

---

12 당시 KIET 원장은 박성상 전 한국은행 총재였고, 산업정책 연구책임자는 송희연 연구위원이었다.

13 동아일보 편, "1980년대 수입자유화 정책", 《대한민국 정책연구의 산실 KDI: KDI 개원 40주년 기념 정책연구 사례집》, 2012, 252~255쪽.

수입자유화를 위한 정책토론회 개최

부처 간 이견이 불거지자 경제기획원은 이를 조율하기 위해 나섰다. 경제기획원, 재무부, 상공부 등 주요 경제부처의 차관 이하 과장급까지 간부 전원이 2박 3일 합숙 토론하는 '산업정책에 관한 경제부처 합동연수회'를 중앙공무원연수원에서 개최하기로 한 것이다. 이 같은 규모와 깊이의 범부처 정책토론은 전무후무한 일이었다.

양수길 김재익 경제수석이 KDI 보고서를 읽고는 강경식 재무부 장관과 의논했나 봅니다. 이 내용과 논리를 공무원들이 모두 이해해야 한다면서 차관 이하 과장급 공무원들까지 과천 중앙공무원연수원에서 2박 3일간 합숙 토론하기로 했습니다. 경제공무원 간부급이 모두 참여할 수 있도록 각 회당 2박 3일씩 3월, 4월, 5월, 세 차례에 걸쳐 반복 진행했습니다.

저는 재무부를 대변하여 수입개방을 주장하는 연사로서 참여했고, 반대하는 쪽으로는 상공부를 대변하여 KIET의 송희연 부원장이 나왔습니다. 경제기획원은 이 교육을 주최하는 입장이어서 표면적으로는 중립적 입장을 취했습니다. 장관들에 앞서 제가 먼저 나가 발표하고, 그다음에 송희연 박사가 나가서 제 발표에 대한 반론을 주장하고요. 이후에 부총리, 재무부 장관, 산업부 장관 등이 나서서 이야기하고 저녁에는 그걸 들은 공무원들이 분임 토의를 하곤 했죠.

청와대에서는 정책의 무게중심이 이미 과감한 수입자유화로 기울어져 있었다. 김재익 경제수석이 수입자유화로 정책의 큰 방향 전환을 결심하도록 대통령을 설득했던 것이다. 김재익 경제수석과 강경식 재무부 장관은 토론회 이전인 1월 25일에 KDI로 하여금 전두환 대통령에게 관세제도 개혁과 수입자유화 건의안을 보고하도록 요청했다. 보고는 1983년 3월 10일에 이루어졌는데, 김기환 원장과 양수길 박사가 함께 청와대로 들어가 내용을 직접 설명했다.

대통령의 재가를 얻은 김재익 수석은 수입 전면 개방을 반대하던 박성상 KIET 원장을 수출입은행장으로 전보 발령하고 개방론자인 KDI의 사공일 부원장을 KIET 원장으로 보냈다. 이로써 두 연구원 간 논쟁은 종지부를 찍게 되었다. 이후 상공부는 1983년 하반기와 1984년 상반기에 걸쳐 수입규제 완화 조치를 발표하고, 곧이어 예시를 위한 수입규제 완화 계획 작성 작업에 들어갔다.

수입자유화 및 관세개편 조치

1983년 5월 경제기획원은 쌀과 보리 등 주곡 농산물을 제외한 모든 품목에 대해 전면 자유화 조치 및 예시제 시행을 발표했다. 또한 1986년까지 수입자유화율을 선진국 수준인 90%까지 끌어올리고 경쟁력 없는 산업은 과감히 정리한다는 내용의 '80년대 산업정책의 과제와 지원시책 개편 방안'을 내놓았다.

이러한 목표에 따라 상공부가 '수입자유화 2개년 계획'(1984~1985년)을 발표했고, 14 재무부는 '관세개편 5개년 계획'(1984~1988년)을 내놓았다. 1983년 8월 25일 발표된 관세제도 개편방안은 그해 가을 정기국회를 통과해 확정되었다.

논의 과정에서 업계와도 긴밀히 협의해 그들의 의견을 반영했기 때문에 3,900개 품목의 관세율 조정이 별문제 없이 무사히 완료되었다. 상공부는 추후 '수입자유화 3개년 계획'(1986~1988년)을 또다시 발표했다.

양수길 1990년대에 제가 관세율 구조를 살펴보니 KDI의 구체적 건의사항 두 가지가 반영되어 있었습니다. 하나는 석유 등 천연자원 수입에 대한 관세를 2~3% 수준으로 유지해 세수를 확보하면서 자원절감적 산업구조를 추진하자는 것인데, 이는 1차 관세개편 때 반영되었던 내용입니다.

두 번째는 수입규제 대상이 되는 품목에 대해서는 어차피 실효성이 없는 관세인하를 유보하라는 건의였습니다. 구체적 실례를 말씀드리겠습니다. 1987년 재무부가 1차 관세율 개편을 보완하기 위해 2차 개편안을 준비하고 있었어요. 당시에 사공

---

14 당시 상공부가 발표한 수입자유화는 전면 자유화가 아니라 수입규제 완화에 가까웠다.

일 박사가 재무부 장관으로 계셨어요. 그때 신문을 보니 "2차 관세율 개편안에서 재무부가 농산물 관세율[15]도 인하한다"라고 났더라고요. 그래서 제가 사공일 장관께 "농산물도 수입자유화할 겁니까?"라고 물었더니 그건 아니래요.

그럼 수입규제가 있는 판에 관세율을 인하해 봐야 국내 가격은 내리지 않고 세율 인하 부분이 농산물 수입상에게 불로소득[rent]만 벌게 해주는 셈이니까 바람직하지 않다고 말씀드렸어요. 그래서 농산물 쪽 관세인하는 취소되었습니다. 저의 주장은 관세인하가 산업경쟁력 제고 효과가 있으려면 수입자유화가 전제되어야 한다는 취지였습니다.

관세개편협의회는 1984년부터 상설조직인 관세심의회로 대체되었다. 신병현 전 부총리를 위원장으로 하여 위원회에는 정계·학계·경제계 인사 등 65명이 참여했다. 이처럼 전개된 1980년대 한국의 수입자유화 정책은 세 가지 측면에서 매우 획기적인 것으로 평가된다.[16]

첫째, 수입개방 조치는 안정화 조치와 함께 1980년대에 자유시장 경제체제로의 대전환을 의미했다. 정부가 산업정책과 국제수지 정책의 기본철학을 수정했는데 이를 반영한 것이다.

둘째, 1980년대의 수입자유화 조치는 획기적이라고 할 정도로 그 범위가 광범위했다. 농산물을 제외한 전 품목, 즉 공산품 대부분이 수입자유화 대상이 되었고, 수입장벽 인하의 폭도 컸다.

셋째, 한국의 수입자유화 정책은 1988년 이전까지는 정부 내의 공감대 형성 과정을 거쳐 한국 정부가 자발적으로 선택한 정책이었다. 미국 등 선진국들의 시장개방을 강요하는 국제적 압력에 따른 것이 아니라, 수입자유화가 한국 경제의 효율화와 기업들의 국제경쟁력 강화에 기여한다고 보고 자발적으로 선택한 것이다.

---

15 당시 한국의 농산물 관세율은 40%대였다.
16 이 평가는 양수길 박사가 쓴 《KDI 정책연구 사례》(KDI, 2003) 308쪽 내용을 인용한 것이다.

수입개방 논의에 대한 평가

1980년대 초에 이루어진 격렬한 수입개방 논의는 한국이 1980년대 중반에 경험한 경상수지 흑자 전환에 따른 선진국, 특히 미국의 본격적 개방 압력 이전에 자발적으로 진행된 것이 큰 특징이다.

1980년대 초에 언론과 국민이 1970년대의 중화학공업 육성정책의 후유증을 겪으며 산업지원과 보호를 두고 방향을 못 잡고 있을 때 자발적이고 전면적인 수입자유화가 국가 경제에 유익함을 명쾌하게 입증하고 그 필요성을 과감하게 역설해 산업정책과 무역정책의 비전과 방향을 제시한 주체는 KDI였다.

KDI는 정책토론회를 개최하고 언론을 대상으로 범국가적 토론을 촉발시켜 수입자유화의 필요성을 강조하며 주요 오피니언 리더들의 공감대를 형성하는 역할을 수행하기도 했다.

양수길 당시 국민적 가치관과 정부 및 정치권의 주류는 막연하게 국내 산업은 보호해야 한다는 도그마dogma에 갇혀 있었죠. 특히 산업계는 당연히 개방화에 거세게 반대했습니다. 국민 모두 어린 시절부터 '국산품 애용' 구호를 외치며 자랐기 때문에 적극적 개방론을 수용하기에는 어려움이 있었습니다.

유일하게 개방을 주장한 부처가 경제기획원이었습니다. 경제기획원의 웬만한 관리들은 대부분 원칙적 개방론자들이었죠. 따라서 "수입자유화율을 단계적으로 높여 나가야 한다"는 의견이 특히 박정희식 중화학공업 육성의 후유증을 겪기 시작한 1978년부터 정부 문서에서 제시되었습니다.

개방화 주장에 논리의 구체성을 제공한 것이 KDI였습니다. KDI는 1983년 1월에 경제기획원에 제출한 연구보고서를 통해 핵심 정책과제로서 시장개방의 필요성과 시급성, 그 구체적인 방법과 보완 정책 등을 일종의 종합적 액션 플랜action plan으로 처음 제시해 범사회적 대토론을 촉발했습니다. 이는 1980년대 산업정책의 기조를 정부 주도에서 시장 주도로, 보호에서 경쟁으로, 성장에서 안정화로 전환시키는 데 논리적 근거를 제공했고, 이를 지원하는 공론화를 주도했다고 생각합니다. 정부가

정책 대전환을 위해 움직일 수 있는 동력을 제시했던 것입니다.

　이것은 한국 현대경제사에서 큰 획을 긋는 사건이었다고 봅니다. 말하자면 박정희 시대의 경제 패러다임을 허물고 이를 대체하는 새로운 패러다임을 제시하는 사건이었습니다.

KDI 박사들, 개방화 전면에 서다

개방화의 물꼬가 속속 트이고 재무부와 상공부가 정책 전환의 큰 그림을 그리는 과정에서 운명의 1983년 10월이 다가왔다. 바로 그것이 김재익 수석과의 마지막 만남이 될 줄은 아무도 몰랐다. 1983년 10월 9일 버마에서 아웅산 테러가 발생하여 당시 미얀마를 순방 중인 대통령을 수행하던 김재익 수석, 서석준 상공부 장관을 위시해 여러 장관과 고위 정책담당자, 수행기자들이 사망하는 비극적 사건이 일어난 것이다.

　아웅산 테러사건의 후속 조치로 실시된 개각과 인사 조치에 따라 사공일 박사가 경제수석으로, 김만제 전 KDI 원장이 재무부 장관으로 취임했으며, KDI의 김기환 원장이 상공부 차관으로 이동하게 되었다. 김기환 원장 후임으로는 한국은행 출신의 안승철 박사가 임명되었다.

　경제정책을 결정하는 핵심적 세 자리에 KDI 박사들이 가게 되었으니 안정화·개방화 정책은 지속성을 확고히 유지할 수 있었다. 이 가운데 강경식 장관 때부터 추진된 관세개편은 그해 말 법이 통과되는 등 순조롭게 추진되었지만, 상공부의 수입자유화 계획은 1983년 말 발표만 나왔을 뿐 크게 진전되지 않았다. 당시 제5차 5개년 계획은 1980년대 말까지 수입자유화 조치를 모두 완결한다는 목표를 세웠는데 아무것도 진척되지 않았다.

　그러나 KDI 김기환 원장이 상공부 차관으로 취임하면서 상공부 내에 수입자유화 동력이 마련되었다.

김기환 박사는 상공부 차관에 부임할 당시를 이렇게 회고한다. [17]

KDI 원장을 할 때 웬만한 장관보다 대통령을 훨씬 더 자주 만나 여러 가지 경제정책 건의를 할 기회가 많았습니다. 상공부 차관 내정 소식을 듣고는 19개월 만에 KDI를 떠나는 것이 섭섭했습니다.

나는 KDI 원장에 안착하여 잘 지내고 있었기 때문에 내키지 않았지만 비상시국에 안 가겠다고 할 수가 없었습니다. 결국 상공부로 가서 수입자유화를 독려하는 것이 전부 내 임무가 되어 버렸습니다.

나로서는 어쨌든 연도별로 수입자유화 계획을 차질 없이 잘 추진하여 1988년까지 개방이 다 완료되도록 해야 했죠. 수입 피해가 적은 것부터 시작하자거나 경제 전체에 도움이 되는 품목부터 개방하자는 논의가 있었는데, 막상 일을 시작하고 보니 상공부 공무원들이 다 자기 소관 품목을 제외시키는 데만 신경을 쓰는 겁니다.

수입자유화 기준이 사실상 아무 소용도 필요도 없게 되어 있었어요. 모두들 소관 품목은 절대로 개방 대상에 넣지 않으려고 심하게 반발하는 것이었습니다.

김기환 차관이 여러 번 회의를 주재하면서 몰아붙였지만 시간만 흘러가고 진도가 나가지 않았다. 당시 상공부는 업계의 의견을 수용했고, 수입개방을 하면 아직 기술이나 가격 면에서 열세인 한국 제조업과 산업이 다 무너질 것이라고 예상했다. 특히 중화학공업 관련 제품은 무조건 보호주의 정책을 취했다.

김 차관은 자발적 협력을 기대하다가는 아무 일도 안 되겠다는 위기감이 들었다. 그래서 어느 날 차관보, 국장 등 간부들을 회의실로 전부 불러 모았다. 그 자리에서 개방 목표에 맞추기 위해 개방 대상 품목 리스트를 내놓지 않으면 자신을 비롯해 아무도 퇴근하지 못한다고 엄포를 놓았다.

그런데 회의를 두세 시간 계속하고 지친 상태에서 차관방으로 돌아오면 전화통에 불이 났다. 개방 대상 품목을 생산하는 업체 대표들에게 온 전화였다. "차관님, 그 품목 개방은 너무 이릅니다. 개방하면 우리는 다 망합니다"라는 '읍소泣訴 반, 항의抗議

---

17 육성으로 듣는 경제기적 편찬위원회, 《코리안 미러클 2: 도전과 비상》, 나남, 2014, 499쪽.

반'의 전화였다.

인내심을 발휘하던 김기환 차관이지만 이것만은 참을 수 없이 화가 났다. '어느 품목을 개방할지 논의하는 회의가 끝나자마자 어떻게 해당 업체에서 전화가 오나? 정보가 밖으로 새 나가나?'라는 회의감이 들었다. 그래서 김 차관은 "회의가 끝나면 업자들로부터 전화가 자꾸 오는데 다시 그런 일이 생기면 당신들은 정부를 위해 일하는 것이 아니라 업계를 위해 일하는 사람들로 알 테니 그리 알라"고 호통을 쳤다.

김기환 제가 아웅산 테러사건이 난 다음에 상공부 차관으로 갔습니다. 가서 보니까 대외 자유화 계획은 고사하고, 5차 5개년 계획 집행이 2년이 지났는데도 개방정책이나 스케줄이 전혀 지켜지지 않았어요. 제가 거기 갔을 때가 10월인데, 11월 들면서부터 매주 회의를 했지요. 그렇게 해서 이듬해 3월 말까지 모두 다 해결했어요. 아예 1988년까지 품목과 스케줄까지 일사천리로 만들었어요. 물론 농산품은 안 됐고, 그 외 분야는 거의 다 품목을 확정했습니다.

상공부의 수입규제 완화 계획은 상공부 차관으로 취임한 김기환 박사의 추진력에 힘입어 꾸준히 진척되었다. 처음에는 1984~1985년 2년에 걸친 일정이, 1985년에는 2차로 '수입규제 완화 3개년 계획'(1986~1988년)이 발표되었다.

이들 두 개의 수입규제 완화 계획을 합쳐 보면 5개 연도에 걸친 수입규제 완화 계획이 사전에 공고되어 실시된 셈이다. 수입규제 완화 조치는 1988년 이후에는 수시로 취해졌다. 나아가 이들 조치는 체계적으로 구상되고 사전적으로 그 일정이 예시되었다.

4장

본격화된 선진국의 시장개방 압력

미국, 한국을 '제2의 일본'으로 경계

1983년 말부터 미국의 분위기가 심상치 않았다. 한국 경제가 여전히 국제수지 적자가 큰 상태인데도 미국의 대일 무역적자가 커지고 일본 상품이 미국 시장을 점령하자 한국을 '제2의 일본'으로 여기고 경계하면서 한국에도 시장개방 압력을 가하기 시작한 것이다. 1983년 11월에 방한한 로널드 레이건 대통령은 한국에 자동차와 컴퓨터, 카메라 등 30여 개 품목의 수입개방 조치를 요구했다.

당시 KDI 보고서를 기반으로 정부 내에서 자발적·전면적 시장개방 필요성의 공론화가 상당히 이루어진 상태였기 때문에 정부는 이에 침착하게 대응할 수 있었다. 그때 정부는 1984년 수입자유화 예시제의 채택과 함께 본격적인 수입개방 정책을 시행하고 있었다.

1984년 7월의 수입제한 승인 품목 1,203개 중 1985년에 235개, 1986년에 302개를 자유화하여 수입자유화율을 91.6%로 높이고, 1988년까지 농수산물을 비롯한 수입제한 승인 품목을 367개로 축소시켜 수입자유화율을 95.4%로 높인다는 방침을 밝혔다.

김기환 "우리의 가장 큰 수출시장인 미국이 개방 압력을 넣으면 우리가 어차피 할 수밖에 없지 않느냐, 기왕 당할 일이라면 피해가 덜하도록 우리가 주도해야 한다"는 논리로 상공부 관리들을 설득했습니다. 이런저런 토론 끝에 상공부 관리들로부터 일리가 있다는 말을 들을 정도까지 설득시켰던 것 같습니다.

지금 돌이켜 보면 그게 얼마나 다행스럽고 중요한 일이었는지 새삼 절감합니다. 1980년대 중반 들어 미국 등 선진국들의 개방 압력이 더욱 거세졌는데 우리가 시장개 방 압력의 예봉銳鋒을 피할 수 있었으니까요. 우리가 수입자유화 계획을 미리 만들어 두고 발표해 버리고 나면 선진국들이 개방 압력을 넣으려 해도 명분이 부족해 기다릴 수밖에 없습니다.

"당신들이 관심 있는 품목들은 1∼3년만 있으면 전부 개방되니 기다리라"고 말할 수 있고, 그 기간 동안 국내 업계는 준비 기간을 갖는 것이죠. 그 예시 계획마저 없었 다면 무역 마찰이 심각해져서 곤욕을 치렀을 것입니다.

개방론자를 '매국노'라 비난

미국의 통상압력에 대응하기 위해 상공부 차관이 된 지 6개월밖에 안 된 김기환 박 사가 경제기획원 해외협력위원회 기획단 단장으로 보임되었다.

원래 해외협력위원회 기획단은 개방을 위해 만들어진 조직이 아니었다. 아프리 카 국가의 요청으로 한국이 후발 개도국의 경제발전에 도움을 주기 위해 구성된 조 직이었다. 그런데 1983년부터 미국의 통상개방 압력이 시작되자 해외협력위원회에 이 문제의 해결책을 제시해 달라는 요구가 밀려들었다. 경제기획원에서 외국인 투 자와 관련된 문제는 이미 재무부로 넘어갔다고 해도 경제기획원에 해외협력기획단 이 있지 않느냐는 것이었다. 이러한 요구가 끊이지 않자 차라리 투자 개방, 농산물 시장 개방, 서비스시장 개방 등의 압력에 대처하는 것이 좋겠다고 판단하고 김기환 박사를 서둘러 단장으로 불러들인 것이다.

해외협력위원회는 부총리 직속으로 제조업을 비롯해 서비스 등 기타 부문 개방

문제까지 다루었고 나중에는 우루과이라운드Uruguay Round 대처를 주 업무로 삼았다. 원래 수입개방은 상공부의 업무였으나, 미국이 개방을 요구한 부문이 제조업뿐만 아니라 서비스시장과 농수산물시장 개방에 초점이 맞춰져 있었기 때문에 해외협력위원회가 업무를 맡게 된 것이다.

해외협력단장으로 부임한 김기환 박사는 여기서도 개방 전략에 관한 장기 계획 보고서를 만들었다. 이 보고서는 과감한 개방을 전제로 한 파격적인 내용을 담고 있었기 때문에 여론의 혹독한 비판을 받았다. 정부 안에서조차 "저 사람은 미국 CIA 앞잡이"라고 인신공격을 했다. 언론은 "미국에서 20년 이상 살았으니 한국 실정을 모른다"면서 비판했다. 미국 기업들을 모두 끌어들여 한국 기업을 망하게 하는 '매국노'라고 비난하는 목소리도 일부에서 들렸다.

이런저런 비판에 대해 김기환 박사는 이렇게 대응했다. [1]

한국을 오래 떠나 있었다고 해서 나더러 한국 실정을 잘 모른다고 하는데 그건 사실이오. 그런데 거꾸로 미국 실정이나 미국 사람들의 속셈이 무엇인지에 대해서는 미국에 오래 있었던 내가 더 잘 알 것 아닙니까?

'미국 CIA의 첩자', '매국노'라는 비난과 모욕을 감수하면서 김기환 박사가 개방에 앞장선 이유는 무엇이었을까?[2]

우리 세대는 한국이 왜 이렇게 가난한 국가인가에 대해 늘 굉장히 고민했습니다. 미국 유학 때도 〈뉴욕타임스〉에 한국에 대한 기사가 나오면 항상 어둡고 고약한 내용들이었어요. 6·25 직후라 한국에 대한 관심이 다른 개도국보다 높아서인지 한국에서 무슨 일만 있으면 〈뉴욕타임스〉 등 미국 언론들이 다투어 보도하는데 문제는 그 보도 내용들은 한결같이 한국을 늘 대표적인 후진국으로 묘사했습니다.

그걸 보면서 조국을 발전시키는 데 앞장서는 사람이 되어야겠다는 결심이 강했지요.

---

1 이장규, 《경제는 당신이 대통령이야》, 올림, 2008, 362쪽.
2 육성으로 듣는 경제기적 편찬위원회, 《코리안 미러클 2: 도전과 비상》, 나남, 2014, 505쪽

미국에서 유럽사 등을 배우면서 내 나름대로 한국이 식민지가 되고 이렇게 후진국이 된 것은 결국 개방하지 않았기 때문이라고 인식하게 되었어요. 조선왕조가 당파 싸움으로 국력을 쇠퇴시킨 이유도 따지고 보면 개방하지 않았기 때문이라고 생각했습니다.

이런 생각들을 신문에 여러 차례 기고도 했고, 1980년에는 국내 정치학자들과 회의하는 자리에서 "우리가 개방하지 않아 경제발전이 더디다. 한국이 발전하려면 아시아의 무역 중심지가 되어야 한다. 만약 우리가 장보고張保皐 식으로 했다면 역사는 지금쯤 엄청나게 달라져 있을 것이다. 옛날 신라가 한창 번성할 때 중국 여기저기에 신라방新羅坊이 있었다. 그 시대에 이미 굉장한 국제화를 이뤘던 것이다. 그러나 그 이후로는 폐쇄적이 되어 국력을 키울 수 없었다"는 요지의 발언을 하기도 했습니다.

개방을 안 하니까 특화도 안 되고, 경쟁도 없고, 배우는 것도 없고, 융합되는 것도 없고, 기술발전도 늦어지고 있다고 생각한 것입니다.

선진국의 신보호무역주의 강화

1984년 들어 미국 무역적자가 더욱 커지고 세계경제가 불황의 늪에 빠져들자 미국을 비롯한 선진국들의 신보호주의가 기승을 부리기 시작했다. 수입품 가격을 조사해 덤핑 판정을 내리고 불공정거래 행위에 무역 보복을 거칠게 행사했다. 특히 미국은 불공정무역을 원천적으로 차단할 수 있는 새로운 다자간 무역질서를 수립할 필요가 있다고 판단하여 1986년 우루과이라운드를 출범시켰다.

우루과이라운드에서는 새로운 통상 과제들을 논의했다. 첫째, 자국 산업 보호를 위해 만들어진 각종 보호무역주의 수입장벽을 완화하고, 둘째, 서비스 무역이나 지적재산권 보호 문제에 관한 새로운 무역 규범을 제정하며, 셋째, GATT 체제에서 별도 예외 조치를 받아오던 농산물 및 섬유 무역을 자유화하고, 넷째, 개발도상국에 부여했던 자유무역 예외조항을 재검토하는 등 새로운 무역질서를 도입하고자 했다.

한국에 대해서는 개별적으로 TV와 담배, 보험, 농산물, 지적재산권 등 여러 분야에서 시장개방과 불공정거래 행위 시정을 요구하기 시작했다. 1985년에는 특히 미국의 담배시장 개방 압력이 거셌다. 미국 행정부 관리들뿐만 아니라 상하원 의원들이 집단으로 한국에 와서 시장개방을 요구하는 한편 '양담배를 피운다고 범죄행위로 규정한 나라는 지구상에 한국밖에 없다'는 논리를 폈기 때문에 답변이 궁색했다.

김기환 박사의 회고이다. [3]

저는 근본적으로 담배 전매사업은 민영화하는 것이 좋겠다는 생각을 했습니다. 우선 국가가 담배를 제조해서 판다는 것 자체가 비정상적일 뿐만 아니라 품질이나 서비스가 떨어질 것이 물어보나 마나였지요.

그래서 1985년 4월쯤 제가 당시 신병현 부총리를 모시고 효자동에 있는 안가에서 사공일 경제수석을 만나 전매청을 우선 공사화하고 종국에는 민영화하자고 제안하여 합의를 이끌어냈습니다.

당시 주무부처인 재무부나 전매청 당사자들은 기를 쓰고 반대했지요. 나를 아는 사람들이 어떻게 하려고 이런 일을 벌이느냐고 걱정해 줄 정도였습니다. 결국 대통령의 재가를 얻어 관련 부처에서 전매청을 공사화한 후 궁극적으로 민영화를 하는 방향으로 추진되었는데,[4] 이것이 공기업 민영화의 모범적 사례가 됐지 않았나 싶습니다. 전환기 경제정책으로 상당한 의미가 있다고 생각합니다.

이 같은 방침을 내부적으로 확정한 한국 정부는 1985년 5월 워싱턴에서 열린 한미경제협의회에서 담배시장 개방을 약속한다.

---

3 육성으로 듣는 경제기적 편찬위원회, 《코리안 미러클 2: 도전과 비상》, 나남, 2014, 509~510쪽.
4 전매청은 1989년 한국담배인삼공사로 바뀌었고, 1997년 10월에 상법상 주식회사로 개편되었으며, 2002년 민영화되면서 사명을 KT&G 주식회사로 변경했다.

KDI, 비공식 통상회의 개최

선진국들이 우루과이라운드를 정부 차원에서 출범시키기 이전에 이를 추진한 비정부 민간단체가 영국의 무역정책연구소TPRC: Trade Policy Research Centre였다.

1983년 김기환 박사가 KDI 원장일 당시 TPRC의 휴 코빗Hugh Corbet 소장이 방문했다. "세계무역기구와 제도를 이 상태로 놔두면 선진국들의 보호무역주의가 심각해질 것이다. 그럼 가장 희생이 큰 국가 그룹에 대외무역을 지향하는 한국이 포함될 것이다. 그러므로 새로운 라운드를 출범시켜야 하고, 다자간 협상에서 한국이 의견을 관철시키려면 한국이 적극적인 역할을 하는 것이 좋다. 새로운 라운드 출범에 역할을 해 달라"고 부탁했다.

김 원장이 "옳다고 생각한다. 내가 할 수 있는 일이 있다면 돕겠다"고 응수하자 "비공식 국제통상부 장관 회의를 여러 곳에서 개최하는데 우선 여기에 나와 달라"고 요청했다.

이 요청에 따라 회의에 참석해서 보니 미국과 유럽이 새로운 라운드를 시작하려는 방침을 이미 확고히 세운 상태였다. 김기환 원장은 비공식 회의 중 하나를 한국에서 개최하는 것이 좋겠다고 정부에 건의했다. 선진국 무역담당 장관들을 한국으로 불러들여 이야기하면 새로운 무역질서 분위기도 파악할 수 있고 대화를 통해 한국의 입장과 준비 상황을 선제적으로 이해시킬 수 있다고 보았기 때문이다. "예산만 배정해 주면 KDI가 다 알아서 하겠다"고 했더니 부총리가 기꺼이 예산을 지원해 주었다.

1984년 KDI와 TPRC가 공동으로 '아태지역의 무역정책 방향과 새로운 다자간 무역협상 전망'이란 회의를 신라호텔에서 열었다. 5

우루과이라운드라는 이름으로 전개되는 GATT 차원의 새로운 다자간 무역협상의 필요성과 의제를 사실상 확정하는 회의였다. KDI와 TPRC가 공동 주최한 서울 국제회의는 성공적이었다. 그때까지 선진국 상공부 장관 10여 명이 동시에 한국에 찾아오는 경우는 거의 없었을 뿐만 아니라 미국 USTRUnited States Trade Representative과 대화하

---

5 이때는 김기환 박사가 상공부 차관으로 자리를 옮긴 상태였다.

려 해도 마땅한 채널이 없었다. 그런데 이들이 서울에 한꺼번에 몰려왔으니 한국 정부 입장에서는 좋은 기회를 얻을 수 있었다.

'서울라운드'가 '우루과이라운드'로 바뀐 사연

여러 차례에 걸쳐 비공식 국제회의가 열린 후 1985년에는 새로운 GATT 라운드를 출범시키자는 논의가 국제적으로 공식화되었다. 김기환 박사는 이를 한국에서 개최하고 명칭도 '서울라운드'로 정하자고 정부에 제안했다.

김기환 박사는 "대외적으로 우리가 무역자유화에 적극적이라는 것을 알리는 효과가 크기 때문에 제가 이런 의견을 사공일 경제수석이 합석한 자리에서 대통령께 말씀드렸습니다. 서울에서 시작하면 서울라운드가 되고 국제사회에서 한국 지위도 높아진다고 설명하여 구두 승인까지 받았지요"라고 회고한다.

그런데 공식적으로 서류화하지 못하고 구두 승인만 받은 것이 문제였다. 어느 날 해외 출장을 다녀오자 사공일 수석이 불렀다. 그는 난감한 표정으로, "서울라운드를 유치하겠다는 대통령의 결정이 번복되었습니다"라고 전했다. 나중에 알아보니 노신영 국무총리가 한국에서 무역자유화 라운드가 출범하면 정치적으로 대통령에게 너무 큰 부담이 되고, 잘못하면 민란이 일어날 수도 있다고 했다는 것이다.

한국이 서울라운드를 포기하자 우루과이가 적극적으로 나섰다. 자국에서 새로운 무역체제를 확정하는 공식회의를 유치하겠다는 것이었다. 서울라운드가 우루과이라운드로 바뀌게 된 배경이다.

이러한 과정을 거쳐 1986년 시작된 우루과이라운드는 미국을 비롯한 선진국이 경쟁력이 강한 농업과 서비스업을 내세워 새로운 무역질서를 형성하고 세계경제 주도권을 장악하려는 시도였다. GATT 체제를 대체하는 새로운 라운드를 정식 출범시키기로 한 것이다.

수면 위로 떠오른 농산물시장 개방론

우루과이라운드가 출범하자 당장 농산물시장 개방이 핵심 이슈로 떠올랐다. 농산물시장 개방은 사실 KDI가 1982년 7월 7일 정책협의회에서 발표한 대정부 건의안에 이미 포함되어 있었다. 또한 산업지원시책 개편 방안에 관한 1983년 초의 보고서에서도 농산물 수입자유화를 주장하는 동시에 다음과 같은 요지의 보완적 농촌정책이 추구되어야 한다고 제시했다.

첫째, 적극적 농촌개발 의지가 담긴 농촌 경제정책이 확립, 실시되어야 한다. 이러한 농업정책은 ① 경쟁력 있는 농업 생산기반 확보를 목표로 삼는 산업정책적 측면, ② 도시근로자 및 소비자가 저렴한 가격으로 식품을 공급받을 수 있게 하고 동시에 최소한도의 주곡 자급을 보장하는 식량정책적 측면, ③ 농가소득을 안정시키고 지속적으로 향상시켜야 하는 사회정책적 측면 등 세 가지 측면을 조화시켜야 한다.

둘째, 적극적인 농촌경제 개발 정책은 ① 주곡을 제외한 농업의 대외개방 추진으로 농업 내에서의 국제 분업 도모, ② 국제경쟁력 보유 유망 품목에 대해 선별적이고 집중적으로 생산성 향상 투자 지원, ③ 농촌의 공업화 및 서비스 산업화를 촉진하기 위한 인력개발 지원, 사회간접자본 투자 및 기타 시책 필요 등 세 가지 전략하에 접근할 수 있다.

농업정책에 관한 KDI의 주장은 발표 당시에는 별로 주목받지 못했다. 농산물 수입개방은 공산품과 달리 커다란 정치적 후폭풍이 예상되었기 때문에 경제기획원은 소극적인 태도를 보였다. 또한 관련 논쟁 자체가 농산물 수입개방을 기정사실화할 수 있다고 여긴 농림수산부도 애써 이 부분을 외면했다. [6]

당시 논란이 전혀 없었던 것은 아니다. KDI가 발표한 농산물시장 개방론을 완전히 무시할 수는 없던 한국농촌경제연구원 (이하 농경연) 은 1983년 6월 11일 한국농업경제학회 회원들이 참석한 가운데 동국대 강당에서 '농산물 관세정책의 조정 방향'

---

6 실제로 1980년대 초반의 수입규제 완화에서 농산물은 대부분 제외되었다. 제1차 관세개편 시 농산물은 관세인하 대상에서 원칙적으로 제외되었다. 제2차 관세개편 시에는 재무부가 농산물에 대해 40% 이상의 세율을 20%대로 인하하는 시안을 준비한 바 있었으나, 양수길 박사의 건의로 이 역시 막판에 취소되었다.

이라는 심포지엄을 개최했다. 이 심포지엄은 KDI가 농산물시장 개방을 제의한 것을 비판하는 토론회 성격을 띠었다.

주제 발표를 맡은 양수길 박사는 "농업정책의 산업정책 측면, 식량공급정책 측면, 농촌사회정책 측면 등 세 가지 측면을 구분하고, 그 어떤 면에서도 보아도 농산물시장 개방은 바람직하다"는 주장을 폈다.

양수길 당시 농산물정책은 식량안보, 농민정책, 농촌정책 등 세 가지 차원(삼농三農정책) 모두에서 보호정책이 당연하다는 것이 정론이었습니다.

저는 우선 식량안보를 위해 자급자족하기보다 국제교역을 활용해야 한다고 주장했습니다. 국제교역을 통해 저렴한 농산물을 수입하면 식품가격을 안정화할 수 있습니다. 1980년 여름 냉해 때 긴급 쌀 수입을 한 적이 있는데, 수입 문호를 열어 이러한 국내 흉작에 따른 식량부족에 미리 대비해야 한다는 취지였습니다.

둘째, 농민들을 농업에만 묶어 두지 말고 상업활동 등 농외 소득활동을 할 수 있도록 장려해야 한다고 강조했습니다.

셋째, 절대농지와 경자유전耕者有田 정책을 완화해 재촌탈농在村脫農을 촉진해 농촌경제의 다각화와 현대화를 추진하고 발전시켜야 한다고 주장했습니다.

사실 저도 이것이 당장 실현될 것으로 보지는 않았고 농촌정책의 장기비전으로 제시한 것입니다.

이에 대해 많은 농업경제학자가 격렬하게 반론을 제기했지만, 양수길 박사의 의견이 타당하다고 내심 동의하는 학자들도 있었다고 한다.

미국, '슈퍼 301조' 본격 가동

미국은 1980년대 중반부터 한국의 농산물과 서비스 부문에 본격적인 시장개방 압력을 행사하기 시작했다. 1980년대 중반에 3저 효과에 힘입어 우리나라는 1986년에 71억 달러, 1987년에 96억 달러의 대미 무역흑자를 기록하고, 한국이 국제사회에서 가난한 개발도상국이라는 이미지를 벗어나자 미국이 개방 압력을 본격화한 것이다.

미국은 자국의 무역적자를 완화하기 위한 대외적 통상 공세의 일환으로 컬러 TV 등의 반덤핑 제재를 강화했다. 담배, 보험, 농산물, 지적재산권 분야 등에서도 한국의 시장개방을 강력하게 요구했다. 시장을 개방하지 않으면 〈미국통상법〉 301조, 이른바 '슈퍼 301조'에 근거해 한국 상품의 미국 시장 접근을 제한하는 보복 조치를 취하겠다고 위협했다.

〈미국통상법〉 301조는 미국이 무역 상대국의 불공정무역 관행의 시정을 요구하기 위해 보복 조치를 규정한 법률 조항이다. "미국 업계가 피해 상황을 제소하면 미국무역대표부USTR가 조사를 실시하여 상대국의 부당하고 불합리한 무역으로 미국의 권리가 침해되었다고 판단될 경우 수입제한이나 관세인상 등 보복 수단의 행사를 대통령에게 권고할 수 있다"는 것이 주요 내용이었다.

특히 1984년 미국 〈통상관세법〉의 제정으로 301조의 적용 범위가 서비스, 하이테크, 투자 분야까지 확대되고 대통령이 독자적으로 조사를 개시할 권리와 발동권이 주어지는 등 그 조항이 더욱 강화되면서 '슈퍼 301조'로 불리게 되었다.

결국 한국은 1986년 7월에 담배 및 지적소유권(물질특허, 소프트웨어, 저작권)과 보험시장 개방에 관한 통상협상을 일괄 타결하는 대미 양보 합의 문서에 서명하게 되었다.

서비스·농산물 부문 개방 압력

당시 한국의 서비스 부문은 매우 폐쇄적이었다. 경상수지 적자와 달러 부족 등을 이유로 1983년 이전에는 정부 승인을 받기 전에는 해외여행도 할 수 없었다. 1983년에 이르러서야 50세 이상의 국민에 한해 200만 원을 1년간 예치하는 조건으로 연 1회 출국이 가능한 관광여권을 발급해 주었다. [7]

1986년 한국이 경상수지 흑자를 기록하자 선진국들은 영화, 여행, 통신, 유통, 금융 등 한국의 서비스 부문에 대한 개방 압력의 강도를 한껏 높였다. 한국을 통신 분야 우선협상 대상국으로 지정해 부가통신 서비스시장과 통신장비조달 시장을 개방하게 했다. 곧이어 유통시장 개방도 강력히 요구했다. [8]

한국은 영화시장에서 스크린쿼터 등을 통해 국내 산업을 보호하고 있었는데, 미국이 스크린쿼터 철폐를 요구하여 국내 영화산업계의 큰 반발을 불러일으켰다. 1988년 할리우드 영화 직배가 시작된 시점에는 할리우드 영화 개봉관에 누군가가 뱀을 풀어 관객을 경악하게 하는 일도 발생했다.

서비스시장과 함께 미국의 통상압력이 집중되었던 곳은 농산물 부문이었다. 마침 농산물시장 개방 이슈가 핵심 의제로 포함된 다자간 국제무역 협상인 우루과이 라운드가 1986년 개시된 시점이라 국내에서 농수산물 수입자유화가 뜨거운 쟁점으로 떠올랐다.

---

7 한국 국민의 해외여행 전면 자유화는 1989년에 이르러서야 이루어졌다
8 결국 1990년대에 월마트, 까르푸, 코스트코 등 다국적 유통업체가 대거 한국 시장에 진출했다.

농민들의 쇠똥 투척 사건

1987년 4월 초순, 한국무역협회가 '개방압력 시대에 대응하는 한국의 선택'이라는 공개 세미나를 협회 강당에서 개최했다. 당시 쌀 등 주곡을 포함해 한국의 국내 주요 농산물 가격이 국제시장보다 4배 이상 높게 유지되고 있었다. 시장개방 압력이 거세지자 정부에서도 농산물시장 개방을 일부라도 추진하겠다는 분위기가 형성되었다. 민간 부문에서는 한국무역협회가 이에 관심이 높았다. 농산물시장을 개방하지 않으면 공산품 수출에 보복이 우려되었기 때문에 정부에 앞서 말문을 트고자 공개 세미나를 개최한 것이었다.

KDI 양수길 박사와 농경연의 허신행 박사, 대우경제연구소의 이한구 소장, 세 사람이 주제 발표자로 초청되었다. 양수길 박사는 대표적 개방론자로 널리 알려진 인물이었다. 허신행 박사는 당시 가장 첨예한 통상 현안이 농산물시장 개방 문제였기 때문에 반대의견을 개진하기 위한 연사로 참여했다. 이한구 소장은 농산물시장 개방을 지지하는 글을 〈매일경제〉에 기고하고 있었다.

당시 회의장에는 200~300명에 이르는 청중이 가득 차 있었다. 나중에 알려진 사실이지만, 여기에 농민단체 회원 수백 명이 작심하고 참석했다고 한다. 첫 번째 연사는 양수길 박사였다. 양 박사가 국내 산업보호정책의 폐해들을 설명하고, 무역흑자를 축소하려면 시장개방이 필요하다는 내용의 주제 발표를 했다. "무역흑자를 축소하려면 원화 절상과 시장개방 확대의 두 가지 대안이 있는데, 두 가지 방법 중 후자를 우선적으로 추진해야 한다"는 요지였다. 당시 발표에서 양 박사는 농산물시장 개방이 미국 등 외국을 의식한 것이라기보다 국내 농촌경제 구조조정을 위해 바람직한 것이라고 부연 설명했다.

그런데 양 박사의 발표가 끝나자마자 난데없이 수많은 청중이 무더기로 일어나면서 소란이 벌어졌다. 이들은 욕설을 퍼부으며 연단을 향해 무엇인가를 던지기 시작했다. 농민들이 비닐에 쇠똥을 잔뜩 담아 연단을 향해 무더기로 투척한 것이다. 이것이 한국의 수입개방정책사에서 유명한 '쇠똥 투척 사건'이다.

양수길 제가 첫 번째 연사로 주제 발표를 하고 나서 막 앉았는데 관중 속에 있던 사람들이 우르르 일어나는 거예요. 농민단체 회원들이었는데 저한테 "농산물시장을 개방하라니, 너는 미국 놈이냐?" 등의 비난과 욕설을 퍼붓기 시작했습니다.

농민들 입장을 대변하기 위해 참석했던 한국농촌경제연구원 박사가 이들을 말렸지만 소용없었지요. "제가 여러분을 대변하겠으니 저를 믿고 앉아서 들어 주세요"라며 만류했지만, "너는 또 뭐야?"라면서 여럿이 준비해온 쇠똥을 던지는 거예요.

저는 연설을 끝내고 막 앉았던 터라 다행히 탁자 밑으로 피신했는데, 좌장으로 제 옆에서 사회를 보던 분은 곤욕을 치렀습니다. 난장판이 벌어지고 이들이 단상으로 올라오려는 것을 보고 연사들이 모두 피신할 수밖에 없었죠.

그날의 세미나는 갑작스럽게 중단되었다. 농민들의 물리적 공격을 피해 토론자들이 회의장을 간신히 빠져나가는 장면은 취재 중이던 TV 카메라에 고스란히 포착되어 저녁 9시 뉴스로 방영되었고, 다음 날 주요 일간지 가십난에도 일제히 실렸다.

농산물 수입개방 2차 토론

양수길 박사는 이 사건으로 심적 충격을 받고 그 후 며칠 동안 자괴감으로 고민에 빠졌다고 회고한다. 사회적 약자 계층인 농민들을 못살게 구는 '나쁜 놈'으로 오해받는 것이 괴로웠던 것이다. 그는 '정작 농민들과 일반 대중을 속이는 사람들은 농민이 사회적 약자니까 국내 농업을 보호해야 한다고 주장하는 학자들, 농업 보호가 지속가능한 듯 말하는 농정 담당자들이 아닌가?'라고 생각했다.

양 박사는 농민들과 진지하고 정직하게 대화해 보겠다고 마음먹고 한국무역협회 최세형 상무에게 전화를 걸어 농민과의 세미나를 다시 한번 주선해 달라고 요청했다. 지난번은 농민을 대상으로 개최한 토론회가 아니었으나 이번에는 농민대표를 정식 토론자로 초청하자고 제안했다.

양수길 제가 무역협회에 전화해서 "토론회를 다시 한번 열어 제대로 입장을 전달할 기회를 달라"고 했죠. 제 생각은 이런 거였습니다. 우선 당시의 소량다품목 영세 가계농家計農의 낮은 생산성으로는 도시근로자와 소득격차가 지속적으로 확대되리라고 예상했습니다. 이것을 추곡수매제도와 같은 수단으로 메워 주는 방법이 무한정 지속될 수 없다고 보았습니다.

정부의 재정에 한계가 있고, 국제통상 규칙으로 지속적으로 용인될 것도 아니며, 또 도시근로자들 입장에서는 인위적으로 유지되는 비싼 식품가격으로 인한 가계 부담이 불공정합니다. 그래서 농산물시장을 준비가 안 된 채 수동적으로 등을 떠밀려 가면서 개방하기보다는 중장기적 대책을 준비해 농촌경제를 구조조정하면서 능동적으로 개방해 나가자는 것이었지요.

무엇보다 농촌경제를 농업 외 생산활동으로 다각화해 각종 서비스업종, 소상공업 등으로 농외소득 활동을 촉진하는 방식으로 재촌탈농해야 한다고 강조했습니다. 아울러 경자유전 원칙을 완화해 농업에 상업자본이 들어와 전업농, 규모농 등의 방법으로 농업을 현대화하고 생산성을 획기적으로 올려 나가자는 입장이었습니다. 그러면 농산물 수출국도 될 수 있다고 생각했습니다.

이를 위해 농지의 용도와 소유권 규제, 농업에 대한 상업자본 진입 금지 등 여러 가지 제도를 개혁하고 농촌경제의 구조조정을 추진해야 하는데 농업을 보호해야 한다는 전통적 농정 기조로는 이러한 변화의 가능성을 논의조차 못한다는 것이죠. 농촌에서는 농업만 하게 만들고, 농지소유 상한선을 유지하고, 정부보조에만 의존하게 하면 영원히 농촌 발전은 없다고 보았습니다. 언제까지 정부만 쳐다보고 살게 할 거냐는 입장이었습니다.

김기환 당시 농업 문제가 정치적으로 매우 민감해 아무도 이런 의견을 말하려고 나서지 않던 시절이었는데, 양 박사가 용기 있게 소신을 밝힌 점을 높게 평가합니다.

양수길 박사의 요청대로 얼마 후 농촌개방 관련 세미나가 다시 개최되었다. 지난번과 많은 것이 비슷했으나 중요한 차이가 있었다. 이번 세미나의 주제는 농산물 수입자유화였고 농민대표들이 정식으로 초대되었다는 점이었다. 그중 대표자로서 낙농 육우협회 회장이 세 연사를 뒤따르는 첫 번째 토론자 자격으로 참석했다. 사회는 한 국무역협회 최세형 상무가 보았다. 회의는 팽팽한 긴장 속에 진행되었다.

양수길 토론회가 4월에 다시 열렸는데 모두 무척 긴장했습니다. 200~300명의 청 중석은 대부분 농민들로 차 있는 듯했고요. 하도 긴장한 분위기라 "바늘을 떨어뜨리 면 그 소리가 들릴 것이다"라는 영어 문장이 떠오르더군요. 제가 첫 연사로 일어나 자 청중석에서 고함과 욕설이 들렸습니다.

당시 토론자로 외국어대 경제학과의 다소 연로하신 박기혁 교수가 참석했는데, 이 분이 청중석에 대고 고함을 치셨습니다. "여기는 세미나장이요! 반대 의견이 있으면 발언권을 얻고 말하시오. 먼저 듣고 나서 반대 발언을 하세요!" 그러자 좌중이 압도 되어 조용해졌습니다. 당시 박기혁 교수의 위엄 있는 태도가 매우 인상적이었습니 다. 저는 일어나 평소의 제 입장을 호소조로 말했습니다.

세 연사의 발제가 끝나고 체격이 우람한 낙농육우협회 회장이란 분이 논평을 시 작했습니다. 이분이 말씀을 참 잘했습니다. "사실 우리가 지난번 세미나에 양수길 씨를 죽이러 왔었습니다"라고 겁부터 주며 말문을 열더군요. 곧이어 농민으로서 농 업 현장에 대해 말하고 정부에 속아 사는 어려움을 이야기했습니다. 제가 들어도 가 슴이 뭉클하고 설득력이 있더라고요. 지금 그 내용이 잘 기억나지 않지만 요컨대 무 책임한 정부와 바람 잡는 학자들의 무책임성을 나무랐던 것 같습니다.

양수길 박사가 답변할 차례가 되었다. 그는 "저는 다가오는 태풍을 예고하는 사람 에 불과합니다. 태풍이 무섭다고 이를 예고하는 사람을 미워해야 할까요?"라는 요 지로 말문을 열었다. 청중석이 조용해졌다.

양 박사는 "국가적으로나 농민 개인적으로나 능동적으로 대비하지 않으면 우루과 이라운드가 없더라도 지금과 같은 농촌 문제는 더욱 악화되기만 할 것입니다. 구체 적 대책으로, 농촌에 사는 한 농업에만 종사하도록 강요하는 농업보호 구조를 해체 하고, 농촌경제 다각화를 허용하고 지원하며, 영농체제는 현재의 영세한 가계복합

농에서 상업농과 규모농으로 전환해야 합니다. 정부는 농업의 보호와 지원에 소요되는 국가 자원을 이러한 방식으로 더 효과적으로 사용해야 합니다"라는 내용으로 우루과이라운드 농업협상의 전망과 대책을 제시했다.

진정성 있는 설명에 농민들은 의외로 조용하게 경청했다. 농민 측 토론자가 다시 위정자들의 책임 있는 농정과 학자들의 책임 있는 발언을 촉구하는 요지의 말을 하고 행사는 비교적 잘 마무리되었다. 그런데도 어느 농민신문에서 '농민의 주적 5인'을 열거하는데 양수길 박사가 '농민 주적主敵 제1호'로 꼽혔다.

농민들의 KDI 항의 방문

양수길 박사가 농민들에게 곤욕을 치른 사건은 그 후 또다시 발생했다. 1987년부터 미국이 '슈퍼 301조'에 근거해 통상 보복으로 한국을 위협하면서 서비스시장과 농산물시장 개방을 밀어붙였다. 이 문제가 매우 민감한 이슈로 떠오른 가운데 1988년 1월 KBS TV 생방송 프로그램인 〈심야토론〉에서 이 문제를 주제로 삼았다. 토론자 6명이 초대되었는데 개방론자인 양수길 박사와 반대 입장인 김성훈 중앙대 교수를 중심으로 찬반 두 진영이 맞서 토론을 진행했다.

그런데 심야토론 출연 후 2주쯤 지난 2월 12일 구본호 KDI 원장이 어느 기자로부터 전화 한 통을 받았다. KBS 〈심야토론〉에서 양수길 박사의 주장을 듣고 분개한 농민들이 버스 두 대에 나누어 타고 양 박사를 체포하기 위해 KDI 청사를 향하고 있다는 제보였다.

잠깐 피신해 있으라는 구 원장의 지시대로 양 박사는 KDI 건너편 다방에 머물렀다. 동료 박사들이 만일의 경우에 도움을 주기 위해 자리를 같이했다. 얼마 후 버스 두 대가 홍릉 연구단지 내의 KDI 청사 마당으로 들어왔다. 여기서 농민 40여 명이 내리면서 전단지를 뿌렸는데, '전국 농민 일동'의 이름으로 양 박사를 비난하는 성명문이었다.

그들은 플래카드를 들고 "양수길 박사 나와라!"라고 소리쳤다. 곧이어 청사 정문에 소 분뇨를 뿌리며 '양수길'이라고 적혀 있는 인형을 꺼내 화형식을 거행했다.

양수길 단지 내의 현장을 저는 못 보고 뒤에 이야기로 전해 들었습니다. 이 사람들이 버스로 청사 앞마당에 진입해 플래카드를 가지고 내린 후 삐라를 뿌렸대요. 삐라 한 장을 제가 지금도 프레임에 넣어 보관하고 있습니다. 여기 플래카드에도 있듯이 "비교우위의 주구 양수길은 지구를 떠나라", "양수길을 미국으로 수출하자" 같은 문구가 있더군요. 그리고 이 사람들이 버스에서 통 하나를 내렸는데 그게 소의 분뇨였어요. 제가 개방화를 주장하다가 농민들에게 두 번째로 혼쭐난 소동이었습니다.

홍은주 거대한 개방화 흐름 속에서 앞장서서 한국 농촌을 걱정하고 연구했는데 주어진 것은 '상처뿐인 영광'이었네요. 민감한 이슈를 제기해 농민들이 KDI에 쳐들어오기까지 했는데, 당시 구본호 원장님이 그런 얘기는 그만하라고 제지하지는 않았나요?

양수길 당시에 구본호 원장님도 개방화에 대한 입장이 저와 같았어요. 다만 원장으로서의 입장도 있었고, 저처럼 앞장서서 논란을 일으키는 스타일은 아니었지요. 그리고 KDI는 굉장히 자유로운 분위기여서 박사들한테 이래라저래라 별로 얘기를 안 했어요. 경제기획원도 그렇고요. 나중에 제가 다른 경제부처 산하 연구원에 원장으로 가 보니 경제기획원 같은 데가 없어요. 경제기획원 공무원들은 사고 수준이 높고 자유롭고 연구원의 박사들을 존중해 줬습니다. 그런데 어느 다른 부처 산하 연구원에 가 보니 원장이고 박사고 사무관 이상으로 취급을 안 하더군요.

홍은주 젊은 혈기에 열심히 학문적 목소리를 높이다가 봉변당한 일이 많으셨는데, 만약 그때로 다시 돌아간다면 어떻게 하시겠어요?

양수길 좀 더 원숙하게 돌려 말해야겠지만, 역시 학자적 양심에 따라 제가 믿는 대로 얘기해야지, 다른 얘기를 할 수 있나요? 저는 농산물시장 개방론을 사회적 의제로 설정한 것이 사실 한국 농업과 농민을 위해 연구 전문가로서 역할을 한 것이라고 생각합니다. 또 저의 가장 자랑스러운 실적 중 하나로 꼽고 싶습니다.

다만 지금 복기해 볼 때, 제 주장을 좀 더 우회적으로 표현하고 장기적 비전을 제기했어야 했는데 마치 당장 이행해야 할 과제인 것처럼 발언한 것은 다소 성급했던 것 같습니다. 아무튼 개방화의 사회적 논란을 이끌어낸 것만으로도 제 역할과 소임을 다했다고 자부합니다.

KDI에 '경제구조조정 자문회의' 설치

1988년 제6공화국 노태우 정부가 출범한 이후 대내외 여건 변화에 따라 정부의 무역정책 기조는 본질적으로 상당한 변화를 보인다. 대외적으로 물가안정 속도가 미국보다 빨라 원화가 달러화에 비해 저평가되었다. 게다가 3저 효과로 1986년 이후 3년에 걸쳐 경상수지가 대규모 흑자를 기록했다. 이에 따라 미국을 비롯한 선진국들은 한국에 급격한 시장개방을 요구했다. 엔화 강세로 한국의 수출이 크게 늘어나자 한국을 '제2의 일본'으로 여기며 경계하기 시작한 것이다.

한국무역협회 토론 사건 직후인 1988년 5월 정부는 대통령자문기구로서 '경제구조조정 자문회의'를 6개월 시한부로 설치하고, 유창순 전 국무총리를 의장으로, 각계 중진급 인사 25명을 위원으로 위촉했다. 이 자문회의에서 다룬 핵심 문제는 농업 구조조정과 농산물시장 개방이었다. 국제적 개방 압력이 본격화되자 정부도 더 이상 농산물시장 개방 문제를 외면할 수 없었던 것이다.

자문회의 사무국은 KDI였고, KDI를 대표해 구본호 원장이 사무국장을 맡았다. 또한 KDI의 김중수·이원영·연하청·양수길 박사 등을 주축으로 농경연의 최양부 박사, KIET의 강철규 박사와 한국은행의 이강남 박사 등이 합류하여 전문위원 7명이 회의를 운영하며 보고서를 작성하는 역할을 했다.

양수길 1988년 노태우 대통령이 취임한 첫해에 이른바 흑자국으로서 정책기조 전환을 추진하기 위해 과제를 정리하고 국민 여론을 선도하자는 취지로 일본의 마에카와위원회를 본떠 경제구조조정 자문회의를 KDI에 설치했습니다.

자문회의는 국제화대책분과위원회, 산업구조조정분과위원회, 국민생활향상분과

위원회로 구성되었습니다. 이제 만성적 경상수지 적자를 면했으니 개방화를 능동적으로 추진하고 산업 및 농촌 구조조정과 국민생활 향상에 투자를 확대해 경상수지 흑자를 완화하며 새로운 국제적 역할을 추구하자는 논리를 개발했습니다.

보고서를 그해 10월에 출간하고 노태우 대통령에게 제출하여 이후 국정 기조가 이 보고서의 틀 내에서 운영되었습니다. 저는 보고서에서 국제화 부문을 집필했습니다.

경제구조조정 자문회의에서 논의된 내용은 1988년 10월에 〈경제 선진화를 위한 기본 구상〉이라는 보고서로 노태우 대통령에게 제출되었다. 당시 보고서의 요지는 "전업농가를 중심으로 영농을 규모화·과학화하고, 농촌 공업화를 통해 농업 부문 배출 인력을 흡수해야 한다. 또 농촌의 사회간접자본 투자를 확대하고, 농어민 복지제도를 확충해야 한다. 농산물시장 개방도 이에 병행해 추진해야 한다. 이를 위해 개방정책의 예시, 농업구조 개편과의 연계, 가격안정화와 보상, 수출 촉진 등 네 가지 원칙이 필요하다"는 것이었다.

양수길 당시 보고서의 핵심 주제가 농업개방과 농촌개발이었어요. 이 부분에서 개방 논리가 나오도록 제가 동료 전문위원인 농경연의 최양부 박사를 끈질기게 설득해 동의를 이끌어냈던 것이 기억납니다. 최양부 박사는 훗날 김영삼 정부에서 농업 담당 수석비서관을 역임했습니다.

1988년 5월에 또 한 가지 기억나는 일이 있습니다. 당시 한국의 무역흑자를 줄이기 위해 원화를 절상하라는 미국의 압력이 거셌는데, 이를 완화하기 위해 KDI가 미국 국제경제연구소IIE와 워싱턴에서 'Economic Relations between US and Korea: Conflict or Cooperation?'이라는 회의를 개최했습니다. 다음 해 1월에 동명의 보고서도 IIE에서 출간했습니다. KDI에서는 제가, IIE에서는 토머스 베이야드Thomas Bayard 부원장이 공동 편집인으로 참여했죠.

제가 "Korean Trade Policy: Implications for Korean-US Cooperation"이라는 논문을 발표하여 한국 무역자유화를 둘러싼 정치경제학적 여건을 자세히 분석하고 소개했습니다. 여기서는 국내에서의 제 주장과 반대로 한국의 농산물시장 개방에 따른 국내 경제·사회·정치적 배경을 상세히 다루었죠. 그리고 미국의 압력에 의해 추진되기보다 자발적인 농촌 구조조정의 수단으로 추진되어야 한다고 주장했습니다.

당시 한국의 농민을 대변하라고 김성훈 교수를 제 논문의 지명 토론자로 모시고 가기도 했습니다. 김 교수님과 제가 1980년대와 1990년대 내내 토론 기회를 자주 가졌던 기억이 납니다.

무역협상, 다자주의에서 쌍무주의로

개방에 저항했던 국가는 한국뿐만이 아니었다. 많은 개발도상국이 미국과 동일하게 한 표의 표결권을 가지고 참여하여 미국의 일방주의에 반대하고 나섰다. 선진국들도 각 나라별로 새로운 통상질서에 대한 이해가 달라 지루한 줄다리기가 계속되었다. 1986년 9월에 협상이 시작된 우루과이라운드는 1994년 4월 협의문 채택까지 7년 7개월이나 소요되었다. [9]

그러자 미국은 다자주의多者主義 협상보다 쌍무주의雙務主義 협상에 더 관심을 가지는 방향으로 전략을 바꾸었다. [10] 이러한 미국의 다자주의에 대한 실망과 쌍무주의 선호는 1992년에 미국 주도로 체결된 북미자유무역협정NAFTA으로 나타났다. NAFTA가 신호탄이 되어 의견 일치를 쉽게 이루는 나라들끼리 자유무역협정을 체결하는 쌍무주의가 봇물처럼 확산되었다.

---

9 1960년대 초 이전에 시도된 과거 다섯 차례에 걸친 다자간 무역협상 라운드는 대체로 1년 안에 마무리가 되었다. 그러나 1963년 케네디라운드는 3년 6개월이 소요되었으며, 1973년에 시도된 도쿄라운드는 6년이나 소요되는 등 다자간 협상의 어려움이 갈수록 커졌다.

10 우루과이라운드와 같은 다자주의 협상이 당초의 계획대로 제대로 추진되지 못하고 오랜 시간이 소요된 것은 국제협상이나 국제사회의 주도국으로서 미국의 영향력이 약화되었음을 의미한다. 과거 전후 복구 과정에서 미국 원조를 받던 시절에 국제협상은 대체로 미국의 제안대로 쉽게 협상이 진행되었다. 그러나 전후 복구가 완료되고 산업발전으로 미국의 경제수준을 어느 정도 따라잡은 서구 선진국들은 국제협상에서 무조건 미국 의도대로 따라가지 않았다.

이에 따라 1980년대부터 세계 무역질서는 다자주의에서 쌍무주의로 변화했다. 그 결과, 1990년대 이후부터 자유무역협정FTA이 주요 무역협정의 형태로 발전하게 되었다. 한국은 1998년 11월 대외경제조정위원회에서 FTA 체결을 추진하기 시작하여 한국 최초의 FTA인 한·칠레 FTA가 2004년 4월부터 발효되었다.

한편 한국에서는 새로운 무역질서 연구를 강화하기 위해 1990년 1월 대외경제정책연구원KIEP이 정식 발족되었고, KDI의 무역정책 연구 및 PECC 관련 업무가 KIEP로 이관되었다. 오랫동안 KDI에서 대외개방 연구를 전담했던 양수길 박사는 후일 교통개발원 원장을 거쳐 1997년 2월 KIEP 원장으로 부임했다.

1980년대에 KDI가 주장했던 개방화는 당시에는 아무도 가 보지 않은 길이었다. 지금까지 누구도 가 보지 않은 길, 위험과 불확실성으로 가득 찬 길을 반드시 가야 한다고 주장하는 것은 큰 용기가 필요한 일이었다.

양수길 회고해 보면, 우리나라가 1980년대 전반에 시도했던 시장개방은 그런 의미에서 좀 독특해요. 외부의 통상압력에 의한 것이 아니라 우리 스스로 산업경쟁력 강화를 위한 수단으로 시도한 것이었습니다. 통념적으로 경쟁력을 강화하려면 보호해야 한다고 하잖아요. 그 관념을 완전히 뒤집었기 때문에 혁명적 발상이었죠. 이것이 국제적으로 '일방적 무역자유화'의 모범 사례로 알려지면서 상당히 주목받았습니다.

여기서 제 역할이 국제적으로 알려지면서 1980년대에 우루과이라운드의 성공적 타결과 아태지역 자유무역을 위한 국제회의가 많았는데 제가 거기 단골 연사로 초대받았지요. 영국의 무역정책연구소Trade Policy Research Centre, 독일의 킬세계경제연구소Kiel IFW, 미국의 국제경제연구소IIE (현 Peterson Institute) 등 세계적 연구기관과 활발히 교류하면서 개방에 대한 한국의 입장을 알리기 위해 노력했습니다. 11

1980년대에 KDI가 시장개방론을 국가적 의제로 설정하려고 노력해 얻은 가시적 성과 중 하나가 상공부의 정책기조 전환이었습니다. 이에 관한 에피소드 하나를 말씀드리지요. 제가 상공부 차관보 사무실에서 모 국장과 조우했는데, 이분이 저를 보

---

11 영국 경제전문지 〈이코노미스트The Economist〉는 양수길 박사를 서상목 박사와 함께 한국의 경제정책 담론을 이끄는 두 사람의 인재로 소개하는 특집기사를 보도한 적이 있다.

자마자 "양 박사, 또 비교우위 이야기하러 들어왔습니까?"라면서 빈정대더군요.

그런데 1980년대 후반 들어 상공부가 수입자유화를 추진했을 때는 이분이 아주 적극적인 수입개방론자, 개방의 첨병으로 변신했어요. 훗날 이분이 자서전을 내서 읽어 보았어요. 수입개방에 대한 자신의 소신을 피력하면서 "시장개방론은 KDI의 Y 모 박사가 처음에 제기했다"고 이름도 밝히지 않은 채 딱 한 줄 언급하는 데 그쳤더라고요. 약간 섭섭했습니다 (웃음).

개방은 언제나 민감하고 정치적인 이슈입니다. 개방이 또 언제 문제가 되냐면, IMF 사태가 벌어지고 나서였죠. "외국인에게 기업을 팔아도 되느냐, 해외 기업에 시장을 개방해도 되느냐, 국부 유출이다"라고 해서 다시 한참 사회적 문제가 됐습니다. 그때도 제가 〈심야토론〉에 나가서 "외국기업이 들어와 뿌리내리고 고용을 늘려주고 한국에 착실히 세금 내면 됐지, 국적이 무슨 소용이 있느냐?"고 주장했어요. 그때 또다시 기업과 산업에 대한 시장개방 이슈가 국가적 화두話頭가 되었습니다.

홍은주 개방이란 비가역적非可逆的이죠. 한번 시장을 열고 나면 시스템이 뿌리내리게 되어 다시 되돌아가기 어려우니까요. 요즘엔 누구나 해외 직구直購를 자유롭게 하고 있습니다.

양수길 그렇죠. 그런저런 과정을 거치고 2000년대에 들어오면서부터 개방이 상식으로 자리 잡은 것 같다는 생각이 드네요. 개방을 통해 우리 기업의 국제경쟁력이 충분히 높아져서 더 이상 외국이 두렵지 않게 되었으니까요.

수입을 금지했던 1980년대 초반에 바나나 한 송이가 2만 원, 3만 원 했다는 걸 요즘 젊은이들은 모를 겁니다. 그때는 그걸 사 먹으면 그렇게 맛있었는데 요새는 이게 흔하고 싸지니까 이상하게 맛이 없더라고요 (웃음).

김기환 당시 대만은 우리나라보다 수입자유화율이 높았지요. 구체적인 숫자는 기억 안 나지만 대만 사람들과 이야기해 보면 우리보다 높았던 것으로 기억합니다. 그리고 대만 사람들은 당시 우리가 가졌던 개방 콤플렉스가 없어요. 이런 콤플렉스는 동양에서도 한국과 일본에만 있는 것 같습니다. 대만은 싼 것을 사다 먹는 게 당연하다고 생각합니다.

양수길 일본이 개방도는 높을지 몰라도 진짜 개방은 안 한다고도 알려져 있었습니다. 비관세 장벽을 여기저기에, 항상 눈에 보이지 않는 장벽을 친다는 것이죠. 그래서 일본식 개방은 우리에게 전혀 타산지석이 되지 않았던 것 같아요.

일본은 인구가 많고 내수시장도 크니까 내부 경쟁만으로도 이미 상당히 산업 효율성이 높았죠. 반면에 우리는 내수시장이 작기 때문에 대외지향적·개방적 산업 정책이 불가피했습니다.

5장

대외개방 정책에 대한 평가

KDI가 촉발한 자발적 관세인하와 개방화 조치

1980년대 초에 KDI가 이론적 뒷받침을 하여 촉발된 자발적 관세인하와 개방화 조치는 이후 거세진 선진국들의 개방 압력에 한국이 선제적으로 대응할 수 있는 시간과 여유를 가지게 했다. 선제적으로 관련 품목과 세율을 미리 예고하는 등의 체계적 운영으로 이후 강제된 개방화 추세에 대응 논리를 가지게 되었고, 경제 전반에 미치는 충격을 단계적으로 완화할 수 있었던 것이다.

1980년대 중반부터는 전자, 자동차 등 고부가가치 품목의 수출이 날개를 달았다. 이때부터 기하급수적으로 증가한 한국의 수출은 1995년에 1,000억 달러를 달성했고, 2011년에는 5,000억 달러를 돌파했다. IT 기술의 발전과 함께 한국 수출품 중에서 세계 최고 품질인 품목도 등장했다.

한국 경제의 약진에는 1980년대에 단행한 수입자유화 조치가 상당한 역할을 했다. 유치산업의 보호를 넘어 개방과 시장경쟁을 통해 비교우위 산업이 자생적 경쟁력을 갖추도록 하는 큰 발상의 전환이 시장개방을 통한 경쟁력 향상의 출발점이었던 셈이다.

개방화가 경제성장에 긍정적 영향을 미치는 경로는 다양하다. KDI는 개도국이 선진국과 적극적 교역을 할 경우 선진국의 앞선 기술 및 제도 등의 파급효과spillover effect가 개도국 경제 시스템에 내재화되면서 생산성을 높이는 동력으로 작용한다는 가설을 세우고 한국의 효과를 측정한 논문을 발표했다. [1]

1980년대 중후반부터 큰 폭의 경상수지 흑자로 인해 미국의 통상압력이 가중된 데다가, 우루과이라운드 협상이 진행되면서 수입개방은 더욱 가속화되었다. 한국이 수출 공업화라는 전략을 선택한 시점부터 개방화는 거스를 수 없는 시대적 대세가 된 것이다. 개방 이후 한국 산업의 경쟁력은 거의 전 부문에서 약진했다. 개방 반대파가 우려했던 것과는 완전히 다른 결과였다. 영화 등 서비스시장에서도 한국의 경쟁력은 두드러졌다.

1980년대 중반 개방 압력은 농산물 분야에도 영향을 미쳤다. 한국은 쇠고기, 오렌지, 포도, 사과 등 고가치 농산물과 밀, 옥수수, 콩 등의 대량구매 농산물을 1991년 1월까지 3단계에 걸쳐 수입자유화하고, 사료, 원료, 곡물에 대한 수입쿼터제를 1988년 말까지 폐지하기로 하는 농축산물 수입자유화 방침을 밝혔다. 이후 농축산물의 수입자유화율은 지속적으로 높아져 1990년 84.9%에 이르렀고, 농축산물의 수입량 및 수입액도 크게 증가했다. 1994년까지 유지된 GATT 체제에서 농업 부문은 예외적으로 취급되었으나,[2] WTO 다자규범의 틀 안에서는 농업 보조금도 규제를 받게 되었다.

농산물과 서비스시장 개방이 목적인 우루과이라운드가 마지막으로 타결된 해는 김영삼 정부 집권기인 1994년이었다. 농업시장 개방은 그때까지도 한국에서 '뜨거운 감자'였다. 우루과이라운드의 마지막 회의는 상공부 장관이 아니라 허신행 농림부 장관이 참석하여 "한국은 절대로 쌀 수입은 못한다"는 최후통첩을 했다.

---

1 김태기·장선미, "한미 간 무역이 한국 경제 성장에 미친 영향: 무역을 통한 기술 확산을 중심으로", 〈한국경제연구〉, 9권, 2002. 12, 5~28쪽.
2 1994년 종결된 우루과이라운드 협상에서 한국은 쌀이 갖는 정치·경제적 특성과 비교역적 기능을 고려해 관세화를 유예받는 대신 2004년까지 국내 소비량의 4%를 의무적으로 도입하기로 합의했다. 이에 대해 농민들은 거세게 반발했다.

결국 쌀시장 개방은 '미니멈 엑세스Minimum Access'로 결론이 났다. 한국과 같이 특정 농산물의 수입을 강하게 거부하는 국가에 관세를 통한 수입개방 대신 일정량 수입을 의무화하는 조치였다. 이후 농가의 피해 보상과 구조조정을 위해 막대한 국가예산이 투입되었지만 농촌지역은 낙후된 상태가 지속되었다. 한국의 농업은 기본적으로 아직도 과거 패러다임에 머무는 것으로 보인다.

1990년대 이후 세계적으로 다자간 협정을 통해 무역질서를 논의하는 시대가 사실상 종식되고 FTA 등 양자 간 협정에 의한 무역협정 시대로 이행했다. 한국은 공산품을 중심으로 세계에서 가장 많은 국가와 FTA를 맺은 나라가 되었다. 그 결과, 농산물시장도 조금씩 개방을 확대해 나갔다.

외국기업의 대한對韓 직접투자 증가

1980년 개방화 조치와 함께 외국기업의 한국에 대한 직접투자의 규제가 완화되면서 외국기업의 투자가 증가하기 시작했다. KDI의 이원영 박사는 〈외국인직접투자의 현황과 경제적 효과: 개방화 시책의 효과분석을 중심으로〉(1985년) 라는 보고서를 통해 외국인직접투자의 경제적 효과를 분석했다.

보고서에 따르면, 1980년 개방화 이후 규제완화와 투자환경 개선으로 외국인직접투자가 꾸준히 증가하여 1981년 41건에서 1982년 55건, 1983년 75건, 1984년 103건 (4억 1,900만 달러) 등의 직접투자가 이루어졌다. 투자 국가는 1980년대 이전까지 일본이 60%에 달했으나, 1980년 이후부터는 미국이 39%로 41%인 일본과 거의 비슷한 비중을 차지했다. [3] 기술과 자본의 일본 의존도가 현저히 낮아진 것이다.

산업별로는 1970년대에는 석유, 비료 등의 비중이 높았으나 1980년대부터는 화공, 전기・전자, 기계 부문 투자 비중이 54%에 이르며 의료 부문 투자 비중도 급증하는 특징이 나타났다. 이원영 박사는 개방화에 따른 직접투자의 증가로 국제수지

---

3 1962년 이후 1985년까지 직접투자는 78% 이상이 일본과 미국에 의해 이루어졌다.

개선 효과가 뚜렷이 나타났다고 밝혔다. 또한 해외 직접투자 기업의 경우 R&D 비중이 압도적으로 높고 기술이전 효과가 있으며, 기타 국내 기업과의 경쟁 촉진 등 간접적 효과까지 계산하면 개방화에 따른 직접투자의 효과가 높다고 분석했다.

보고서는 이후 외국인직접투자는 투자개방 업종 및 국내 산업정책 전개와의 조화, 무역정책 및 산업정책과의 연계 등을 감안하여 선정하되, 외국인 투자기업의 노사관계, 기술도입 자유화에 따른 외국기업의 국내 시장 진출 형태의 변화와 대책 등을 종합적으로 고려하여 결정해야 한다고 정책적 건의를 했다.

공정거래법의
제정과 정착

1장

개발연대의 물가관리와 경쟁정책

삼분 사건이 불러온 논쟁

자유시장경제 체제에서 경쟁적 시장구조와 기업행동은 경제발전과 사회후생 향상을 위한 필요조건이다. 자유경쟁이 보장되어야 국가 자원 전체의 최적 배분이 이루어져 시장경제 체제가 지향하는 경제적 효율이 극대화되기 때문이다. 기업이 독점 혹은 과점을 통해 시장지배적 지위를 가지면 경쟁보다 손쉽게 경제적 지대economic rent를 확보할 수 있는 우회적 방법을 선호하게 된다.

이러한 잘못된 경제적 유인을 원천적으로 차단하고 경쟁을 촉진하여 경제효율을 극대화하기 위해 시장경제 체제가 발전한 선진국들이 적극 도입한 것이 바로 경쟁법[1]이다. 경쟁법은 자유로운 시장경제 체제의 작동을 막는 각종 요인들, 즉 기업의 독과점, 담합collusion과 카르텔cartel, 불공정거래 행위 등을 규제한다. 동시에 정부 및

---

[1] 경쟁정책과 관련법의 명칭은 각 나라별로 다르다. 한국은 〈공정거래법〉, 독일은 〈경쟁제한금지법〉이다. 일본은 〈독점금지법〉이라는 단일법 체계이고, 미국은 이른바 〈셔먼Sherman법〉, 〈클레이턴Clayton법〉과 〈공정거래위원회법〉을 묶어 〈반독점법antitrust law〉이라고 부른다.

이익집단의 기업에 대한 지나친 간섭 방지와 규제 완화, 소비자 보호 노력 등을 포함한다.

한국의 경쟁법이라 할 수 있는 〈공정거래법〉 제정의 필요성이 최초로 제기된 것은 1964년 1월 '삼분三粉 폭리사건'이 터졌을 때였다. 미국의 원조물품을 특혜로 배당받아 시멘트와 밀가루, 설탕 등 삼분을 생산하던 몇몇 대기업들이 과점시장을 형성하고 담합하여 판매가격을 인상한 사실이 밝혀지면서 성난 여론이 폭발했다. 당시 폭등세를 보였던 물가도 기업들의 담합규제가 필요하다는 여론에 기름을 부었다. 단순한 수급상의 괴리나 시차가 아니라 생산 기업이나 도매업자들의 담합으로 가격이 폭등한다는 사실을 국민이 알게 된 것이다.

삼분 사건 직후 정부는 기업들의 공동행위를 제한하고 부당한 가격 및 거래조건을 규제하는 등의 내용이 담긴 전문 27조의 〈공정거래법〉 초안을 작성하여 발표했다. 그러나 기업들의 반대로 각의에 상정되지 못한 채 무산되고 말았다.

같은 해 5월에 취임한 경제부총리가 백상百想 장기영張基榮이다. 장기영 부총리는 도시 서민들이 살아가는 데 필요한 생명줄인 쌀과 구공탄에 대한 업자들의 가격담합과 이에 따른 물가상승을 막기 위해 싸우겠다고 천명했다.

그러나 당시의 담합이나 물가 규제는 법이 아니라 행정적 재량권에 주로 의존했다. 담합행위를 근절하는 근본적 조치보다 담합의 결과로 상승한 물가를 단속하는 데 정책의 초점을 맞추었던 것이다.

두 차례 무산된 공정거래 법안

행정적 재량권에 의거한 통제에 한계를 느낀 경제기획원은 담합을 불식시키기 위해 1966년 〈공정거래법〉 제정을 다시 추진했다. 이 법안은 1964년 〈공정거래법〉 초안과 달리 일본의 〈독점금지법〉을 참고해 내용상 현행 〈공정거래법〉의 주요 분야를 포괄했다.

시장지배적 지위의 남용을 금지하고 경쟁제한적 사업자 단체와 카르텔은 등록을 의무화하는 등 원인 규제적 요소도 일부 가미했던 것이 특징이다. [2]

법을 추진했던 장기영 경제부총리는 박정희 대통령의 신임이 두터웠고 국회와의 관계도 좋았다. 그러나 장 부총리가 추진한 공정거래 법안은 "너무 광범위한 기업통제 때문에 기업활동이 저해될 우려가 있다"는 재계의 반발에 부딪쳐 두 차례나 국회에서 폐기되고 말았다. [3]

개발연대에 추진되었던 〈공정거래법〉 입법 시도는 물가안정을 목적으로 한 임기응변적 성격이었고, 재계의 반발이 극심한 가운데 정부의 입법 의지도 확고하지 않았던 것으로 평가된다. [4] 그러나 그 과정에서 경제기획원 물가국에 공정거래 담당부서가 생긴 것은 나름대로 의미가 있다고 볼 수 있다.

---

2 한국경제60년사편찬위원회, "공정거래", 《한국경제 60년사 I》, KDI, 2010, 777쪽.
3 1968년 '외자도입 특별국정감사'에서 일부 차관업체들의 독과점 횡포와 폭리문제가 불거지면서 1969년 4월 기존의 공정거래 법안을 철회하고 독점규제 법안을 새로 만들어 국회에 제출했으나 본회의 문턱을 넘지 못했다. 1971년에도 물가안정의 일환으로 독과점을 규제하는 내용의 법안을 제출했으나 1972년 10·17 비상조치로 8대 국회가 해산되면서 또다시 폐기되었다.
4 위의 책, 779쪽.

1975년 〈물가안정 및 공정거래에 관한 법률〉 제정

제조업 상위 100대 사업자의 출하액 점유율이 1966년에는 38%였으나 1974년에는 43.6%로 급속히 늘어났다. 상위 3개사의 평균 산업집중률 역시 1966년 54.6%에서 1974년 58.5%로 높아졌다. 이 과정에서 금융자원의 비효율적 배분과 만성적 통화량 증가, 재정팽창 등으로 물가 오름세가 상시화되었다. [5]

이러한 상황을 통제하고 시장질서를 확립할 필요가 있다고 본 정부는 1975년 12월 〈물가안정 및 공정거래에 관한 법률〉(이하 〈물가안정법〉)을 제정했다. 이 법은 제1조에서 "물가의 안정을 기하고 공정하고 자유로운 경쟁질서 확립"의 목적을 제시하며 경쟁법적 성격보다 물가안정법적 성격을 강조했다.

카르텔 금지 등 경쟁법적 성격도 있었지만, 주요 독과점 품목에 대한 가격규제를 도입하고 가격상승을 유발하는 경쟁제한 행위와 불공정거래 행위를 주로 단속하기 위한 법적 근거를 두는 등 물가안정의 성격이 확실히 반영된 법이었다. [6]

따라서 1975년 〈물가안정법〉은 1981년 〈공정거래법〉과 차별화된다. KDI가 〈공정거래법〉의 제정·개정과 운용 및 경쟁정책의 수립에 본격적으로 기여하게 된 것은 1975년 〈물가안정법〉 제정 직후부터였다.

〈물가안정법〉 제5조는 "일정한 사업 분야의 시장을 지배함으로써 실질적으로 경쟁을 제한하고 있는 단독 또는 소수의 사업자"를 독과점사업자로 지정하고 독과점사업자가 해당 품목의 가격을 결정하거나 인상하는 경우 주무부처 장관에게 신고하도록 규정했다.

구체적으로 어느 기업이 독과점사업자에 해당되느냐를 결정하는 것이 당면 문제였다. 법 시행을 앞두고 경제기획원은 "〈물가안정법〉 시행령상의 독과점사업자를 정확히 가려내 달라"고 KDI에 의뢰했다.

---

5 이규억, 《시장구조와 독과점 규제》, KDI, 1977.
6 예를 들어, 생필품과 부동산 등의 임대료 등은 최고가격을 정부가 지정할 수 있도록 하고, 주무장관이 공공요금을 결정할 때는 물가안정위원회의 심의와 국무회의 의결을 거쳐 대통령의 승인을 얻도록 했다. 또 물가 폭등이나 물품의 공급부족 사태가 발생할 경우, 정부가 관련 사업자들에게 직접 개입하여 생산과 공급, 출고를 명령할 수 있는 긴급수급권을 부여했다.

KDI의 독과점사업자 선정 연구

당시에 이 작업을 책임지고 수행한 사람은 1975년에 KDI에 막 들어온 이규억 박사였다. 이 박사가 1975년 초 KDI에 귀국 신고를 하자 김만제 원장이 그에게 "한 달 정도 여유를 갖고 무엇을 연구 대상으로 할 것인지 궁리해 보라"고 권했다. 이 박사는 기본적 주제로 재벌, 경제력집중, 비경쟁적 시장구조 개선, 경쟁 촉진과 공정거래정책 및 공기업 규제 등 산업조직industrial organization 문제를 선정하여 제출했다. 김 원장은 공기업 규제를 제외한 나머지 주제들을 재정리해 보라고 했다.

이규억 박사는 이를 바탕으로 연구계획을 만들었다. KDI가 수행한 대부분의 정책 연구가 그렇듯 단순한 이론이 아니라 독과점 규제를 받을 기업을 선정하는 구체적인 작업이었다. 이론을 기초로 정확한 통계자료 조사가 선행되어야 했는데, 막상 착수하고 보니 이 작업이 보통 복잡한 일이 아니었다.

시작 단계인 통계자료 취득부터 제동이 걸렸다. 국내 기업 전체의 산업 혹은 시장 활동에 관한 기초자료는 경제기획원 통계국이 광공업 통계조사 보고서를 작성하기 위해 조사한 결과(원자료)를 이용하는 것 외에는 다른 방법이 없었다.

그런데 통계국 담당자들이 "조사 목적 이외의 용도로 통계자료를 사용할 수 없다"는 〈통계법〉상의 일반 원칙을 내세워 자료 제공을 거절한 것이다.

이규억 산업별로 기업규모 및 시장점유율market share과 기업집단의 규모 등에 관한 기초자료를 만들고 우리나라 광공업 부문의 개별산업별 산업집중도industrial concentration ratio를 산출하려면 통계 원자료가 필요했습니다. 그래서 당시 통계국장에게 개인적으로 협조해 달라고 부탁했는데 잘 응해 주지 않았습니다. 〈통계법〉상 통계 수집 목적을 벗어났다는 거예요.

그래서 나중에는 평소 업무상 접촉이 잦았던 경제기획원 물가정책국 공무원들을 통해 통계국이 제 작업에 협조하도록 전방위로 요청했습니다. 결국 이 작업의 중요성을 인정하여 통계국이 전폭적으로 지원하게 되었습니다.

통계국의 조사통계는 기업 단위가 아니라 사업체, 즉 공장 단위로 수집되어 있었다. 우선 각 산업 내의 공장별 자료를 기업별로 취합하고 이 기업별 자료를 다시 기업집단별로 취합해야 했다. 숫자로만 나오는 사업장별 ID의 실명을 일일이 확인하고 이를 기업 단위로, 나아가 기업집단 단위로 취합하는 일은 많은 인력과 시간을 필요로 했다.

이 작업을 순조롭게 진행하기 위해 KDI 연구원들은 경제기획원으로부터 상위 기업집단의 계열기업 명단을 제공받은 후 통계국에서 일하는 200여 명에 달하는 여직원들의 도움을 받아 밤낮없이 작업을 계속했다. 모든 정리를 수작업으로 해서 일이 너무 많고 복잡했다. KDI 연구원들은 종종 밤샘을 하는 것은 물론이고 주말도 반납하고 작업을 계속했다.

한국의 광업 및 제조업 통계로는 기업들의 시장활동이나 시장구조를 파악하는 데 여러 가지 현실적 한계가 있다는 점도 문제였다. 예를 들어, 한 사업장에서 밀가루와 설탕을 모두 생산하더라도 밀가루 매출액이 설탕 매출액보다 많으면 그 사업장은 밀가루만 매출하는 것으로 통계상에 표시된다. 따라서 국내에서 가장 설탕을 많이 생산하는 제일제당의 설탕 매출액이 0으로 잡힌 해도 있었다.

통계작성 기준의 차이에 따른 산업생산 통계의 편차를 조정하기 위해 KDI는 호주에서 채택한 방법을 적용하여 현황을 분석했다. 산업분류 기준의 최소수준인 '세세분류 산업'의 구성 상품을 점검하는 과정에서 새로운 상품의 출현을 발견하여 분류내역을 정비하기도 했다.

이규억 박사와 오랫동안 연구작업을 함께했던 이재형 박사는 당시의 까다로웠던 산업분류 작업에 대해 다음과 같이 부연 설명한다.

이재형 산업의 정의가 뭐냐? 하나하나의 상품의 집합이 아니라 기업의 집합을 산업이라고 합니다. 우리나라에서 산업을 규정하는 것도 그렇고, 미국이나 일본의 세계적 표준global standard입니다. 그래서 어느 나라나 일반적으로 통계를 작성할 때 편차가 발생합니다.

예를 들어, 하나의 기업이 여러 가지 상품을 만들 수 있지 않습니까? 제일제당이 설탕도 만들고 밀가루도 만들고 빵도 만드는데, 이 기업이 제일 주력하는 분야가 뭐냐? 이걸 따져서 주력 분야를 그 기업의 주산업으로 보는 것이죠. 이것은 우리나라만 그런 것이 아니고, 미국이나 일본, 유럽 등 선진국 산업통계 작성에서도 글로벌스탠더드입니다.

홍은주 그래서 제일제당의 설탕 매출액이 0으로 잡힌 해도 있었군요. 그 편차 조정을 어떻게 하신 겁니까?

이재형 그것을 통계적으로 조정할 수는 없습니다. 다만 보조지표를 이용하여 그러한 문제가 있다는 정보를 통계 이용자들에게 알려 주는 것이죠. 일반적 산업분류로만 보면, 가령 A라는 기업은 설탕 하나만 팔고, B라는 기업은 설탕과 탄산, 밀가루 등 여러 상품을 복합적으로 팔더라도 주산업은 다 같이 설탕으로 잡혀 버립니다.

그런데 두 기업의 성격은 완전히 다르지 않습니까? 그걸 파악하기 위한 방법으로 미국 상무부 통계국Census Bureau에서 여러 가지 보조지표를 만든 것입니다. 세세분류 산업의 보조지표를 통해 이 산업이 얼마나 독립적 산업인지, 혹은 다른 산업의 부수적 산업인지 판단하는 것입니다.

그때까지 산업통계라는 것이 사업체 개념이었어요. 사업체란 뭐냐? 쉽게 말하면, 공장입니다. 큰 기업은 몇 개의 공장이 모여 기업이 되지 않습니까? 그래서 당시만 해도 우리나라 기업의 기본 산업통계는 전부 다 사업체 기준, 공장 단위 통계였죠.

이규억 박사님이 하나의 기업이 공장을 몇 개 가지는지, 그게 다공장 기업multiplant firm인데 우리나라에 다공장 기업이 어느 정도인지 처음 파악하게 된 거죠. 그전에는 그것을 파악한 통계가 없었습니다. 이렇게 한 이후 처음으로 기업 단위 통계를 만들어낸 거죠.

홍은주 세세분류 산업으로 가다 보니까 새로운 상품이 많이 출현했다는 것을 알게 되었다고 하셨습니다. 그건 무슨 뜻입니까?

이재형 우리가 세세하게 산업분류를 하면서 보니까 어떤 분류에도 속하지 않는 상품들이 많이 나타났어요. 그걸 기타 분류로 처리했는데 어떤 산업을 보니 기타 분류가 앞에 있는 본 분류보다 훨씬 커지는 거예요. 그래서 그 이유가 뭘까 하고 찾아보니까 그전에 없던 새로운 상품들이 자꾸 나오니까 기타 분류 비중이 커졌던 거예요.

고생 끝에 산업분류 통계작업을 완료하자 독과점사업자를 선정하는 작업이 남아 있었다. 법 시행령은 "독과점 품목이란 출하액이 20억 원 이상 되는 품목으로 상위 3개사의 시장점유율의 합계가 60% 이상이 되는 것이며, 이 품목의 사업자 중 시장점유율이 5% 이상 되는 상위 3사까지를 독과점사업자로 한다"고 정의했다. KDI 연구팀은 통계분류 작업 후 이 기준을 적용하여 최종적으로 255개 품목에서 672개 독과점사업자 명단을 확인했다.

그러나 경제기획원은 1976년 4월부터 시작된 법 시행에서 136개 품목의 212개 사업자만을 재량적으로 선정하여 독과점사업자로 지정하고 이들의 가격조정은 물가당국의 사전규제를 받도록 했다. 〈물가안정법〉을 시행하는 첫해인 데다가 정부의 행정력이 미치지 못하는 등 여러 가지 현실적 이유로 경제적 중요성이 큰 품목 위주로 선정했기 때문에 독과점 규제 대상 기업의 숫자가 대폭 줄어든 것이다.

KDI는 1975년 6월부터 수행한 연구 결과를 1977년 4월에 연구총서 18권 《시장구조와 독과점 규제》를 통해 공개했다. 여기서 "이후 규제 대상 품목과 기업의 범위 및 시행 과정에서 드러나는 부작용과 제반 문제점은 경제적 여건의 변화를 고려하여 점차 시정되어야 할 것"이라고 제안했다. 또한 이 과정에서 다공장 기업이나 다제품 기업multiproduct firm의 상황, 매출액·자산·고용 간의 관계 등 학문적으로 흥미로운 사실과 명제도 발굴하여 그 내용을 KDI 연구보고서 《시장과 시장구조》에서 언급했다. [7]

---

7 이에 대해 이규억 박사로부터 들어 알게 된 일본 도쿄대의 산업조직론 교수 우에쿠사 마스植草益가 이규억 박사에게 공동연구를 제의하기도 했다.

이규억 경쟁정책은 근본 원리는 단순하지만 현실적으로는 복잡다단하며 더구나 당시 한국에서는 성장 일변도의 정책이 보편적이라 경쟁이라는 시장 생리는 도외시되었습니다. 이것은 당연히 자유시장경제와 민주주의하에서 지속될 수 없으므로 경쟁 촉진을 위한 제도가 긴요하다는 판단에서 제가 경쟁정책 연구를 시작했던 것입니다.

제 논문 지도교수는 미시경제학 기업이론의 대가라고 평가받는 윌리엄 보멀William Baumol과 후에 카터 정부에서 민간항공위원회Civil Aeronautics Board 위원장을 지낸 규제경제학의 권위자인 엘리자베스 베일리Elizabeth Bailey였습니다. 그분들로부터 전수받은 첨단의 지식 일부를 연구보고서에 담았죠. 좀 더 정책적으로 중요한 우리나라 산업집중의 실태를 측정, 분석하고 경쟁정책을 개괄적으로 제시했습니다. 훗날 이와 관련한 내용을 모아서 《시장구조와 독과점 규제》라는 연구총서를 발간했습니다.

여담이지만, 이 책이 출간된 직후 모 신문이 정가와 관가의 가십난에서 "KDI는 미국에서 갓 돌아와 현실을 모르는 백면서생의 연구보고서를 호화장정의 책으로 출판했다"고 비판했습니다. 기사 출처는 모 관료로 알려졌는데, 본의 아니게 제 이름이 언론에 회자되는 계기가 되었죠. 아무튼 이 책은 수년 후 재판을 낼 정도로 독자가 적지 않았습니다.

당시 경제학자들은 대부분 경제성장론과 재정, 금융 등 거시경제정책에 관심이 많았다. 이규억 박사의 연구는 한국의 학계에 미시경제적·경쟁질서적 관점에서 접근하는 본격적 연구의 지평을 열었다고 평가할 수 있다.

KDI, 〈물가안정법〉의 개선 방향 모색

1975년에 제정된 〈물가안정법〉의 문제점은 공정거래의 핵심인 비경쟁적 시장구조를 근본적으로 개선하려는 기업결합 금지조항 등이 전혀 없다는 점이었다. 대신에 기업들의 가격담합, 카르텔 등 불공정 거래행위와 그 결과로 나타난 물가상승을 규제하는 데 주로 초점을 맞추었다.

법 운용에서는 기업 간의 경쟁제한 행위는 다소 소홀히 한 반면, 시장구조와 기업행동의 결과물인 가격에는 직접적으로 개입하고 간섭하는 방식을 택했다. 독과점시장 구조와 경쟁제한적 관행은 개선되지 않은 채 가격에만 장기적 규제가 계속됨에 따라 판매 거절, 품질 저하, 이중가격 형성 등 여러 가지 부작용과 폐단이 나타났다.

KDI는 〈물가안정법〉 제정 이후 일관되게 물가의 직접 규제보다 근원적인 경쟁정책의 처방을 주장했고, 정부가 '적정 가격'을 개별 품목별로 책정하여 부과하는 정책에 지속적으로 유보적 의견을 전개했다. 경제기획원과 공식 토론회를 갖지는 않았지만 이 같은 관점을 청와대나 경제기획원에 제출한 정책평가서에 포함시켰다.

이규억 1975년 제정된 법의 한계는 시장의 구조structure와 기업의 행태conduct를 개선하지 않고 그 성과performance에 불과한 가격, 즉 물가를 정부가 직접 규제한다는 것이었습니다.

구조-행동-성과 분석체계SCP Paradigm8하에서 하버드학파는 구조가 성과를 결정한다는 구조주의를 강조했고, 시카고학파는 구조가 어떻든 행동이 중요하다는 행동주의를 주장했습니다. 물론 현실적으로는 양자가 모두 타당성을 갖지만 미국에서는 1970년대 중반부터 행동주의가 반독점정책antitrust policy의 근간이 되었죠. 행동주의는 기업의 시장행동이 경쟁에 미치는 영향을 평가해 '합리성의 원칙Rule of Reason'9에

---

8 기업성과에 대한 구조-행동-성과 분석체계는 기업의 환경과 행동, 성과의 관계를 보여 주는 모델이다. 산업의 구조와 산업 내에서 기업들이 행하는 전략, 그로 인한 기업 성과와 사회 전체의 경제적 성과에 초점을 맞추었다.

따라 규제하는 것이 타당하다는 겁니다. 이는 오랫동안 획일적 규제에 익숙했던 한국의 정책체질에 적합하지 않았고, 그걸 제대로 평가할 만한 인력도 당시에는 없었습니다.

그러다 보니 정부가 물가를 직접 규제하게 되었습니다. 이는 시장경제의 생리를 무시한 통제경제적 수단이었죠. 기업의 규제회피 행동을 유발시켜 규제의 실효성도 보장받지 못했을 뿐만 아니라 가격이 단속적으로 상승하여 가격의 연속적・한계적 이동이 배제되므로 경제의 유연성이 저해된다는 문제점이 있었죠. 또 공무원이 개별 가격을 심사하는 것도 매우 많은 문제를 야기했습니다.

당시 김만제 원장의 지시로 소수의 팀이 만들어졌습니다. 이 팀은 귀가하지 않고 모 호텔에 모여 원장도 참가한 가운데 토론하면서 경제기획원을 경유하여 청와대에 제출할 보고서를 작성했습니다.

여담이지만, '물가안정' 부분을 담당했던 제가 규제하에서 가격이 변동하는 양태를 지적하려고 'stop-go'란 영어 표현을 썼어요. 그런데 이 영어를 대통령에 그대로 제시할 수 없다는 판단에 따라 그에 대응하는 국어 표현인 '단속적斷續的'이란 단어를 찾느라 밤을 지새운 기억이 납니다.

---

9 모든 거래제한이나 독점화가 위법한 것이 아니라, 불합리한 거래제한을 야기하는 독점화만을 위법하다고 판단하는 원칙이다. 경쟁제한적 효과나 경쟁에 미치는 해악을 원고 측이 입증해야 한다. 미국 〈반독점법〉은 추상적이고 광범위한 규정의 성격상 법령의 해석을 법원에 위임하는 형식을 취했는데, 법원은 1911년 스탠더드오일사Standard Oil Company 사건에서 이 원칙을 적용했다.

〈공정거래법〉 제정 전담 연구반 편성

〈물가안정법〉에 내재된 두 가지 핵심 목표, 즉 '단기적 물가안정'과 '장기적 경쟁질서의 확립'이라는 목적 간의 갈등이 법의 안정성과 실효성을 저해한다는 것이 명백해지면서 두 개의 목적을 분리하여 별개의 법으로 추구하여야 한다는 '분리입법' 논의가 최초로 수면 위로 떠오르게 되었다.

이에 따라 KDI의 경쟁정책 연구는 자연스럽게 경제기획원이 1970년대 후반에 추진한 안정화 시책의 주요 내용으로 반영되었다. 1978년 12월 대통령 연두 업무보고 자료 〈80년대를 향한 새 전략〉에는 "경쟁제한 행위의 규제와 감시를 강화한다. 기업의 신증설 등 신규 참여에 대한 장벽을 낮추고 동업자 단체의 원료 수입 추천 및 자금 배정 등 경쟁제한 소지를 없앤다"라는 내용이 포함되었다.

제2차 석유파동에 따른 물가 급등 이후 개별 가격을 규제하는 식의 기존 물가통제 방식이 한계에 부딪쳤다. 이에 강경식 차관보를 중심으로 한 기획원 관리들은 경쟁 체제의 확립이 필요하다고 보고 공정거래 관련 분리입법 제정을 위한 전담 연구반을 만들었다. 이양순 공정거래 심의관을 반장으로 그 밑에 법제처에서 특별히 스카우트한 전윤철 사무관을 투입했다. 전담 연구반은 청와대와 여당, 경제단체, 소비자단체 실무자들을 다양하게 접촉했다.

정부의 직접적 물가 개입 문제에 대한 KDI의 우려와 의견 개진이 정책에 정식으로 반영된 시점이었다. 물가 규제를 풀고 가격기구를 시장 자율에 맡기는 방안에 대해 강경식 차관보와 김재익 기획국장, 김만제 KDI 원장 등은 적극 찬성했다. 반면 물가국 담당자들은 불황 속에서 석유파동으로 물가가 오르는 극심한 스태그플레이션stagflation 상태인데 국민들의 생활과 밀접한 공공요금이 급등할 경우 정치적 소요와 폭동으로까지 이어질 수 있다고 우려했다.

〈공정거래법〉 제정 시도에 대해 물가국은 "우리 형편에 공정거래제도를 본격 도입하겠다는 것은 실정을 모르는 백면서생의 주장이다. 또 규제 수단을 총동원해도 물가를 잡을까 말까 한 마당에 경쟁 촉진 운운하며 물가 규제를 풀면 폭등하는 물가를 어떻게 잡으란 말이냐?"라면서 반대했다. 술자리에서 찬반토론이 벌어질 때면

분위기가 험악해져 술잔이 날아가는 촌극까지 벌어졌다. [10]

결국 기획국이 추진하던 〈공정거래법〉 분리입법안은 내부 반대에 부딪쳐 좌초하고 말았다. 공정거래 법안은 국무회의 문턱도 넘지 못한 채 차관의 사인을 끝으로 경제기획원의 서류 캐비닛 속에서 잠들게 되었다.

재벌기업 경제력집중 연구

〈공정거래법〉의 법제화가 어려워지는 분위기가 감지되자 김만제 KDI 원장은 자신이 직접 대통령과 독대해서 보고하기로 결심했다. 1979년 9월 초 김 원장은 이규억 박사를 불러 한국 재벌 문제와 그로 인한 경쟁제한 문제, 물가상승 등 폐해에 대한 보고서 작성을 맡겼다.

단기간에 비밀리에 이루어져야 하는 작업의 성격상 모든 자료를 구할 수는 없었으나, 현황 분석과 정책 처방의 논거를 제시하기 위해 필요한 정도는 비교적 충실하게 마련할 수 있었다. 이 박사는 김 원장과의 몇 번에 걸친 토론 끝에 '재벌대책'이라는 간략한 보고용 문서를 작성했고, 우리나라 재벌의 문제점을 30여 개 항목으로 요약해 인쇄까지 마쳤다.

이규억 9월 초인가 원장님이 저를 불러 10월 중에 대통령 대면보고를 할 예정인데 '재벌대책 보고서'를 준비하라고 지시했습니다. 저는 곧 작업에 들어가 기업집중과 재벌 현황, 외국 사례도 참조한 재벌의 문제점, 경쟁정책과 아울러 구조정책의 필요성과 주요 내용, 공정거래위원회의 설립 필요성 등을 정리했습니다. 그리고 대통령이 바로 이해할 수준으로 다듬어 '재벌대책'이란 문서를 만들고, 원장님의 의견을 반영해 수정했습니다. 인쇄물은 보안을 위해 제가 입회한 가운데 인쇄공이 청타淸打로 대통령, 비서실장, 경제수석, 원장, 제가 가질 5부만 만들었습니다.

---

10 이장규, 《경제는 당신이 대통령이야》, 올림, 2008, 146쪽.

김만제 원장은 대통령 경제비서실과 접촉하여 대통령 보고일을 10월 27일로 통보받았다. 그러나 바로 하루 전날인 10월 26일, 박정희 대통령이 김재규에 시해되는 사건이 발생하여 이 보고 계획은 무산되고 만다.[11]

KDI, 〈공정거래법〉 제정 등 재벌대책 필요성 주장

비록 대통령에게 보고되지는 않았지만, KDI는 이 보고서 내용을 보완하여 이를 토대로 경제기획원 장관 등 극소수의 고위 정책당국자들에게 〈공정거래법〉 제정 등 광범한 재벌대책의 필요성을 주장했다. 이후 〈공정거래법〉 제정의 내용과 추이를 보면 KDI 보고서의 근간이 법과 조직을 통해 현실화되었음을 알 수 있다.

당시는 경제기획원 관리들과 KDI 박사들이 자주 만나 기탄없이 논의하고 토론할 때다. 이규억 박사는 경제기획원의 공정거래 실무 책임자들에게 경쟁정책의 중요성을 자주 역설하곤 했다. 그러자 경쟁정책의 사고방식이 자연스럽게 확산되면서 경쟁의 효과로 인한 장기적 산업발전을 기준으로 정책의 유효성을 판단하는 경우가 늘어나기 시작했다.

예를 들어, 1980년 일부 자동차 제조업체가 타이어 제조업에까지 진출하려는 계획(수직결합)을 세우자 이것의 허용 여부를 경제기획원에서 검토한 적이 있다. 이 과정에서 처음에는 생산·수출 등 산업정책의 시각에서만 검토하다가 KDI가 경쟁정책적 관점에서 여러 문제점을 제시하자 불허 방침을 확정한 바 있다.

---

[11] MBC에서 '광복 50주년 기념 특집'의 한 테마로 이 사건을 선정하여 이규억 박사를 인터뷰하고 문서를 촬영하기도 했다.

국보위, 〈공정거래법〉 제정 전격 채택

공정거래 법안의 불씨가 되살아난 것은 박정희 대통령 서거 이후 1979년 12·12 군사반란을 통해 권력을 장악한 신군부가 주도하던 국보위 시절이었다.

시장경제 기능의 회복을 통한 안정화 조치의 일환으로 〈공정거래법〉을 추진하던 주체세력인 김재익 국장이 국보위 경제과학분과위원회 간사가 되자 법안을 실무적으로 준비했던 전윤철 공정거래담당관(후일 공정거래위원장, 감사원장)이 이를 위원회의 주요 과제로 올린 것이다. KDI가 준비한 경쟁 논리를 바탕으로 전윤철 과장은 〈공정거래법〉 체계를 차근차근 설명했다.

국민에게 보여 줄 '화끈한 경제개혁' 건수를 찾던 국보위에서는 전격적으로 〈공정거래법〉 제정 안건을 채택했다. 총과 탱크를 앞세운 국보위의 초법적 권력 앞에서 국민 대부분이 숨죽이던 시절이다. 국보위가 추진하는 〈공정거래법〉 제정에 공개적으로 목소리를 높여 반대하는 세력은 재계를 포함하여 아무도 없었다.

이규억 당시 신군부는 재계와 아직 유착관계를 갖지 않았고 자신의 집권을 정당화하려는 방안의 하나로 재벌 규제 중심의 공정거래제도를 도입하려 했죠. 이 결정을 이끌어낸 데는 김재익 박사의 역할이 컸다고 생각합니다. 국보위 체제에서 〈공정거래법〉이 제정된 것은 역사적 아이러니죠. 공정하고 자유로운 경쟁질서를 확립하려는 경제헌법적 기능과 위상을 갖는 〈공정거래법〉이, 헌정질서를 위배했다고 사후적으로 평가받은 군사정권에 의해 제정된 것이니까요.

그러나 종전에 그보다 더 실질적인 효과가 적었던 유사한 법안들이 국회에서 폐기되었던 경험과 전두환 정권과 노태우 정권 때 조성된 천문학적 규모의 '통치자금', 그리고 정부 주도 경제성장 과정에서 은연중 형성된 주요 경제부서의 친재벌적 태도에 비춰 볼 때, 신군부와 재벌 간 유착관계가 본격적으로 형성되지 않았던 1980년의 시대 상황이 아니었다면 평상시에 이 법이 쉽게 제정될 수 없었을지도 모릅니다.

KDI는 1980년 7월 발표한 '제5차 경제사회발전 5개년 계획' 수립을 위한 정책협의회 보고서에서도 경쟁 촉진 및 공정거래 확보의 중요성을 역설했다.[12] 경쟁을 저해하거나 불공정한 방법에 의한 기업결합의 방치가 경쟁구조 악화 및 경제력 편재偏在를 초래하는 만큼 우선 기업결합을 규제할 것을 촉구했다.

구체적 사례로 대기업들이 하청 중소기업체를 이윤 압착, 대금지불 지연 등 불공정한 방식으로 인수 합병하거나 경쟁업체를 인수하여 시장지배력을 강화하고 경쟁업체들끼리 타 기업을 공동 인수하여 시장지배력을 강화하는 것 등을 들었다. 기존 판매망을 이용하여 신규 사업에 진출하고 경쟁업체에 대해 시장을 봉쇄하는 것, 동일 업종의 여러 업체를 인수하여 새로운 독점을 창출하는 행위, 기존 시설이 과잉임에도 재벌 내 자체공급을 위하거나 시장지배를 도모하기 위해 신증설을 하는 행위도 문제점으로 지적했다.

또한 각종 법령상의 인허가 제도에 따른 제도적 진입장벽 과다 및 불공정거래행위의 관행화, 거래거절, 가격차별, 집단배척, 거래강제, 우월적 지위의 남용, 거래처 제한, 매점매석, 재판매가격 유지, 허위과장 광고, 출고조절 등 무수히 많은 공정거래 이슈가 있음을 제시했다.

신군부는 1980년 제5공화국 헌법을 개정하면서 새로운 경제질서 창조 이념을 강조하기 위해 독점금지 조항을 부가하기로 결정했다. 또 연내로 〈독점규제 및 공정거래에 관한 법률〉을 제정한다고 발표했다. 이 법은 새로운 독과점 출현 방지를 위해 일정 규모 이상은 기업결합 행위를 제한하고, 기존 독과점 기업의 시장지배적 지위 남용 행위와 사업자 간 카르텔을 금지하며, 거래거절 및 가격차별 등 불공정거래 행위를 막는 내용임을 천명했다. 〈공정거래법〉 운용기구로서 공정거래위원회를 신설하기로 했다.

이 발표와 함께 경제기획원의 전윤철 과장, 최원우 사무관 등 관련 공무원과 KDI의 이규억 박사가 구체적 법안 마련에 착수했다. 여러 차례 토론을 거듭하면서 12번에 걸쳐 초안을 수정하는 힘든 작업을 계속했다. 법안의 큰 방향과 시장경제 체제를 확립하기 위한 정책적 당위성에는 이견이 없었으나, 정책의 강도에서는 이견이 있었다.

---

12 KDI, 〈제5차 5개년 계획 수립을 위한 정책협의회: VIII 경제운용 방식의 전환〉, 1980.

법학 배경을 가진 경제기획원 실무진이 경제학을 전공한 KDI 연구원보다 훨씬 강경한 규제 장치를 선호했다. 논란 끝에 "법의 실체적 내용이 현실의 급진적 변화보다 진화를 추구하는 것이어야 한다"는 원칙에 합의하면서 구체적 법안을 작성하는 작업에 속도가 붙었다.

홍은주 〈공정거래법〉을 다듬는 과정에서 학문과 논리적 원칙을 중요시하는 KDI와 현실 및 다른 법체계와의 조화를 중요시하는 관료들과 의견 차이가 있었을 텐데요. 혹시 어려운 점은 없으셨나요?

이규억 〈공정거래법〉 초안은 경제기획원 공정거래 담당부서와 KDI가 함께 만들었고 내용을 수없이 수정한 후에 국보위로 넘겼던 것으로 기억합니다. 당시 주무과장은 전윤철 씨였고 주무사무관은 최원우 씨(후일 외무부로 전속)였습니다. 전윤철 과장은 전형적인 법대 출신이라 법 논리에 충실한 사고의 소유자였지만, 저의 논리 전개나 주장이 옳다고 생각하면 곧바로 수용하는 합리적 태도를 보였죠. 이후 공정거래 후임자들도 고교 및 대학 선후배 사이라 상호이해와 신뢰가 형성되어 제 주장을 자유롭게 펼치고 설득하며 현실화할 수 있었습니다.

홍은주 그런 점에 비추어 보면, 업무를 효율적으로 추진하는 데 있어 개인적 이해와 신뢰관계 구축이 전제되는 것이 좋겠다는 생각이 듭니다.

이규억 그렇습니다. 제가 비교적 성공적으로 〈공정거래법〉의 제정과 정착에 기여할 수 있었던 이유 중 하나로, 직급 여하를 막론하고 담당 공무원들과 개인적 유대가 강했다는 사실도 무시할 수 없다고 봅니다.

1980년 12월에 제정된 〈독점규제 및 공정거래에 관한 법률〉(약칭 〈공정거래법〉)[13]의 명칭은 일본의 〈사적 독점의 금지 및 공정취인의 확보에 관한 법률〉(약칭 〈독점

---

13 1980년 12월 제정되었고 이후 지속적 개정이 이루어졌다.

금지법〉)14과 유사하지만, 일본의 〈독점금지법〉과 달리 '독점금지'가 아닌 '독점규제'라는 단어를 사용한다는 점이 차별화된다.

이규억 우리나라는 여러 가지 이유로 일본의 제도와 정책을 많이 참조하는데 당시 최초의 〈공정거래법〉을 제정할 때도 예외가 아니었습니다. 당국자들은 우선 일본 법을 참고하면서 법의 1차적 시안을 마련했습니다. 다른 나라 법들도 제가 많이 소개했는데, 미국이나 유럽 법들은 중요한 참고자료가 되지는 못했습니다.

미국의 경우 반독점법인 〈셔먼법〉과 〈클레이턴법〉이 있지만 우리나라 법체계와 달리 일반적이고 포괄적이어서 시행이 용이한 단일법이 없습니다. 그리고 주로 판례에 의해 법제를 발전시켜 왔기 때문에 사실 우리가 참조하기는 쉽지 않았죠. 경제이론적 분석이 주요 내용인 반독점경제학Antitrust Economics을 학부 수준에서 강의하더라도 한 학기가 소요됩니다. 보통 1천여 쪽이 넘는 책으로 정리된 판례까지 들여다보려면 주마간산走馬看山으로라도 최소한 또 한 학기가 필요한 만큼 광범위합니다. 따라서 미국 법제를 당장에 참고하기는 매우 어려웠습니다.

독일이나 영국 등 유럽의 법은 각국의 역사적·제도적 배경이 상이하고 법의 정밀성도 미흡하여 별로 참고할 만한 자료가 아니었습니다. 그래서 우리나라와 유사한 일본의 법을 많이 참고한 것입니다.

당시 저는 경제학자의 관점에서 공정거래에 대한 경제학적 논리를 정비하고 외국의 다양한 법례도 소화해서 〈공정거래법〉의 실체적 내용과 시행 규칙을 만드는 데 지식을 제공했습니다. 예컨대 불황카르텔depression cartel 요건 등 세부적이고 기술적인 사항에 관한 것은 제가 판단한 내용이었습니다.

그러나 우리나라의 특수한 사정을 염두에 두고 삽입한 내용, 즉 기업결합의 새로운 정의, 타 부처의 경쟁제한적 행위의 사전적 배제 등은 타국의 법례가 없는 것입니다. 저는 한국 현실에서 얻은 문제의식을 갖고 제 의견을 논리적 시각에서 개진했고 그것이 당국자들에 의해 대부분 수용되었습니다.

---

14 여기서 '취인取引'은 '거래去來'에 해당하는 일본어이다.

법 명칭에서 쓰인 '독점규제'라는 용어에 대해 제정 당시 경제기획원 실무자들과 KDI 연구진 사이에 적지 않은 토론이 오갔다.

KDI 연구진은 "'독점규제'라는 용어는 경제학에서 자연독점적인 공익사업public utilities에 대한 규제를 지칭하는데 이를 법안의 명칭으로 사용하면 오해의 소지가 있다. '경쟁 촉진'이라는 용어로 대체하는 것이 어떤가?"라고 제안했다.

그러나 법학 전공자가 많은 경제기획원 실무진은 "'경쟁 촉진'은 법안의 명칭으로 사용하기에는 실체적 의미가 분명하지 않다. 또한 '독점금지'나 그와 유사한 용어를 사용하면 〈공정거래법〉의 성격이 지나치게 기존 기업들을 압박하거나 완전 금지적 성격으로 잘못 이해될 수 있어 불필요한 반발을 야기할 것"이라며 '독점규제'라는 용어를 채택했다.

기업들의 반발을 줄인다는 취지에서 법의 약칭도 〈독점규제법〉이 아닌 〈공정거래법〉으로 정착되어 현재에 이르고 있다.

2장

공정거래법 제정의 논리체계

〈공정거래법〉 목적 조항

〈공정거래법〉은 첫째, 시장지배적 지위 남용을 금지하고, 둘째, 새로운 독과점의 출현을 방지하기 위해 원인 규제적 입장에서 경쟁제한성이 있는 기업결합을 제한하며,[1] 셋째, 사업자 간의 부당한 공동행위 및 불공정거래 행위를 금지한다고 명시했다.[2]

이 같은 법안의 내용은 현실적으로 많은 고민과 논란, 절충과 타협의 산물이었다. 우선 기존의 독과점까지 구조적으로 뒤집기보다 새로운 독점 출현을 방지하는 것이 주요 입법 취지였다.

당시 한국의 대기업 집단이 독점 또는 과점으로 형성된 것은 과거 정부정책의 산물이거나 혹은 의도적 방임이 낳은 결과물인데, 기존의 기업집중에까지 법의 잣대를 들이대기는 어렵다고 판단한 것이다. 또한 처음부터 강하게 나갔다가 또다시 법안이 좌절될지 모른다는 공무원들의 현실적 염려도 있었다. 집요한 기업들의 로비

---

1 당시 〈공정거래법〉이 정한 기업결합의 유형은 합병, 경영권이 수반되는 주식 취득, 임원 겸임, 영업의 양수, 새로운 회사의 설립 등이었다.
2 금지되는 공동행위의 유형은 가격, 설비, 수량 제한, 거래지역 분할 등이었다.

나 저항을 줄여 일단 법 제정을 해 놓고 나서 필요하면 추가 개정을 하는 것이 낫다고 본 것이다.

제정 〈공정거래법〉은 제1조 목적 조항에서 "사업자의 시장지배적 지위의 남용과 과도한 경제력의 집중을 방지하고 부당한 공동행위 및 불공정거래 행위를 규제하여 공정하고 자유로운 경쟁을 촉진함으로써 창의적인 기업활동을 조장하고 소비자를 보호함과 아울러 국민경제의 균형 있는 발전을 도모함을 목적으로 한다"고 적시했다.

목적 조항의 내용 가운데 '사업자의 과도한 경제력의 집중을 방지'한다는 구절은 KDI가 재벌개혁의 단초를 마련하기 위해 논란 끝에 간신히 끼워 넣은 것이었다. 재벌규제에 대해 구체적 내용을 넣지 않고 목적 조항에 다소 모호한 언어로 끼워 넣은 것은 재벌들의 반대 로비를 우회하면서도 미래의 어느 시점에 필요한 경우 규제를 법제화할 수 있는 근거를 남기려는 고육책이었다. 3

이규억 일본의 역사에서 보듯이 재벌을 온존시키면서 자유시장경제의 발전을 도모한다는 것은 연목구어緣木求魚라고 확신했기 때문에 제가 그 구절을 넣자고 강하게 주장했습니다. 이에 대해 법안 마련에 참여했던 일부 법학자들이 "경제력집중 방지와 경쟁 촉진이라는 개념이 같은 법안에 있다는 것은 법리상 맞지 않다"고 반대했습니다. "재벌규제 조항이 〈공정거래법〉의 목적 조항에 신설되면 재계의 거센 반발을 사서 입법 자체가 불가능할 것"이라는 우려가 관련 행정 당국의 고위책임자들로부터 나오기도 했습니다.

그러나 "장래에 새로운 재벌규제법을 도입하기가 어려울 것이 명약관화明若觀火하니 차제에 이 법에 재벌규제의 목표를 명시해야 후에 쉽게 보완할 수 있을 것"이라는 현실론적 주장을 제가 제기했습니다. 논란 끝에 "훗날 기회가 무르익으면 이 법을 개정해서 규제할 수 있는 근거라도 두자"고 합의하여 법의 목적에 '과도한 경제력의 집중을 방지하고'를 명기하게 된 것입니다.

---

3 실제로 공정거래 법안의 공청회 등에서 제안 설명을 할 때 정부는 "이 법이 재벌의 해체는커녕 재벌의 규제마저 의도하지 않는다"는 점을 강조하곤 했다.

경제력집중 문제에 대한 KDI의 연구는 치열한 시대적 고민의 결과였다. 1970년대 중화학공업 추진 과정에서 만성적 물가상승 압력이 계속되었고, 중화학공업을 추진하는 대기업들에게 비대칭적 특혜가 집중되어 재벌구조를 영속화했다는 문제의식이 있었던 것이다.

일부 대기업들의 지나친 경제력집중의 부작용과 관련한 경제적 이슈는 이후에도 KDI 연구원들에게 중요한 분석 과제가 되었다.

최초 제정된 〈공정거래법〉의 한계

최초로 제정된 〈공정거래법〉의 목적 조항 후반부에 들어 있는 '국민경제의 균형 있는 발전'은 재벌에 편중된 종전의 경제구조 대신 재벌의 과도한 경제력집중을 제어하여 여러 규모와 양태의 기업들이 대등한 시장 위치를 차지하도록 한다는 의미였다.[4]

경쟁법의 근본 목적은 중소기업이나 소비자 등 약자나 경쟁자를 보호하는 것이 아니라 경쟁 자체를 보호하는 것이다. 경쟁질서의 확립과 보호를 통해 자연스럽게 강한 중소기업들이 생겨나는 것일 뿐이다. 중소기업 보호나 소비자 보호가 〈공정거래법〉의 목적이 아닌 것이다. 다만 이 같은 당위론이 성립하려면 시간이 걸리고 시행에서 적지 않은 행정수요와 법 적용 및 시행의 완결성이 필요하기 때문에 경쟁논리의 당위성이 법 운용 과정에서의 단기적 현실에 따라 타협할 수밖에 없었다.

공정거래위원회 설립 후 실제 심결審決 예를 보면, 경쟁 과정 자체를 들여다보기보다 약자인 중소기업 보호를 우선하는 경우가 적지 않았다. 경쟁자의 도태나 특정 기업의 팽창을 방지하려는 정치적 고려가 작용한 경우도 종종 있었다.

---

4 이 표현은 균형성장이 독점규제의 반사 이익으로서 균형발전을 도모하는 것에 그치는 것인지, 아니면 좀 더 적극적으로 시장에서의 경쟁적 위치가 약한 기업을 보호하려는 것인지, 그리고 자유경쟁이 확보되면 그러한 의미의 균형발전이 자연적 귀결로 달성된다는 것을 함축하는 것인지 분명치 않은 상태에서 중소기업의 보호와 육성을 염두에 둔 경제기획원 당국자의 주장을 반영하여 들어간 구절이었다고 이규억 박사는 회고한다.

이규억 현재도 〈공정거래법〉이 중소기업 보호에 주력하는 인상을 주는데 이는 다분히 정치적 관점에서 법을 운용한 결과라고 봅니다. 소비자 보호도 〈공정거래법〉의 간접적 혜택이지만, 이 법은 '허위과장 광고의 금지' 등 극소수 조항을 제외하면 기본적으로 사업자 간 행동을 대상으로 하므로 최종 소비자 보호를 직접적 목적으로 둔 규정은 없습니다. 〈소비자보호법〉은 당시 제정된 채 시행령도 없이 방치된 상태였습니다.

공정거래위원회 사무처가 이를 주목하고 저에게 시행령 등 보완 작업을 도와달라고 부탁했습니다. 저는 담당과장 및 소수의 사무관들과 의견을 교환하면서 안을 만들었고, 결국 한국소비자보호원(현 한국소비자원)까지 설립되었습니다.

시장지배적 지위 남용 금지

〈공정거래법〉 제2장은 기업의 시장지배적 지위의 남용을 금지하는 내용으로 구성되었다. 법 제3조는 시장지배적 사업자가 ① 상품의 가격이나 용역의 대가(이하 가격)를 부당하게 결정·유지 또는 변경하는 행위 ② 상품의 판매 또는 용역의 제공을 부당하게 조절하는 행위 ③ 다른 사업자의 사업활동을 부당하게 방해하는 행위 ④ 새로운 경쟁사업자의 참가를 방해하거나, 일정한 거래 분야에서 경쟁사업자를 배제하기 위하여 시설을 신설 또는 증설하는 행위 ⑤ 기타 경쟁을 실질적으로 제한하거나 소비자의 이익을 현저히 저해할 우려가 있는 행위를 해서는 안 된다고 명시했다.

법 제3조에는 '시장지배적 사업자'의 남용 행위 중 하나로 구〈물가안정법〉의 가격규제 조항인 '상품의 가격이나 용역의 대가를 부당하게 결정, 유지 또는 변경하는 행위'를 포함시켰다. 일반 제조업 품목에 대한 가격규제는 원칙적으로 폐지되었지만 "비경쟁적 시장의 구조와 행태가 여전히 보편화되어 있어 어떤 형태로든 단기적 가격규제가 필요하다"는 주장에 따라 이를 반영하게 된 것이다.

과거 〈물가안정법〉상 독과점사업 규제는 가격 그 자체를 문제 삼았다. 반면 이때의 시장지배적 사업자는 기업 시장행동의 공정성을 문제 삼는다는 것이 입법 취지였다. 그러나 이 법의 실제 운용은 가격의 절대 수준을 상당히 의식했다. 시행령 제6조

'부당한 가격의 결정 기준'을 보면, 부당성 여부와 무관하게 〈물가안정법〉의 가격규제를 사실상 존치하기 위해 〈공정거래법〉에 부당가격에 대한 규제 조항으로 변형하여 넣은 것으로, 제정 당시 상당한 논란이 되었던 내용이다.

이규억 가격의 직접 규제는 특수상황에서 한시적으로 시행되는 것이죠. 비록 단기적으로 특정 품목의 가격이 상승하더라도 정상적 시장기구에 개입해서는 안 됩니다. 물가안정을 위한 수단으로 〈공정거래법〉을 사용할 수는 없습니다.

〈공정거래법〉에 내포된 가격규제적 행정을 공정거래위원회가 집행할 수 있다는 발상에 대해 물가정책국이 자신들의 관장 업무와 중복된다는 이유로 반대했습니다. 당시 법대 동기생이던 공정거래과장과 물가정책과장 간의 논쟁이 격화되자 저에게 중재 의견을 요구했습니다. 저는 바로 인접해 있던 두 과장의 사무실을 오가며 법은 개정하지 않고 필요시 물가정책국이 가격관리를 한다는 법 운용상의 절충안을 제시하여 양자 간에 양해 사항으로 수용되었습니다.

당시 제정된 〈공정거래법〉에서 경쟁제한과 불공정거래 행위에 관한 조항과 시행령 등은 외국 법제와 별 차이가 없었습니다. 다만 전체적으로 볼 때 법 시행의 능력과 논리가 부족하다는 우려를 금할 수 없었습니다. 법의 내용보다 법 운용 면에서 집행을 위한 준비가 미흡했지만 이것은 법 시행 초기에 어느 정도 불가피한 것이라고 보았습니다. 실제로 당시에는 '합리성의 원칙'을 적용해야 할 사건이 거의 대두되지 않았고 '당연위법성per se illegality'[5]이 강한 사건들이 많아서 규제 행정에 익숙한 당시 공무원들에게 큰 부담으로 작용하지는 않았습니다.

법 제4조 역시 물가 규제적 내용이 포함되었다. 과점기업 간의 동조적 가격인상에 대해 인상 이유를 기획원 장관에게 보고하게 하고,[6] 가격인하 명령에 불응하면 과

---

5 행위의 합리성이나 당사자의 의도, 주변 상황을 고려하지 않고 행위 자체가 위법하다고 보는 원칙이다.

6 "두 개 이상의 시장지배적 사업자가 3개월 이내에 동종 또는 유사한 상품이나 용역의 가격을 동일 또는 유사한 액이나 율로 인상한 때에는 당해 사업자에 대하여 그 인상 이유를 경제기획원 장관에게 보고하게 할 수 있다"고 명시했다.

징금을 부과할 수 있도록 규정한 것이다.

이규억 동조적 가격인상을 금지하고 가격의 선행 인상자보다 후발 인상자의 부당한 가격 인상폭을 조사하여 원상회복시킨다는 4조 조항은 일본 법의 유사조항을 모방한 것입니다. 일본에서는 과점기업 간의 동조적 가격인상의 의심이 생기면 우리나라의 공정거래위원회에 해당하는 공정취인위원회 公正取引委員會가 사실 여부를 조사해서 국회에 보고합니다. 일종의 사회적 압력을 통해 가격인상을 억제하려는 목적이지요.

　미국의 반독점 판례에서는 이 행위가 '남이 가격을 올려 돈을 버는데 나도 올리자'는 전형적인 시장 행동 market follower 으로 보아 제재하는 경우가 드뭅니다. 저도 같은 논리적 맥락에서 반대했지만 정부가 고집하여 삽입되었습니다. 실제로 우리나라의 공정거래위원회는 가격규제의 효과를 얻기 위해 훨씬 직접적이고 정밀한 방법을 동원한 사례들이 있습니다.

〈공정거래법〉은 형식과 내용은 기존의 〈물가안정법〉 체제를 재정비하고 경쟁법적 요소를 표방했다. 그러나 실제 운용에서는 여전히 과거의 독과점 가격규제의 관성에서 벗어나지 못한 것이 한계이다. 물가 관련 조항은 경제기획원 내에서 타협이 이루어져 물가정책국에서 운용을 담당하기로 했기 때문에 기업의 가격인상 시 사전보고를 받고 심사하는 등 종전의 가격규제 행정이 계속되었다.

　이 4조 조항은 "과점기업 간의 의식적 동조 행위 conscious parallelism 내지 가격선도 price leadership를 규제할 경제적 논거가 취약하다. 특히 초과수요 시에는 가격상승이 시장기구의 자연적 귀결이기도 하다"는 이규억 박사의 지적이 수용되어 결국 1986년 법 개정 때 삭제되었다.

경쟁제한 기업결합 금지와 부당공동행위 금지

기업결합은 시장 독점화를 촉진하는 수단이기 때문에 이를 규제하는 것이 경쟁법의 중요한 기능 가운데 하나다. 이러한 취지에서 제정 〈공정거래법〉 제3장은 기업결합의 제한을 명시했다.

그런데 법 제3장 제7조 기업결합의 유형에 합병과 주식 취득, 임원 겸임, 영업 양수讓受 등 일반적 내용 외에 '새로운 회사의 설립'이 포함되었다. 새 회사를 설립하면 시장 내 경쟁자 수를 늘리기 때문에 오히려 경쟁 촉진 효과가 있다는 것이 상식이다. 그런데 왜 세계적으로 유례를 찾기 어려운 입법례인 이 조항이 포함된 것일까?

이 조항은 "한국의 경우 재벌의 확장이 기존 기업의 합병보다는 오히려 기업의 신설을 통해 진전되었다"는 KDI의 연구 결과에 기초한 것이다. 여기에는 통상적 수평·수직 결합만이 아니라 신설회사 설립을 포함한 혼합결합을 제한함으로써 기업집단 규제를 간접적이고 부분적으로나마 시도하려는 의도가 담겨 있다고 이규억 박사는 회고한다. 7

한편 〈공정거래법〉 제4장 제11조는 부당한 공동행위concerted activity를 제한한다. 8 경쟁기업 간의 공동행위, 즉 카르텔은 종래 정부 주도 성장정책에서 체질화된 반경쟁적 행태로서 척결되어야 할 악습이라고 보고 이를 규제했다. "경제적 비상 상황이 닥칠 경우 카르텔이 필요한 경우가 생길 수 있다"는 우려가 제기되어 "불황카르텔과 합리화카르텔을 허용할 수 있다"는 예외 규정이 부가되었으나, 실제 법 운용에서는 엄격히 규제되었다.

---

7 그러나 이 유형에 대한 규제는 사실상 이루어지지 않았다. 1986년 12월 〈공정거래법〉을 개정할 때 이 조항이 '새로운 회사 설립에의 참여'로 변경되었는데 이 유형은 기본적으로 합작사업joint venture에 해당하는 것이므로 원래의 입법 의도에서는 벗어난 것이라 할 수 있다(KDI, "공정거래법", 《KDI 정책연구》, 2003).

8 법은 '부당한 공동행위'의 유형으로 ① 가격을 결정·유지 또는 변경하는 행위, ② 상품의 판매조건 또는 용역의 제공조건이나 그 대금 또는 대가의 지급조건을 정하는 행위, ③ 상품의 생산·출고 또는 판매의 제한이나 용역의 제공을 제한하는 행위, ④ 거래지역 또는 거래상대방을 제한하는 행위, ⑤ 생산 또는 용역의 제공을 위한 설비의 신설 또는 증설이나 장비의 도입을 제한하는 행위, ⑥ 상품의 생산 또는 판매 시에 그 상품의 종류 또는 규격을 제한하는 행위 등을 규정했다.

일본에서는 기업들의 요청에 따라 불황카르텔 등을 허용한 전례가 많았다. 반면 한국은 법 초기에 시멘트 업계의 상황 악화를 타개한다는 명분 아래 '공판회사'의 운영을 허가한 사례가 있었지만, 그 외에는 예외 규정을 거의 적용하지 않았다.

국제계약법적 측면의 공정거래

〈공정거래법〉 제정 시에 떠오른 또 다른 쟁점은 국제계약에 관한 것이었다. 이 법 초안의 작성자들은 "가속되는 경제 개방화에 대비하여 차관 계약, 합작투자 계약, 기술도입 계약, 장기수입 계약 등을 적용 대상에 포함하여 사전 심사함으로써 국내 시장에서의 경쟁 저해를 방지하는 것이 필요하다"고 주장했다. 반면 상공부와 상공부의 의견을 받아들인 경제기획원 등에서는 "경제의 고도화를 위해 긴요한 외국 자본과 기술의 유입을 억제하는 제도는 바람직하지 못하다"는 입장을 견지했다.

이에 대해 KDI는 "그러한 규정을 신설해 두면 외국기업과의 협상에서 우리나라 기업의 교섭력이 향상될 수 있으며, 외국자본을 유치하기 위한 유인은 반경쟁적 행위의 허용이 아니라 우리나라 경제의 성장 가능성에 있다"는 논지를 언론매체 등을 통해 확산시켰다.

결국 KDI의 주장이 받아들여져 제정 〈공정거래법〉 제8장 23조는 부당한 국제계약의 체결을 제한하는 것으로 결론이 났다.

이규억 경제기획원 당국자들은 국제계약을 〈공정거래법〉 적용 제외 대상으로 하려 했습니다. 그들의 논리는 우리나라가 여전히 외국 자본과 기술 도입을 필요로 하니 국제계약의 체결을 억제할 수 있는 규제를 부과하지 않아야 한다는 것이었습니다.

저는 외국기업들이 자신들의 이익을 추구하려고 한국 기업과 투자계약을 하는 한 그들에게 〈공정거래법〉에 위배되는 행위를 금지해도 한국 기업과의 계약을 기피할 사유가 될 수 없고, 동시에 그런 규제가 국내법에 포함되면 우리나라 기업들의 교섭력을 강화할 것이라고 주장했습니다. 결국 그들을 설득했고 제 의견이 반영되었습니다.

무체재산권의 적용 제외

KDI는 "무체재산권無體財産權9의 경우 역설적으로 이를 보호해야만 기술의 진보와 혁신을 촉진하는 경제적 유인 효과가 있다. 따라서 경쟁을 통해 그러한 효과를 초래하려는 〈공정거래법〉과 궁극적으로는 같은 목적을 추구하는 것으로 보아야 한다. 그러므로 양자 간에는 상호보완적 관계가 형성되어야 하며 무체재산권도 〈공정거래법〉의 기본정신에 부합하도록 행사되어야 한다"고 주장했다.

그러나 〈공정거래법〉이 다른 기존 법의 효력을 소급하여 제한할 수 없고 〈공정거래법〉과 타 법률의 영역은 독립적이므로 타 법률에 의한 행위는 규제할 수 없다는 법리적 입장과 충돌했다. 그에 따라 이 법 제12장 제47조는 "이 법의 규정은 〈저작권법〉, 〈특허법〉, 〈실용신안법〉, 〈디자인보호법〉 또는 〈상표법〉에 의한 권리의 행사라고 인정되는 행위에 대하여는 적용하지 아니한다"고 하여 아무런 단서 없이 무체재산권의 행사는 적용 범위에서 제외되었다.

이 조항이 다시 〈공정거래법〉에 언급된 때는 먼 훗날인 2000년 8월 30일이다. '지적재산권의 부당한 행사에 대한 심사지침'이 마련되어 "외형상 또는 형식상으로는 지적재산권에 의한 권리의 행사로 보이는 행위라도 발명과 창작을 장려하는 지적재산권 제도의 취지를 벗어나 정당한 권리의 행사로 볼 수 없는 일정한 행위는 기술시장 또는 상품시장 등에서의 경쟁을 저해하는 경우"에 〈공정거래법〉을 적용할 수 있게 되었다.

당시 〈공정거래법〉에 포함된 획기적 내용이 한 가지 있다. 1980년 이전까지는 정부 부처의 업계에 대한 행정지도가 당연시되었다. 그런데 〈공정거래법〉 제51조에서 "정부 내 타 부처가 경쟁제한을 내용으로 하는 법령을 제정 또는 개정하거나 사업자 또는 사업자 단체에 대하여 경쟁제한을 내용으로 하는 명령 또는 처분 등을 하고자 할 때에는 미리 경제기획원 장관과 협의하여야 한다"고 명시한 것이다. 현황 파악을 위해 공정거래 당국과 KDI는 수많은 사업자 단체의 활동 내용과 대對 정부 관계를

---

9 〈저작권법〉, 〈특허법〉, 〈실용신안법〉, 〈디자인보호법〉 또는 〈상표법〉에 의하여 인정되는 무체재산권은 배타적인 사용과 수익의 취득, 처분의 권한이 부여되기 때문에 권리의 보유자에게 사실상 독점을 허용함으로써 경쟁을 저해하는 효과가 있다.

조사하기도 했다.

이 조항은 이익집단의 대정부 로비를 원천적으로 없애고 정부 내 다른 부서의 행정을 경쟁 지향적으로 유도하려는 목적을 갖는다. 외국의 경쟁법과 비교할 때 매우 특징적이며 그동안 상당한 실효를 거두어 온 것으로 평가된다.

일사천리로 통과된 공정거래법

1980년 전후에 정부 개입을 최소화하고 기업과 소비자 등 경제주체들의 자율적 결정을 통해 시장이 움직이도록 해야 한다는 경제정책 패러다임의 대전환이 이루어졌다.

한국의 〈공정거래법〉은 이 같은 안정화·자율화·개방화의 시대적 분위기 속에서 탄생했다. 시장경제가 발전하려면 자율화로의 구조적 전환이 필요하다. 하지만 동시에 건전한 시장질서를 확립하여 각 경제주체에게 균등한 기회를 제공해야 하며, 시장에 공정한 규범을 만들어 설정된 규범을 준수하도록 해야 한다. 이러한 논의 속에서 〈공정거래법〉이 제정된 것이다.

"공정경쟁과 자유경쟁은 서로 분리할 수 없는 개념으로 자본주의적 시장경제에서 경제주체들의 기본행동 원리"[10]라고 할 수 있다. 최초의 〈공정거래법〉 제정은 이 같은 기본행동 원리를 법적이고 제도적으로 명시하여 한국 경제에 시장 논리의 규준을 최초로 제시했다는 점에서 의의가 있다. 최초의 〈공정거래법〉은 그러나 '자유시장체제하의 새로운 경제질서 정립'이라는 목적을 달성하기에는 내용상 미흡하거나 부족한 면이 있다. 법 제정 초기에는 법안 내용의 완성도보다 〈공정거래법〉을 도입하는 것 자체가 중요했기 때문이다.

〈공정거래법〉은 국회로 넘어가기 전에 법의 예외 규정을 둘러싸고 논란이 있었다. 강력한 인·허가권 및 감독권을 가지고 창구지도의 관행을 장기간 유지해온 재무부가 금융산업은 시스템 리스크가 존재하는 등 일반 산업과 다른 특수한 여건에

10　한국경제60년사편찬위원회, 《한국경제 60년사 I》, KDI, 2010, 788쪽.

136

있으므로 금융기관을 〈공정거래법〉의 적용 대상에서 제외하여 재무부가 별도로 규제해야 한다고 주장했다. 또한 변호사 등 일부 전문직 종사자들 역시 "자신들은 이윤을 추구하는 통상적 사업자와는 달리 공익을 창달하므로 법적용 대상에서 제외되어야 한다"고 주장했다. 변호사는 인권을 보호하는 특수한 기능을 수행하니 통상적인 사업자가 아니라는 것이었다.

KDI는 "자꾸 예외를 둘 경우 얼마든지 자의적으로 해석될 수 있어 〈공정거래법〉의 제정 취지가 훼손되므로 처음부터 예외를 두면 안 된다"고 주장했다. 기획원 당국자들도 이러한 주장에 대체로 수긍했다. 그러나 〈공정거래법〉 제정에 중요한 역할을 하는 법제처와 국회 법사위에는 법대 출신이 대부분이기 때문에 이들과 대동소이한 발상을 하는 변호사들의 반발을 경제기획원으로서는 간과하기 어려웠다.

경제기획원의 부탁으로 KDI의 이규억 박사는 공개토론을 통해 이익집단의 '공공적 특수성' 주장을 반박했다. 변호사협회에 직접 가서 "변호사 등 전문직업도 서비스를 제공하고 대가를 받는 사업이므로 일반 제조업과 같은 차원에서 경쟁법의 적용을 받아야 한다"고 역설했다. 예외를 반대하는 KDI의 주장은 절반의 성공을 거두었다. '공공적 특수성'을 표방한 이익집단에 대해서는 예외를 인정하지 않게 되었지만, 금융산업의 예외를 주장하는 재무부의 주장은 정부 내 역학관계상 수용되었다.[11]

〈공정거래법〉 제정 과정에서 예상했던 대로 재계의 물밑 반대가 거셌다. 이 법안의 핵심 논리를 KDI가 만들었다는 사실이 알려지면서 이규억 박사는 한동안 협박전화에 시달리기도 했다. 그러나 신군부의 서슬 퍼런 사정司正 칼날이 거셀 때다. 특히 1980년 7월 이후부터는 전 분야에 걸쳐 대대적 사정 작업이 시작되었기 때문에 재계가 바짝 얼어붙으면서 반대의 목소리가 수그러들었다.[12]

---

[11] 〈공정거래법〉의 예외조항에 대해 후일 대법원의 판례는 "당해 사업의 특수성으로 경쟁제한이 합리적이라고 인정되는 사업 또는 인가제 등에 의하여 사업자의 독점적 지위가 보장되는 반면, 공공성의 관점에서 고도의 공적 규제가 필요한 사업 등에 있어서 자유경쟁의 예외를 구체적으로 인정하고 있는 법률 또는 그 법률에 의한 멱력의 범위 내에서 행하는 필요 최소한의 행위"로 파시했다(대법원 97.5.16 96누150).

[12] 당시 영관급을 중심으로 한 젊은 장교들은 "대기업들이 박정희 정부의 지원을 받아 부도덕한 방식으로 돈을 축적했다. 그러니 대기업 몇 군데를 본보기로 해체시켜야 한다"는 시각을 가졌다. 6월 19일 실제로 동명목재상사가 해체되었다.

입법 과정에서 정치권의 반대 역시 원천적으로 차단되었다. 당시는 헌법 개정으로 국회가 해산되고 대신 국가보위입법회의라는 임시 입법기구가 제11대 국회 개원 (1981년 4월 10일) 전까지 활동하던 시기였고, 입법회의 의원들은 모두 대통령이 임명했기 때문이다. 법안을 추진한 경제관료인 신병현 부총리나 김재익 경제수석이 재계나 정치권 로비와는 거리가 먼 '딸깍발이 선비' 기질이 있는 공무원이었던 것도 〈공정거래법〉을 원안대로 통과시킬 수 있었던 이유였다.

공정거래 법안은 과거 장기간의 표류가 무색하게 일사천리로 추진되어 1980년 12월 31일에 〈독점규제 및 공정거래에 관한 법률〉이 제정되었다. 이규억 박사는 경제질서를 정립하는 '경제헌법'이 비헌법적 수단과 절차를 걸쳐 성립된 정권에 의해 제정되었다는 사실이 매우 역설적이라는 생각을 여러 차례 했다고 회고한다.

당시의 〈공정거래법〉 제정 과정을 계속 지켜보았던 언론 역시 비슷한 증언을 하고 있다. [13]

군사정부라는 특수한 환경 아래서 1인당 GDP가 1,703달러에 불과했던 대한민국에 일부 선진국과 일본 등에서만 시행되고 있던 〈공정거래법〉이 전격적으로 도입된 것은 우리나라 경제발전 단계로 보아 상당히 파격적인 선택이었다는 것이 학계의 평가이다. 국보위가 경제 분야에서 추진했던 일 중에서 가장 성공적으로 평가받을 수 있는 것은 공정거래 제도의 도입이라고 해야 할 것이다. 〈공정거래법〉의 도입은 시대적으로 상당히 앞섰던 것으로 평가된다.

여러 가지 이유와 논리를 내세우고 필요하면 집요한 정치적 로비를 감행하던 재계의 집단적 힘을 고려해 볼 때 국보위와 같은 초법적 기관이 아니었다면 불가능했거나 한참 후로 미루어졌을 것이다.

---

13 이장규, 《경제는 당신이 대통령이야》, 올림, 2008.

공정거래위원회 운영의 문제점

〈공정거래법〉제9장 제27조에 의해 〈공정거래법〉을 시행하는 전담기구인 공정거래위원회가 설립되었다. 공정거래위원회는 3인의 상임위원과 2인의 비상임위원으로 구성되어 법 관련 사항을 심의, 의결하도록 되어 있었다. 비상임위원은 민간인으로 충원할 것을 전제로 한다. 민간인을 비상임위원으로 한 것은 정부의 행정이 민간의 의견을 존중하면서 이루어질 것이라는 취지와 함께 현직을 포기하고 장기간 상임위원으로 전직하려는 민간인 전문가를 구하기 어려울 것이라는 현실을 고려한 것이었다.[14]

　이론상 공정거래위원회의 결정은 위원들 개개인의 소신과 주장에 따른다. 그러나 실제 운용상에서는 직업공무원 출신의 상임위원이 과반수를 차지하고, 현실적으로 공무원 간에는 이견이 있더라도 결국은 상급자의 의견을 따르는 경우가 많았다. 따라서 사실상 전원일치 합의로 심결이 이루어질 때가 많았다.

　개별 사안에 대한 다수 의견과 소수 의견이 공개되고 이를 통해 제도가 발전하여 온 미국 등 선진국과 다르게 우리나라는 처음부터 위원회보다 상의하달上意下達식 관료조직을 통해 공정거래 행정이 이루어져 왔던 셈이다.

이규억　제가 1990년에 '비상임 민간 공정거래위원'이 되었습니다. 공정거래위원회는 법대로 하면 의결기구인데, 제가 비상임위원을 지내면서 보니까 항상 전원 합의 형식으로 심결이 이루어졌습니다. 개별 사건에 대한 위원들의 견해가 다르면 소수 의견이 공개되지 않고 위원장의 판단대로 전원 합의하는 형식을 취했습니다. 위원회 구성상 공무원이 과반수라 위원장의 의견에 반대하는 경우가 없다고 해도 과언이 아니었습니다.

14　제정 당시 〈공정거래법〉 7,8조에 의하면 위원의 자격은 "공무원의 경우에는 공정거래 분야에서 상당한 실무 경험이 있는 2급 이상이면 위원이 될 수 있는 반면, 판사, 검사, 변호사, 법학·경제학 분야 부교수 또는 이에 상당하는 연구기관의 연구원 및 기업경영인, 소비자보호 활동가 등은 모두 그 직에서 10년 이상의 경험을 갖는 자"로 되어 있었다.

우리나라에서는 공정거래위원장이 위원회를 일방적으로 통제하는 관행이 지속되어 위원회라는 조직이 본연의 기능을 발휘하지 못하고 있습니다. 언론이나 일반 국민도 위원회의 토론을 통한 결정보다 위원장 개인의 언행을 주목하는 경향이 강합니다. 공정거래위원장은 청와대에서 임명하고, 공무원 조직의 일원이기 때문에 정치적 압력에 대응하기가 쉽지 않습니다. 공정거래위원장이 사무처를 관장하고 정부위원은 사무처의 국장급 공무원의 승진 자리로 되어 있기 때문에 정치적 고려를 하기 쉽고 청와대의 영향을 배제하기 힘듭니다. 위원의 과반수가 공무원이라 사실상 위원회의 독립적 기능을 보장하기 어려운 것입니다.

사실 제가 재임할 때도 청와대 경제수석실이 개입하여 경쟁법의 취지에도 맞지 않고 논리적으로도 타당성이 적은 결정이 내려진 적이 있었습니다. 저는 이 결정을 반대했지만 소수 의견은 공개되지 않은 채 위원 전원 찬성인 것처럼 결정이 공개되었습니다.

공정거래위원회는 다른 정부 부서와 달리 정책을 입안, 수행하는 조직이라기보다 〈공정거래법〉을 시행하기 위한 목적의 기관입니다. 우리가 법원에 정책기능을 요구하지 않듯이 공정거래위원회에 정부의 구체적 정책목표를 부과하는 것은 바람직하지 않다고 봅니다. 필요하면 법을 개정해 정책목표를 추구하기 위한 법적 장치를 설치하고 운용하면 됩니다. 위원회라는 조직 형태의 본연의 기능을 살리려면 향후 더 노력할 필요가 있습니다.

홍은주 미국의 공정거래위원회는 어떻게 운용되며 우리가 배울 점은 무엇일까요?

이규억 제가 1980년대 후반에 세계적으로 가장 정교한 조직구조를 가진 미국 법무부 반독점국을 직접 방문한 적이 있습니다. 변호사가 200여 명 있었고 경제분석국에 경제학 전공자 100여 명을 두었는데, 한 사건의 심사를 두 부서가 보완적으로 했습니다.

경제분석국 국장은 전통적으로 해당 분야의 유명한 교수를 일정 기간 초빙하고 그의 휘하에 다수의 유능한 연구원들이 끊임없이 독점금지와 관련된 이론적·현실적 문제를 학문적으로 연구해 상당한 성과를 거두어 왔습니다. 저도 그들의 논문을 수시로 참고했지만 그 수준이 아주 높은 데 깊은 인상을 받았습니다. 한편 일본도 유명하고 유능한 교수들을 초빙하여 자체적으로 연구조직을 만들어 운용합니다.

그런데 한국은 미국은커녕 일본과 유사한 규모나 수준의 연구기능도 자체 내에 없었습니다. 비교적 자료 접근이 용이한 KDI 등 국책연구원도 관련 분야를 전문으로 하는 연구인력이 매우 부족하여 외국과 비교할 상태가 아니었습니다. 제가 정부의 해당 부서를 수시로 왕래하면서 자문할 당시 제가 제공한 지식은 법의 도입이라는 원초적 상황에서나 도움이 되는 정도에 불과했습니다.

점점 복잡해지는 상황에서는 좀 더 전문적인 연구인력 상당수를 위원회 내부와 외부의 국책연구원에 확보할 필요가 있다고 봅니다. 우리나라에서는 사건이 접수되면 피심인은 변호사를 동원하는데 이들은 대체로 경제전문가가 아니라 법률전문가들입니다. 이에 대응하는 위원회 역시 법 전공자가 다수이며 위원회의 사무관들도 한국의 경우 법대 출신이 대부분입니다.

피심인이 공정거래위원회의 심결에 동의하지 않으면 사건이 서울고등법원으로 가는데, 그곳의 판사들도 경제학적 지식이 빈약하기는 마찬가지입니다.

미국에는 포스너Richard Allen Posner처럼 판사더라도 〈독점금지법〉은 물론 일반 경제문제에 대해 통찰력을 갖고 우수한 논문들을 저술해 유수의 경제학 저널에 게재하는 학자들이 있습니다. 연방최고법원Supreme Court은 〈독점금지법〉에 관한 법학적·경제학적 논문들을 선별해 계간 저널로 발간합니다. 물론 그전부터 학계는 계간지 *Antitrust Bulletin*과 *Antitrust Law Journal*을 통해 관련 논문들을 엄선해 게재해 왔습니다.

전반적으로 조직과 구성원의 소양이 발전하지 않고 연구에 소홀하며 위원회를 주시하는 언론이나 학계의 수준이 향상되지 않는 한 로비 등 비합리적 작용에 취약하게 됩니다. 또한 내용상 미국 학계에서 비판받은 외국 전문가의 방법론을 그대로 원용해도 한국 담당자들이 이를 잘 모르고 그대로 수용하는 경우도 있습니다. 저는 이러한 사실을 공정거래위원회뿐만 아니라 법조계에서도 참고해야 한다고 생각합니다. [15]

---

[15] 최근에는 법학 분야에서 경쟁법학회가 만들어지는 등 연구 노력이 활성화되고 있다.

3장

공정거래법의 개정

경제력집중 억제

재벌의 과도한 경제력집중 억제

1980년 말 제정된 〈공정거래법〉이 개정된 시점은 그 후 상당한 시간이 흐른 1986년 이었다. 〈공정거래법〉이 어느 정도 정착되었고 보완해야 할 문제점이 분명해지면서 자연스럽게 개정 움직임이 나타났다.

1986년 〈공정거래법〉 개정의 핵심은 〈공정거래법〉 제2장과 제3장에서 '동일인에 의해 지배되는 일정 규모 이상의 복수의 계열회사 집단'을 '대규모 기업집단'(속칭 재벌기업)으로 정의하고, 상호출자mutual investment와 지주회사holding company 금지, 출자총액제한 등 재벌의 과도한 경제력집중을 억제하는 조치를 추가한 것이었다. [1]

우선 "국내 회사의 사업 내용을 지배하는 것을 주된 사업으로 하는 지주회사를 설립할 수 없다"는 조항을 도입했다. 지주회사는 과거 독일과 일본 등에서 소액의 자본으로 다수의 기업을 피라미드식으로 지배하는 경제력집중의 핵심적 기능을 발휘한 사례가 있었다. 한국에는 순수 민간 지주회사는 없었지만 장래에 그 존재 가능성

---

[1] 법 제7조의 2에서 4까지의 내용이다.

자체를 배제하기 위해 이 조항을 삽입한 것이다.

또한 "대규모 기업집단에 속하는 회사는 자기의 주식을 취득 또는 소유하고 있는 계열회사의 주식을 취득 또는 소유하여서는 아니 된다"고 하여 상호출자를 금지했다. [2] "취득 또는 소유하고 있는 다른 국내 회사 주식의 장부가격의 합계액(이하 출자총액)이 당해 회사 순자산액에 100분의 40을 곱한 금액(이하 출자한도액)을 초과하여서는 아니 된다"고 하여 출자총액을 제한하는 조치를 공식 도입하기도 했다.

KDI, 1970년대부터 재벌 문제 지적

〈공정거래법〉의 개정 내용은 1970년대 후반부터 국내 기업의 과도한 시장지배력 확장에 문제의식을 가졌던 KDI의 주장이 반영된 것이다. KDI 보고서 《시장구조와 독과점 규제》에 따르면, 제조업 부문의 20대 재벌은 이미 1974년에 139개나 되는 계열기업을 거느리고 제조업 전체 268개 세세분류 산업 가운데 118개 산업에 진출해 있었다. [3] 1977년에는 제조업 30대 재벌의 출하액은 전체의 34.1%를 차지했다. [4]

재벌체제가 구축된 것이 반드시 중화학공업 때문인지에 대해서는 논란의 여지가 있다. [5] 그러나 1970년대 후반 들어 일부 기업들의 경제력집중도가 급격히 높아졌고 1980년대 초반에 이 같은 경향이 더 심화되어 1982~1985년에는 30대 재벌이 출하액의 40%를 상회하는 수준에 이르렀다. [6]

이규억 박사는 KDI에서 연구를 시작한 시점부터 이미 재벌 문제에 주목했다고

---

2 금융업 및 보험업을 영위하는 회사는 예외로 했다.

3 이규억, 《시장구조와 독과점 규제》, KDI, 1977.

4 이규억·서진교, 《한국 제조업의 산업집중 분석》, 연구조사보고 81-07, KDI, 1981.

5 현재의 재벌체제의 집중도는 중화학공업 지원이 중단된 1980년대 이후 더 높아졌으며, 경공업제품 생산 분야에서 계열사 수가 크게 늘어나 경제력집중이 높아지는 현상을 보인 것으로 분석된다. 총산업 집중현상이 벌어졌다는 것이다(박영구, "1970년대 중화학공업과 경제력집중", 〈경제연구〉, 21권 3호, 207쪽).

6 이 비중은 1980년대 후반 35%로 다소 낮아졌다가 다시 40%로 증가했다(이재형·유승민·김승진, 《독과점 시장 조사·분석》, KDI, 1999.).

회고한다. "제2차 세계대전 전후에 독일과 일본의 역사적 전개 과정에서 재벌이 행사했던 직간접적 경제작용을 단순한 사건이 아니라 자본주의의 중요한 현상으로 인식해야만 한국 경제가 성장하고 발전할 수 있는 논리적 사고의 틀을 마련할 수 있을 것"이라는 판단에서였다.

1976년 11월에 그는 경제기획원 〈경제월보〉 창간호에 "한국 제조업의 독과점 구조와 규제"라는 논문을 게재했다. 이 논문은 "우리나라에서 기업집단(이른바 '재벌')의 경제력집중이 상당히 높은 수준에 있고 이를 방치하면 경제는 물론 정치에도 큰 영향력을 행사할 것이므로 적정한 대책이 강구되어야 한다"는 점을 부각시켰다. 이어서 "정부가 독과점을 규제하여 자본주의 체제의 원활한 발전을 이루어 나가려면 독과점력의 표현에 불과한 가격이나 거래행위를 직접 규제할 것이 아니라 소유집중 및 기업결합 등과 같은 독과점력의 본원적 구조 그 자체를 규제하는 길이 장기적으로는 가장 적절한 정책"이라고 주장했다.

그런데 이 원고를 받은 경제기획원 당국자가 내용을 제대로 읽지도 않았고 집필자인 이규억 박사의 이름을 빼고 게재했기 때문에 마치 논문의 결론이 경제기획원의 공식적 입장인 것으로 알려지는 해프닝이 발생했다. 거의 모든 주요한 신문들이 "드디어 정부가 바람직한 재벌정책을 전개하는 것 같다"는 평가와 함께 격려의 사설과 해설기사를 게재하는 사태가 벌어진 것이다. 물론 경제기획원은 그런 구상을 전혀 하지 않았기 때문에 담당 공무원이 다방면으로 경위를 해명하느라 진땀을 흘리기도 했다.

그 후에도 KDI는 한국 재벌기업들의 문제, 특히 '경제력집중'에 대해 꾸준히 연구를 지속했다. '경제력집중도'라는 단어를 최초로 사용한 사람은 사공일 박사였다. 대기업 연구를 계속하다가 1980년 3월에 "경제성장과 경제력집중"이라는 논문을 썼는데, 이것이 〈동아일보〉 1면에 크게 보도되면서 재벌 연구의 핵심 단어로 정착된 것이다. 재벌들의 출하량이나 매출액을 부가가치 개념인 GDP와 비교하는 것은 맞지 않기 때문에 46대 재벌의 대차대조표와 손익계산서를 받아 수작업으로 일일이 부가가치를 계산하고 이를 GDP와 비교하여 집중도를 분석했다.

이 논문에 따르면, 1973년부터 1978년까지 6년 동안 5대 재벌의 경우 연평균 성장률이 35.7%, 10대 재벌의 경우 30%, 46대 재벌의 경우 24%로 나타났다. 규모가 큰 재벌일수록 더욱 빨리 성장했다는 사실을 보여 주는 통계이다. 또한 46대 재벌의 비중은 1973년의 9.8%에서 1978년에는 17.1%로 늘어났다.

연구 결과에 대해 사공일 박사는 다음과 같이 주장했다.[7]

첫째, 민주주의의 원칙적 이상으로 볼 수 있는 상태, 즉 경제력이 국민 대부분에게 골고루 확산되어 있는 상태와 모순되며, 둘째, 경제력의 집중은 경쟁의 유효성을 낮추게 된다. … 경제력집중의 심화가 경제발전 초기 단계에 불과했다고 인정하더라도 이 추세가 지속된다면 머지않아 사회·정치적으로 큰 문제로 부각될 것으로 예견된다.

따라서 적어도 이러한 추세를 완화시키기 위해서 가장 중요한 것은 금융구조의 개편을 통한 특혜 금융시장의 제거와 공정거래 및 독과점 규제를 위한 강력한 제도적 장치의 마련이 동시에 이루어져야 하겠다고 본다.

또한 기업가 능력entrepreneurship의 공급이 늘어날 현시점에서 기존 대기업에만 계속 의존하는 산업정책은 지양되어야 하며, 동시에 중소기업 육성을 위한 적극적인 대책이 마련되어야 할 것이다.

그러나 재벌의 확장은 이후에도 지속되었다. 1985년에 이규억·이재형 박사가 국세청의 법인세 자료를 토대로 수행한 연구에 따르면, 30대 재벌은 총매출액의 40% 정도를 차지하는 것으로 나타났다.[8]

KDI가 지속적으로 문제 제기를 하고 마침 사공일 박사가 경제수석으로 가면서 재벌들의 경제력집중 및 불공정거래를 시정하기 위해 〈공정거래법〉 개정이 추진되었다. 당시 대기업들이 시장지배력을 급속히 키워가는 과정에서 상호출자와 순환출자cross-shareholding 등 변칙적 방식을 동원했다. 그 바람에 기업 체력이 떨어져 거액 부실을 양산했으며, 이것이 금융권으로 전이되어 정부가 금융권 부실을 처리하는 데 큰 어려움을 겪었다. 이러한 상황도 〈공정거래법〉 개정을 서둘게 한 배경이었다.

---

7 사공일, "경제성장과 경제력집중", 〈한국개발연구〉, 2권 1호, 1980, 10쪽.
8 1983년 기준으로 30대 재벌의 매출은 총매출액의 39.8%를 차지했다.

당시 재벌에 대한 비판이 연구기관과 정부 공무원들 사이에 광범위하게 퍼져 있었다. 사공일 박사가 대통령을 설득하여 재벌규제를 도입하려는 〈공정거래법〉 개정 작업에 크게 이의를 제기하는 세력은 없었다.

이규억 〈공정거래법〉 개정 움직임에 대해 국내의 소장 정치학 교수들 가운데 정치권력 집단과 재계 간의 역학관계가 변화함에 따라 대통령비서실이 일종의 '재벌 길들이기' 차원에서 이 개정을 주동한 것으로 이해하는 경우도 있었습니다. 정치학계는 개정 배경을 놓고 무슨 거대한 정치학적 구도에서 이루어졌다고 침소봉대針小棒大하며 논문들을 발표하기도 했죠. 그러나 개정 당시에 어떤 청와대의 직접적 지시가 있었던 것으로 볼 수는 없습니다.

당시 재벌 계열기업 간 상호출자 금지를 골자로 한 〈공정거래법〉의 1차 개정 분위기가 일부 고위 정책당국자 간에 형성되었습니다. 구체적인 개정 실무 작업은 거의 전적으로 경제기획원 공정거래실과 KDI의 산업조직 연구진을 중심으로 이루어졌습니다. 청와대에 '반재벌적 성향'이 있다는 이야기가 있었고 경제력집중 규제 조치를 법적으로 정비해야 할 때가 왔다는 인식이 자연스럽게 공유되면서 이루어진 것이라고 봐야 할 것입니다.

또한 당시 한국 경제의 성장동력이 둔화되어 기업 경쟁력을 진작할 필요성이 커졌습니다. 이에 따라 기업집단에 내재한 잠재력을 최대한 발현할 수 있도록 유인하는 경쟁정책을 모색한다는 데 정부는 물론 식자들도 이견이 없었습니다.

상호출자금지 및 출자총액제한에 대한 KDI의 기여

개정 〈공정거래법〉은 우선 '대규모 기업집단'의 계열회사 간의 상호출자를 금지했다.[9] 상호출자를 하는 회사 간에는 상계되는 지분만큼 실제로 자금의 이동 없이 가공적 출자를 한 결과가 되므로 자본충실화의 〈회사법〉 원칙에 위배된다. 또한 상호출자에 의해 회사 간에 지배력을 교환함으로써 여타 출자자들의 회사 운영에 대한 영향력이 상대적으로 축소됨과 아울러 가공자본의 규모에 상응하여 배당 누출이 발생한다고 봤기 때문이다.

이규억 위원회 사무처를 통해 상위 10대 재벌의 자본구조에 관한 모자료母資料를 받아서 연구원 전산실까지 동원해 재벌 내 계열기업 간 상호출자와 순환출자 등을 밝히고 기업집단의 순자본 규모를 밝혀냈습니다. 이를 통해 출자고리의 중핵에 있는 기업을 찾으려 했지만 기대만큼 결과를 얻지 못했습니다. 기업 간부들도 잘 모른다고 실토했습니다.

그래서 저와 연구실 인력이 원시적 수작업을 해서 대략적 윤곽을 잡을 수 있었습니다. 이 결과를 바탕으로 상호출자 관련 조항의 신설에 대한 현실적 타당성을 KDI가 뒷받침할 수 있었습니다.

기업집단의 자본구조에 대한 좀 더 중요한 제약은 〈공정거래법〉 제7조의 4에서 규정한 출자총액의 제한이었다. 계열사에 대한 출자 형태에는 방사형, 연쇄형, 행렬형, 복합형 등 여러 가지가 있다. 이를 각각 유형별로 규제의 범위와 내용을 결정하여 시행한다는 것은 매우 어렵기 때문에 아예 출자총액 비율을 40% 이내로 제한하여 총액 규제를 시도한 것이다.

이 조항은 근본적으로 기업집단 계열회사의 팽창을 위한 재원 조달을 간접적으로 규제함으로써 기업집단의 다변화와 이를 통한 경제력집중을 억제하려는 목적을 갖

---

9 법 제7조의 3의 내용 참조.

고 있었다. 이론상 순자산을 늘리면 출자총액 한도가 늘어나기 때문에 기업집단의 확장 자체를 근원적으로 억제하는 장치는 되지 못한다. 그러나 이 조항이 발효된 이래 기업집단들이 출자한도 초과분을 해소하기 위해 기업공개를 하거나 유상증자를 적극적으로 실시하고 잉여금의 내부유보 증대 및 주식 매각 등의 조치를 실시했기 때문에 소유집중 완화와 재무구조 개선에 적지 않게 기여한 것으로 나타났다.

이 조항에 대한 현실적 뒷받침도 역시 KDI가 기여했다.

이규억 공정거래위원회 사무처가 법 개정을 위한 기초 작업을 저에게 의뢰했습니다. 상위 10대 재벌의 계열기업 간 채무보증 자료를 구해 조사해 보니 그들의 채무보증 규모가 순자산의 40%를 상회한 경우가 많았습니다. 사무처는 단기적으로 우선 35%의 상한을 총액출자 제한의 목표로 설정한 반면 재계가 40%를 제시했으므로 위원회는 일종의 협상전략으로 처음에는 30%를 제시했습니다. 그러면 타협 과정에서 35%가 될 것으로 생각한 거죠.

당시 재계를 설득하기 위해 주요 기업집단의 기획조정실장과 위원회 사무처 간부들이 모 호텔에서 회의를 했습니다. 저도 참석해 그들과 논쟁했는데 기업집단의 기조실장들은 '괘씸죄'에 걸리지 않으려는 듯 청와대에 반발한다는 인상을 주지 않으려고 조심했던 것이 기억납니다.

이 조항을 비롯해 다른 재벌규제 조항 신설에 정면으로 반대하지 않았기 때문에 사무처의 우려와 달리 상당히 쉽게 개정될 수 있었습니다. 그러나 기업 회계자료를 조사하는 작업이라서 회계학적 소양이 적은 저나 다른 연구원이 종래 알지 못했던 새로운 사실을 발굴하지는 못했습니다.

부침을 거듭한 재벌규제

〈공정거래법〉은 이후에도 여러 차례에 걸쳐 개정되었다. 경쟁정책 분야의 제도는 지속적으로 발전한 반면, 재벌들의 경제력집중 규제 조치는 이후 경제상황에 따라 강화와 완화의 '냉온탕'을 오갔다.

1992년 제3차 개정 때는 법 제10조의 2에서 "대규모 기업집단에 속하는 회사는 국내 계열회사에 대한 채무보증 총액이 원칙적으로 당해 회사의 자기자본의 200%를 초과하지 못한다"고 규정하는 등 재벌규제를 더 강화했다. 재벌계열사들은 그룹 내 다른 우량회사로부터 쉽게 채무보증을 받을 수 있으므로 계열회사를 갖지 않는 기업에 비해 상대적으로 많은 자금을 금융기관으로부터 차입할 수 있었다. 이것이 불건전한 차입경영과 경제력집중의 주요 수단이 되었기 때문에 위의 조항이 도입된 것이다.

1994년 제4차 개정에서는 대규모 기업집단 계열회사의 출자총액 한도액이 순자산의 40%에서 25%로 인하되었다. 이는 제2차 개정으로 과잉 출자분이 비교적 순조롭게 해소되었기 때문에 제도의 취지를 살리기 위해 재차 조정된 것이다. 대신 출자총액제한의 예외 인정은 확대했다.

외환위기가 한창이던 1998년 2월 개정 때는 출자총액제한제도가 아예 폐지되었다가 재벌의 재무구조 개선이 핵심 개혁과제로 떠오른 1999년 12월 개정에서는 출자총액제한제도가 다시 부활했다. 2002년 10차 개정 때는 출자총액제한제도 규제가 30대 기업 일괄지정제도에서 행태별 규율방식으로 전환되었다. 2004년 개정 이후부터는 출자총액 한도가 지속적으로 완화되다가 2009년 16차 개정 때 완전히 폐지된다.

2012년 4월 총선과 12월 대통령 선거 때는 경제민주화가 중요한 선거 이슈로 떠오르면서 각종 재벌개혁을 위한 〈공정거래법〉 개정이 대통령 후보 주요 공약사항이 되었다. 이에 따라 2013년에는 〈공정거래법〉이 개정되어 공정거래위원회 전속고발권 일부 완화, 특수관계인에 대한 부당한 이익제공 등의 금지가 이루어졌다. 2014년에는 신규 순환출자 금지 등의 조치가 이루어졌다.

한편 자산총액이 100억 원 이상 되는 지주회사의 설립 내지 기존 회사의 지주회사로의 전환을 금지하는 규제 역시 훗날 오히려 크게 완화되거나 폐지되었다. 나중에는 순환출자 고리를 끊는다는 명목으로 재벌의 지주회사 전환이 오히려 촉구되기도 했다.

이규억 당시 도입된 경제력집중 억제 조치 중 '지주회사 금지'는 2000년 전후의 개정으로 형해화되고 오히려 정책적으로 지주회사를 권장하는 태도마저 볼 수 있었습니다.

일본의 경우 1997년에 새로운 국제경쟁 시대에 부응하여 주로 중견기업 잠재력의 상승적 발현을 도모한다는 취지로 종래의 지주회사 금지를 완화하되 6대 재벌에는 지주회사가 재벌의 지배력을 강화할 가능성이 크다는 이유로 허가하지 않았습니다.

우리나라도 일본을 답습한 건지 1998년에 지주회사 금지를 완화했죠. 제2차 세계대전 전후 독일과 일본 재벌들의 폐해를 면밀히 관찰하지 않고 기존 재벌들에게 더욱 공고한 지배 장치를 허용한 셈입니다. 당시 공정거래위원회 사무처의 간부들은 상당히 친기업적이고 자유방임적 성향이 강했습니다. 상부의 지시를 받고 개정했다고 믿기는 어려웠습니다.

지주회사를 허용하되 일본 법과 같이 금융지주회사와 일반지주회사를 분리했는데 이것은 오랫동안 논쟁의 초점이 된 '금산분리'[10] 원칙을 반영한 것이었습니다.

한편 〈공정거래법〉 적용 대상인 '시장지배적 사업자'의 정의도 시간이 흐르면서 달라졌다. 품목당 매출액 요건이 1993년 이전에는 300억 원 이상 기업이었는데, 이후 1997년 4월까지는 500억 원 이상, 1999년 2월까지는 1,000억 원 이상으로 높아졌다. 시장점유율 요건은 1개 기업 50%, 3개 이하 기업의 점유율 합계가 75%인 사업자로 일관되게 유지되었다.

---

10 최근에는 다소 변형된 맥락에서 '은산분리'라고 하는 것이 일반적이다.

〈공정거래법〉 제정 당시인 1981년에 42개 품목, 102개 사업자가 시장지배적 사업자로 지정되었다. 1990년대 들어서는 평균 130여 개 품목, 300여 개 기업이 시장지배적 사업자로 지정되면서 그 수가 크게 늘었다.[11]

KDI, 법경제센터 신설

〈공정거래법〉의 오랜 변천 과정에서 KDI는 합리적 경쟁정책과 재벌규제정책을 정착시키기 위해 연구를 강화하고, 끈기 있게 정책 제안을 지속하여 법과 규제에 반영시켰다. 1993년 '김영삼 문민정부'의 출범과 더불어 KDI는 종래의 '산업조직실'을 확대한 '법경제센터'를 신설했다. '법경제센터'는 새로운 시대에 부응하는 경쟁정책의 과제와 기본 방향을 모색하고 정책협의회를 통해 이에 대한 각계 의견을 공개적으로 구했다.

KDI는 또한 〈공정거래법〉의 시행 직후부터 법의 운용이 다른 경제정책에 의해 영향받는 것을 최소한 제도적으로 배제하기 위해 공정거래위원회의 독립과 위원장 직급을 장관으로 격상할 것을 주장했다. 이 주장은 공정거래위원회는 물론 관련 학계와 언론매체로부터 광범위한 지지를 받았다. 1994년 제4차 〈공정거래법〉 개정을 통해 공정거래위원회가 경제기획원 소속에서 국무총리 소속의 차관급 중앙 행정기관으로 변경되었다. 1996년 〈정부조직법〉 개정과 같이한 제5차 〈공정거래법〉 개정 때는 완전한 중앙행정기관으로 되면서 위원장이 장관급으로 격상되었다.

1998년에는 공정거래위원회와 KDI가 정부 규제가 많은 산업을 선정해 산업별 경쟁의 실패와 문제점을 파악해 개선 방안을 도출했고, 이 내용을 법과 제도에 반영했다. 한편 KDI에서 경쟁법 연구를 처음 시작했던 이규억 박사 역시 개인적으로 꾸준히 재벌 연구를 지속하면서 〈공정거래법〉의 경제력집중 조항에 지식자문을 계속했다.

---

[11] 한국경제60년사편찬위원회, 《한국경제 60년사 I》, KDI, 2010, 802쪽.

이규억 박사는 경쟁법 관련 책 20여 권을 저술, 출판하고 다수의 논문을 발표했다. 영국 경제전문지 〈이코노미스트〉가 1998년 12월 29일호 특집기사 '싱크탱크 Think Tanks'에서 전 세계 10대 주요 연구기관의 대표적 연구자 중 한 사람으로 KDI의 이규억 박사를 선정하기도 했다. 〈이코노미스트〉는 이 특집기사에서 재벌 문제에 대한 이 박사의 연구 업적을 소개하며 인터뷰를 진행했다.

4장

공정거래법의 미래

〈공정거래법〉 개선을 위한 제언

홍은주 한국 최초의 〈공정거래법〉 제정에 이론적·현실적 기여를 하신 이후 오랜 세월이 흘렀습니다. 향후 〈공정거래법〉의 개선과 보완은 어떤 방향으로 진행해야 한다고 보시나요?

이규억 기술적이고 한계적인 문제는 차치하고 몇 가지 주요 문제만 거론하겠습니다. 기업결합과 경쟁제한 행위의 규제 지침을 논리적으로 좀 더 정교화해야 할 것입니다. 또한 지주회사에 대한 정책 기조를 재검토해야 합니다. 주요 선진국처럼 위원회 내부에 연구조사 기능을 대폭 확충해야 합니다.

민간인도 비상임위원으로 위촉하기보다 일정 기간 공무원 신분인 상임위원으로 근무하도록 하고, 공무원이 위원회에서 과반수를 넘는 현행 제도를 개선해야 합니다. 위원회의 심결이 '전원 합의' 형태로 이뤄지고 합의 내용을 비공개하는 제도를 좀 더 투명하게 바꾸어야 합니다.

미국의 최고법원처럼 특정 사건에 대한 '다수 의견'과 '소수 의견'을 명백히 밝혀야죠. 이것이 가능하려면 우선 공무원 승진용으로 위원 직위를 활용하거나 창구분식window dressing용으로 외향만 그럴듯하고 전문성이 부족한 민간인을 위원으로 임용하지 않아야 합니다.

위원회 사무처 조직의 재정비도 필요합니다. 〈공정거래법〉도 변호사들이 공정거래위원회의 심결 과정이나 법원의 심리 등 법의 운용에 많이 참여하는데 행정절차를 단순히 대행하는 수준을 넘어서야 합니다.

미국처럼 변호사들이 사건의 논리적 성격을 이해하고 사무처와 법원에서 다툴 수 있을 정도로 연구·분석 능력을 향상해야 합니다. 또한 사무처에서 외국 해당 기관에 공무원을 파견해 연수를 받게 하는 제도는 그 효과를 극대화하려면 파견이 '업무에 대한 단순 보상'의 성격으로 그치지 않고 진정한 교육과 경험이 되도록 질적 보완을 해야 할 것입니다.

공정거래위원회의 발전 방향

홍은주 공정거래위원회는 앞으로 그 역할과 위상에서 어떤 변화를 모색하는 것이 바람직할까요?

이규억 공정거래위원회의 가장 중요한 과제는 〈공정거래법〉의 목적이 무엇인지 분명히 하는 것입니다. 미국에서도 〈독점금지법〉이 직접적으로 중소기업 등 경제적 약자의 보호를 우선해야 하는가, 경쟁 촉진을 강조해야 하는가를 놓고 오랫동안 논쟁이 있었습니다.

우리나라 법은 '국민경제의 균형적 발전'을 목표로 명시하므로 이것이 무엇을 의미하는지 규명해야 합니다. 그래야 법, 시행령, 시행지침 등을 통일적 맥락에서 제정·시행할 수 있고, 정치적 영향을 최소화할 수 있습니다.

공정거래위원회도 법상 의결기구지만 다른 위원회들과 큰 차이가 없이 위원장의 의견이 절대적입니다. 형식상 위원회는 과반수 찬성으로 의결하지만, 사실상 위원장 주도하의 '전원 합의'로 결정됩니다. 위원의 과반수가 일반직 공무원이고 민간인 비상임위원은 사무처의 심사보고서를 회의 직전에 검토하기도 바쁜 실정에서 그것은 당연한 결과입니다. 그리고 사무처 담당 공무원은 위원장이나 위원장이 지명한 상임위원의 지휘를 받아 사건을 조사합니다. 말하자면, 검사가 그의 인사권을 가진 법원 판사의 지휘하에 사건을 조사해 기소하고 그 판사의 판결을 받는 꼴입니다.

우리나라 공정거래위원회는 미국 연방거래위원회Federal Trade Commission와 법무부의 반독점부Antitrust Division를 동시에 모방하려는 듯한 인상을 줍니다. 일본의 공정취인위원회와 유사한 점도 많습니다. 사실상 계선적系線的 행정 조직으로 운용되는 한국 현실의 불가피성을 고려한다면 오히려 독일의 연방카르텔청Bundeskartelamt처럼 하는 것이 더 적절할지 모릅니다.

우리나라의 공정거래위원회가 도약하려면 반드시 연구조사 기능을 확충해야 합니다. 미국 연방거래위원회까지는 못 미치더라도 이 기능을 보강해야 합니다. 〈공정거래법〉도 법인 이상 변호사들이 피심인을 위해 사건조사에 간여하지만, 경제 논리를 잘 모른 채 절차적 문제에 치중하고 인맥을 통한 로비에 큰 비중을 두는 행태를 방치해서는 안 됩니다.

사무처 공무원들도 일정 기간 근무한 후 로펌 고문 등으로 전직하여 일종의 로비스트로 활동하는 관행을 개선해야 합니다. 위원회로서 본질적 기능을 수행하려면 상임위원과 비상임위원을 구별하지 않으며 민간인 위원이 객관적 시각으로 판단하고 결정할 수 있는 여건을 형성해야 할 것입니다.

제가 늘 강조했지만 공정거래위원회는 정책집행기구라기보다 법집행기구로 위상과 역할을 분명히 할 필요가 있습니다. 특정 정책목표를 위해 필요하면 법을 개정하여 위원회의 기능을 변경·보완·확충하면 됩니다.

또한 공정경쟁은 어느 경우에도 중요하지만 그 의미가 불확실한 채 기업집단 규제와 경제적 약자 보호를 중심적 기능으로 내세워 공정거래위원회를 정치적으로 활용하는 것은 바람직하지 않습니다. 공정경쟁의 결과로서 사회적 약자가 보호되어야죠. 근본적으로 공정경쟁과 자유경쟁의 개념적·실체적 동일성을 추구해야 합니다.

KDI의 공정거래 연구와 해외 평가

홍은주 KDI의 한국 공정거래 정책과 법 연구가 기여한 것에 대한 해외 전문가들의 평가는 어떠했는지요?

이규억 한국의 법제와 정책에 대한 직접적 평가는 제가 접하지 못했습니다. 하지만 유엔무역개발협의회UNCTAD와 경제협력개발기구OECD에서 몇 차례 저를 국제회의에 초청했는데, 이들의 반응과 해외 관계자들과의 접촉을 통해 그들의 좋은 평가를 간접적으로 느낄 수 있었습니다.

한번은 핀란드에서 강연했는데 이것을 TV가 녹화방송을 했고, 당시 청중이던 헝가리의 유명한 경제학 교수 안톤 코르나이Anton Kornai의 주선으로 제 발표문이 헝가리어로 번역되어 경제전문지에 게재되었습니다. 그 별쇄본을 지금도 갖고 있는데 아마 헝가리어로 번역된 최초의 한국어 문헌일지도 모릅니다.

또 한번은 일본 공정취인위원회에서 주요국 위원장을 초청한 세미나에서 "Efficiency and Equity"라는 논문을 발표했습니다. 그때 청중이던 모 일본인 교수가 이것을 일본어로 번역해〈공정취인公正取引〉이라는 공정거래 월간지에 게재했습니다.

홍은주 이 박사님의 연구 분야는 경쟁을 촉진하고 지향하지만, 정작 박사님은 한국에서 15년 이상 이 분야 연구의 '독점자'였다는 사실은 좀 역설적입니다(웃음). 당시 학계·관계·재계의 일부에서 '미스터 공정거래'로 불렸고, 외국의 관계자들도 그런 인식을 공유했던 것 같습니다.

이규억 산업조직 및 공정거래 연구가 거의 전무했던 한국의 특수한 배경 때문에 제가 부족한 점이 많았는데도 과분한 평가나 별명을 얻게 된 것 같습니다.

하지만 공정거래 관련 법과 제도의 도입과 정착에 일정한 기여를 했다는 사실에는 큰 보람을 느낍니다. 제가 산업연구원장으로 재직할 때 재벌 문제에 관한 세미나에 참석한 적이 있었어요. 당시 유명인사이던 한 패널리스트가 "여기 이 박사가 조용히 있었으면 대한민국에 이른바 '재벌 문제'란 것은 없었을 겁니다"라고 발언한 적이 있었습니다. 이 발언이 물론 과장된 부분이 있겠지요. 하지만 제가 연구자로서 쏟은 노력과 시간에 따른 결과가 축적되고 압축된 표현이라고 이해하여 나름대로 자부심을 느꼈습니다.

〈공정거래법〉 제정과 이후의 사후적 운용, 그리고 수많은 개정에 이르기까지 저는 물속의 물고기처럼 '공정거래의 바다'에서 자유롭게 움직였습니다. 그러한 예는 전무후무하다고 해도 과언이 아닐 것입니다. 개인적으로 아주 감사하게 생각합니다.

퇴직 후 이사를 하면서 이런저런 문헌과 자료, 기념패를 다 없앴지만 공정거래위원을 그만둘 때 받은 기념패는 지금도 보관하고 있습니다. 감사패에 쓰인 글이 연구자로서의 제 삶을 증언한다고 생각하기 때문입니다.

KDI 전산실 컴퓨터 도입(1980. 5. 20).

1982년 물가전망과 정책과제 정책협의회(1981. 10. 7).

하버드대 수학 중인 개도국 중견 공무원 초청 세미나 (1982. 3. 28).

醫療保險 政策協議會
1982. 8. 20
主催: 韓國開發研究院

의료보험 개선을 위한 의료보험 정책협의회 (1982. 8. 20).

정부투자기관 경영능률 제고 세미나 (1984. 8. 31).

국민연금제도의 기본구상과 경제사회적 효과분석 정책협의회 (1986. 6. 12).

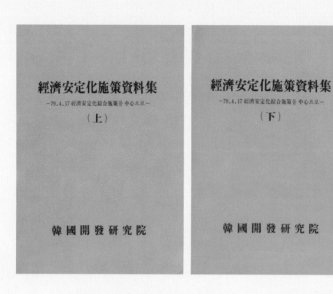

1981년 4월 발간된 〈경제 안정화시책 자료집〉(상·하).

'제6차 경제사회발전 5개년 계획' 책자.

금융시장
선진화 연구

1장

1980년대 금융시장 선진화 연구

낙후된 초기 금융시장

금융시장의 핵심 기능 가운데 하나는 자금의 흑자 주체와 적자 주체를 연결시키는 중개 기능이며 그 결과로 인한 자원의 효율적 배분이라 할 수 있다. 이론상 다양한 금융기관과 금융상품의 존재는 정보획득비용과 감시비용, 수수료 등 각종 거래비용을 절감시키고, 특히 일반투자자들보다 우위에 있는 정보력을 바탕으로 자금공급이 효율성이 낮은 곳에서 높은 곳으로 이동하게 만들기 때문이다.

그러나 경제발전 초기 한국의 금융시장은 규모도 작았고, 다양한 금융기관이나 금융제도, 금융상품이 없었다. 민영은행들은 소수 재벌에 의한 담합구조 속에서 제대로 기능하지 못하고 있었다.[1]

1950년에 〈은행법〉이 제정된 이후 정부는 과거 일본인 소유였던 일반은행들의 주식을 미군정을 통해 이양받아 단계적으로 민영화했다. 은행 민영화는 경쟁과 효

---

1 1963년 기준 GNP 대비 금융기관 보유 자산비율은 선진국이 평균 1.56, 후발 개도국이 0.64였는데 한국은 0.33이었다(박영철 외, 《한국의 금융발전(1945~80)》, KDI, 1984, 43쪽 참조).

율을 높이고 통화공급을 통제하여 인플레이션을 종식시키고자 했던 미국 전문가들의 권고에 따른 것이었다. [2]

그러나 이 때문에 은행이 소수 대기업들의 통제하에 들어가면서 대출이 해당 대기업에만 집중되는 폐해가 발생했다. 총대출에서 민간은행 대출이 차지하는 비중은 1955년의 45%에서 1960년에는 29%로 하락했다.

대기업 소유의 은행들을 대신해 시중자금수요 증가를 보완한 것은 1954년에 창립된 산업은행이었다. 업무를 시작한 지 21개월밖에 안 된 1955년 말 산업은행은 은행 부문 총대출의 40% 이상을 차지했다. 그러나 급증한 대출자금의 대부분을 한국은행에 의존할 수밖에 없었다. [3] 그에 따른 본원통화의 만성적 증가는 인플레이션의 원인으로 작용했다.

1961년에 〈한국산업은행법〉이 개정되면서, 산업은행은 실물경제 지원 역할과 기능을 더욱 강화했다. 뿐만 아니라 유가증권 발행, 외자 차입, 해외차관 지급보증 등의 다양한 업무를 맡게 되었다.

금융을 동원한 실물 지원

이런 상황에서 1961년 5·16 군사정변으로 정권을 장악한 박정희 정부는 즉시 〈금융회사에 대한 임시조치법〉을 제정하여 은행 대주주의 의결권을 제한하고 〈부정축재처리법〉을 통해 대기업 소유였던 시중은행 주식의 대부분을 정부로 귀속시켰다. [4]

이후 두 차례에 걸친 〈은행법〉 개정을 통해 사실상 국영은행제를 시행했고 산업은행의 기능을 강화했다. 결정적으로 1962년 5월에는 〈한국은행법〉을 개정하여 사

---

2 아서 블룸필드Arthur Bloomfield 등이 권고했다.

3 1955년 산업은행 대출의 약 3분의 1은 미국의 무상 원조자금인 대충자금으로 충당되었지만 나머지 대부분은 한국은행으로부터 빌린 것이었다(박영철 외, 《한국의 금융발전(1945~80)》, KDI, 1984, 65쪽 참조).

4 1954년 10월 '은행 귀속주 불하 요강'을 발표하여 은행 민영화를 추진했는데, 대부분 소수의 기업들이 은행을 소유하여 지배주주가 은행을 사금고화하는 부작용이 발생했다. 이것이 재벌 소유 은행주식의 정부 귀속에 명분을 준 것이다.

실상 재무부의 통제하에 두었다. 정부의 경제정책 목표 수행을 위해 강력하고 중앙집권적인 금융 동원체제를 구축한 것이다.

당시 박정희 정부가 추구했던 금융의 역할은 철저히 실물경제와 기업을 지원하는 것이었다. "어떻게 하면 수출공업화 기업들이 원활하게 투자자금을 조달할 수 있도록 만드느냐?"가 관건이었다. 정부는 은행 등 금융기관과 금융시장, 외환시장을 법, 제도, 관행으로 철저히 통제했다. 자원의 동원과 신용의 배분도 대부분 금융시장이 아닌 정부의 판단에 의해 이루어졌다.

따라서 1960년대에 설립된 은행은 주로 특정 실물 분야를 지원하기 위한 특수목적은행이었다. 중소기업 지원을 위한 중소기업은행(1961년), 서민 금융을 지원하기 위한 국민은행(1963년), 외환관리를 위한 외환은행(1967년), 주택금융을 공급하기 위한 주택은행(1969년) 등이 속속 창립되었다. 지방의 수출기업과 공단을 지원하기 위해 1도 1은행을 설립하기로 하고, 1967년 대구은행을 시작으로 각 도에 10여 개의 지방은행이 생긴 것도 1960년대 후반의 일이다.

이러한 전략은 나름대로 성공을 거두었다. KDI의 분석에 따르면, 1953년부터 1960년까지 8년 동안 국민저축은 1,230억 원에 그쳤으나 1961년 이후 1975년까지는 5조 9,310억 원에 달했다. 박정희 정부는 넉넉해진 국민저축을 제도적으로 경제개발 투자에 총동원했다. 처음 8년간(1953~1960년)은 투자 재원에서 국민저축이 차지하는 비중이 14~36%에 불과했으나, 이후 15년간은 63~74%를 충당했다. 가계·기업·정부, 전 부문에 걸쳐 고루 늘어난 국민저축이 한국 경제의 투자재원 조달에 결정적 역할을 한 것이다. [5]

수출공업화를 위해 공장 신설과 확장이 투자의 최우선 순위였기 때문에 돈의 가격인 이자율은 금융시장보다 정부에 의해 결정되었고 신용한도도 인위적으로 할당되었다. 은행 정책금리가 낮게 책정되었는데, 고도 경제성장이 지속되자 만성적 자금 초과수요 현상이 나타났고 통화팽창으로 높은 물가상승이 지속되었다. 또한 자금흑자 주체인 가계는 은행에 돈을 맡기기보다 사채私債시장에서 주로 돈을 운용했다.

---

5 김광석 외, 《성장과 구조 전환: 한국 경제의 근대화과정 연구》, KDI, 1979, 62쪽.

이에 따라 1960년대 금융시장은 저금리의 정책자금 공급채널인 은행과 고금리시장인 사채시장이 공존하는 양극화 현상이 나타난다. 저금리 정책자금을 받지 못하는 중소기업, 소상인, 영세 서민들은 대부분 고리대금 사채에 의존하는 형편이었다. 심지어 특혜를 받는 몇몇 기업이 저리의 은행돈을 빌려 고리사채를 놓는 도덕적 해이를 보이기도 했다.

정부에 의한 강력한 금융억압과 통제는 1970년대 들어 완화되기는커녕 오히려 더 강화되었다. 1973년에는 '중화학공업 선언'과 함께 중화학공업 육성을 위한 국가적 차원의 금융지원정책이 총동원되었다. 조선과 철강, 기계, 자동차, 전자 등 초기 투자자본이 대규모이고 자금회수 기간이 긴 중화학공업에 투자하는 대기업들의 자금 코스트를 최대한 낮춰 주어야 할 필요가 있었기 때문에 각종 정책금융이 일반 시중금리보다 훨씬 낮은 수준에서 저금리로 제공되었다. 1973년 12월에는 은행의 단기자금 등을 강제 전환하여 주로 중화학공업에 투자하고 투자의 과실을 국민들에게 배분한다는 취지로 '국민투자기금'이 신설되기도 했다. 6

한편, 지하 사채자금을 양성화하여 기업 운영자금으로 활용하기 위해 단자회사와 상호신용금고, 신용협동조합 등이 대거 설립되었다. 1975년에는 중화학공업 투자를 위한 장기설비자금의 원활한 조달을 겨냥한 〈종합금융회사에 관한 법률〉이 국회를 통과했다.

KDI의 연구에 따르면, 1961년과 1971년 사이 법인기업의 명목 자금조달액은 11배 늘었고 1971년에서 1980년 사이에 또다시 16배 증가했다. 7 전체 기간 동안에 물가 수준은 11배 상승했기 때문에 법인기업 자금조달의 실질 증가는 약 16배 정도였다. 또한 이 기간 동안 법인기업들은 총고정자본 형성의 약 60%에 이르는 대규모 투자를 했는데, 투자자금의 대부분인 3분의 2를 은행 및 해외차관, 유가증권 등 금융기관이 제공하는 외부자금으로 조달했다.

---

6 국민투자기금의 출자재원은 국민투자채권 발행대금, 은행예금(금융기관 저축성예금 증가분의 15%), 비생명 보험회사의 보험료, 공공기금 예탁금 등이었다. 국민투자기금은 예금과 보험금 전환의 강제성 때문에 위헌적 소지가 있다는 비판이 제기되기도 했다.
7 박영철 외, 《한국의 금융발전(1945~80)》, KDI, 1984, 52쪽.

1960년대 이후 1970년대 말까지 이처럼 금융억압이 장기화되면서 금융시장과 금융기관의 기능이 무력화되었다. 금융기관이 정책자금 제공 등 단순 대출창구 역할만 장기간 지속하면서 신용평가 및 여신심사 기능이 크게 취약해졌다. 기업에 대한 대규모 여신이나 해외차관 보증도 정부 지시에 따라 기계적으로 이루어지기 일쑤였고 담보대출 관행이 지속되었다. 기업들의 비효율적 중복·과잉투자를 막을 수 있는 최소한의 견제 시스템조차 갖추지 못했다.

이 기간 동안 정부는 시중은행의 제1 대주주로서 은행장을 비롯한 은행의 주요 인사는 물론이고 지점 개설, 직원 보수, 예산, 조직 등 사실상 모든 운영의 디테일에 간여했다.

KDI, 금융자율화 추진 건의

KDI는 금융시장에서 누적되는 문제점을 심각하게 인식하고 1970년대 후반 무렵 금융시장의 효율성을 높이고 금리의 시장기능을 정상화하기 위한 금융제도 개편 및 금융자율화 방안 등을 지속적으로 내놓았다.

1979년에 발표한 연구보고서 《한국 기업의 재무행태》는 "지나친 정책금융의 비대 때문에 금융발전이 지연되고 국내 저축이 부진하게 되었으며, 그 결과 기업자금 가운데 사채 비중이 지나치게 커졌으므로 이를 흡수해야 한다"고 주장하고 효율적인 금융제도 설계를 제시했다. 8

남상우 사채시장에서 여러 가지 문제가 많이 발생하고 부작용이 일어나니까 그것을 제도권으로 흡수하는 것이 바람직하다고 생각했습니다. 1970년대 후반에 상호신용금고, 새마을금고, 신용협동조합 등이 생겨났는데, 이들이 대부분 제2금융권, 비은행금융기관입니다. 이런 기관들의 비중이 높아지면서 우리나라 사채시장을 흡수하고, 자연스럽게 기업의 제2금융권 자금조달 비중이 높아질 것으로 봤습니다.

---

8 남상우, 《한국 기업의 재무행태》, KDI, 1979.

다음으로 자본시장 육성 문제를 언급했습니다. 자본시장은 직접금융시장이라 관련된 금융기관들은 자금을 중개하는 역할에 불과하고 투자자들이 자기 책임하에 주식이나 채권 등 유가증권을 사는 거잖아요. 따라서 자본시장에서 유가증권시장이 발전하려면 여러 가지 조건이 필요합니다. 우선 기업들의 신용도가 차별화되어야 하죠. 그래서 자본시장을 운영하는 데 필요한 금융 인프라 구축이 필요하다고 보았습니다.

예를 들어, 어떤 회사가 회사채를 발행한다고 해봅시다. 그러면 그 회사가 신용도가 높은 기업인가 아닌가를 투자자들에게 알려 주는 신용평가기관이 있어야 하고, 증권예탁기관도 필요하죠. 시장에서 주가조작 같은 것이 일어나면 안 되니까 시장의 거래질서를 잡아 주는 금융감독기관, 투자자보호기관 등도 만들어지고 정착되어야 합니다.

대체로 이런 순서나 패턴에 따라 금융시장이 발전하기 때문에 우리나라도 예외는 아니라고 보고 그 보고서에서 금융시장 심화를 위한 발전 방향을 제시했습니다.

KDI는 또 안정화 시책과 관련하여 낮은 정책금리를 정상화하고 금융시장 기능의 회복을 주장하는 연구 내용을 대통령과 고위 정책입안자들에게 개진하기도 했다.[9] 대통령 보고용 브리핑 자료 작성은 김만제 원장이 대부분 직접 담당했다.

1979년 경제기획원이 발표한 보고서 〈4·17 안정화 시책〉은 KDI와 한국은행 등의 주장을 반영하여 다음과 같은 금융시장 관련 내용을 담고 있다.

정책자금 공급은 금융산업의 가장 큰 문제점이므로 먼저 정책금융 운용 방식을 개선해야 한다. 정책자금은 가용재원에 대한 고려 없이 새로운 자금이 추가되기 일쑤고 선별 기준이 불분명해 급격한 팽창을 거듭해 정책금융 증가율이 1976년 47%에서 1978년에는 74%에 이르렀다. 정책자금의 팽창으로 일반자금 공급 규모가 줄어들어 사실상 배급제가 되고 있다. 정책자금의 금리도 다기화되어 똑같은 용도, 동일한 자금인데도 금리차가 생기

---

9 KDI, "금융제도 개편 방안", 《경제 안정화시책 자료집: 79. 4·17 경제 안정화 종합시책을 중심으로》(상), 1979, 573~609쪽.

고 특히 신규 자금을 추가할 때마다 명분을 축적하기 위하여 금리차를 허용해 왔다.

그렇다고 우리의 경제 여건에 비추어 볼 때 정책자금제도를 당장 없앨 수는 없으므로 정책지원 부문은 총 지원 규모를 먼저 결정하고 체계적으로 사전 심사하며 기존 정책자금 가운데 지원의 중요성이 낮은 것은 일반자금으로 통합하여 자율화한다. 정책자금의 규모 결정과 개별 사업의 타당성 검토, 자금배정 순위 결정 등은 투자사업조정위원회에서 관리한다.

정책자금 운용방법의 개선과 금리기능 합리화 등을 포함한 금융제도 전반에 걸쳐 개선 작업에 착수하여 6월 말까지 최종 방안을 확정한다. 정책자금 개편이 끝날 때까지 저축 증대 및 자금공급 원활화를 위해 금리조정 등 잠정 조치를 취한다. 재형저축 금리를 인상하고 1년제를 신설하며 정기적금 금리도 3%p 인상한다.

단기어음 시장을 육성하고 회사채 발행을 늘리기 위해 회사채 발행 한도를 자본금의 100~200%로 확대하는 특례법을 연내로 제정하고 은행신용보증기금, 단자회사가 보증하는 어음과 중개어음에 대해 15% 분리과세를 시행한다. 수출금융 운용을 개선해 수출 실적 한도거래제 대상을 확대하고 원자재 비축 금융제도를 간소화한다.

1979년 10월에는 '금융제도 개선 방안에 대한 경제정책협의회'를 개최하기도 했다. 다행히 1980년대 들어 안정론자들이 경제정책의 결정권을 가지면서부터 금융시장 자율화 정책도 탄력을 받게 되었다.

KDI가 1980년 초에 개최한 '제5차 경제사회발전 5개년 계획' 수립을 위한 정책협의회에서도 금융의 강제 동원과 신용 할당에 대한 문제점이 집중적으로 지적되었다.[10]

과거 경제개발 과정에서 수출 증대를 위해 종합상사와 대규모 재벌에게 편중된 금융 혜택을 주는 방식은 한계에 달했으며, 특히 종합상사에 대한 금융지원은 사실상 제조 생산 업체의 기술 향상이나 시설 개선에 직접 기여하지도 못했고 전문적 기술 축적에도 기여하지 못했다.

---

10 KDI, 〈제5차 5개년 계획 수립을 위한 정책협의회 토의 내용: VIII. 경제운용 방식의 전환〉, 1980, 29~30쪽, 나웅배 전 재무부 장관의 발언.

기존 제조업체의 수출물량을 집약한다는 명분으로 종합상사를 육성하고 정부가 자금을 지원했으나, 이는 자금의 효율적 배분 및 생산업체의 기술축적 전문화에 부정적 영향을 미친 정책이었으며 지원된 금융이 인위적 실적 달성을 위해 남용되었다.

과거에 대기업을 육성할 때 사업계획 타당성, 즉 원리금 상환능력, 시장상황, 기술능력 등에 대한 고려 없이 금융이 지원되었다. 정부-기업-은행의 관계에 있어 성격 전환이 요구되며 정부가 시행착오를 인정하고 노력해야 한다.

금융기관이 자율성을 회복하여 분권화가 이루어진다면 민간기업이 자율적으로 책임을 가지고 경제 여건에 적응할 수 있을 것이며, 정책 부문은 정부, 비정책 부문은 민간기업이 책임질 수 있는 풍토를 조성해야 할 것이다.

KDI는 1980년 8월에 '금융자율화 방안에 관한 정책협의회'를 또다시 개최하여 낙후된 금융산업의 정상화 문제에 대해 일반 국민들과 정책담당자들의 관심을 환기시키는 노력을 지속했다.

이때 나온 결론을 살펴보면, 금융의 자율화와 민영화를 추진해야 하고, 이자율 결정 등 통화정책의 독립적 수행이 필요하며, 금융산업의 국제화가 이루어져야 한다는 것이었다.

금융시장 자율화 일보 진전

1980년 12월 3일 청와대 경제정책회의에서는 일반은행의 경영자율화가 주요 내용인 금융자율화 방침이 최종 확정되었다.

1981년부터 시중은행 민영화, 정책금융 축소, 각종 금융기관의 업무규제 완화, 외국 금융기관과의 합작은행 설립 등이 추진되기 시작했다. 1981년 이후 7개 은행이 민영화되었다. 1982년과 1983년 사이에 시중은행 2개와 투자금융회사 12개, 상호신용금고 58개 및 투자신탁회사 1개가 신설되었다.

금융상품 다양화와 금리자유화 측면에서도 이 무렵 약간의 진전이 있었다. 은행이 환매조건부 매매와 양도성예금증서CD: Certificate of Deposit 업무, 신용카드 업무 등을 취급할 수 있게 되었다. 팩터링factoring과 기업어음CP, 어음관리계좌CMA 등 신종 금융상품도 단기금융시장에 속속 등장했다.

KDI는 1981년 8월에 발간한 《국가예산과 정책목표》에서 "정부의 금융기관에 대한 주식 과다 보유와 내부경영 간섭, 정책금융 비대 등이 금융발전에 큰 걸림돌이 되고 있다"고 지적했다. 따라서 "정부규제 최소화 및 시중은행의 단계적 민영화 등을 통해 금융기관의 경영자율화, 책임경영제를 확립하고 금융시장 발전의 계기를 마련해야 한다"고 촉구했다.

금리 결정 측면에서는 정책금융 축소와 공금리 실세화公金利 實勢化, 금융기관의 자율적 금리 및 예대預貸 마진 결정이 필요하다고 강조했다. 대형 부실기업 처리에서도 정부가 아닌 주거래은행을 통한 간접적 처리가 필요하다고 주장하여 금융시장 기능을 회복할 것을 권고했다.

다음은 남상우 박사가 이 보고서에서 정책금리 축소와 금융시장 자율화 방안을 제시한 내용이다. [11]

부실화된 민간기업은 정부가 인수하기보다는 주거래 은행으로 하여금 처리토록 해야 할 것이다. 또한 합리적 자원배분을 유도하기 위해서는 정책금융은 점진적으로 축소 조정하여 금융기관의 자율성과 창의력을 보장하도록 해야 할 것이며, 금융정책 고유의 기능인 경기조절기능도 회복시키도록 해야 할 것이다. 특히 인플레이션 창출 가능성이 높은 금융자금에 의한 정책금융은 점차 폐지함으로써 재정에 의한 이차보전을 축소해야 할 것이다.

그러나 정책금융이 존재한다는 가정하에 모든 경제운용이 추진되어온 우리나라에서 이것의 급격한 폐지나 축소에는 한계가 있을 것이다. 따라서 우선 1차적 방법으로 정책금융의 종류와 금리를 단순화하고, 일반 금융과 금리차를 축소 조정하며, 또한 정책금융의 축소에 대한 보완대책을 강구해야 할 것이다. 즉, 기업에 대한 정책금융을 축소하는 대신 외부경제 효과가 높은 기능에 대하여 정부의 재정 보조를 강화한다든가 혹은 자금부담을 완화해 줄 수 있을 것이다.

---

11 박종기·이규억 편, 《국가예산과 정책목표: 1981년 예산평가》, KDI, 1981, 91쪽.

1980년대 금융시장 자율화에 대한 평가

KDI는 1980년대 금융시장 자율화 및 개선 조치에서 일정 부분 한계가 드러났다고 보았다. 금융시장은 진입제한 및 위험관리에 따른 규제적 속성 때문에 본질적으로 경쟁시장이 되기 어려운 속성이 있다.

더구나 은행이 민영화된 후에도 은행장 등의 임면과 정책금융, 금리 결정 권한은 여전히 정부의 통제하에 있었다. 기관 간 담합과 금리 가이드라인 제시 등으로 금리가 경쟁적으로 결정되지 않았으며, 규제 회피를 위한 비정상적 금융 관행으로 시장의 혼란이 초래되는 경우가 많았다.

KDI는 1982년 보고서를 통해 금융자율화와 관련한 논의와 원칙의 확인에도 불구하고 몇몇 금융기관이 신규 설립되고 일반은행의 인사, 조직, 보수, 예산 등에 대한 감독과 규제가 다소 완화되는 데 그쳐 이 시기 금융개혁이 속도나 질적인 측면에서 크게 미흡했다고 평가했다.[12]

1980년대 초반에는 KDI에서 별도의 금융팀을 구성하지 못한 상태라서 금융을 전공한 외부 교수들이 KDI의 의뢰를 받아 금융연구를 하는 경우가 많았다.

남상우 1970년대 후반부터 1980년대 초반까지 KDI 금융 분야에서 비대한 사채시장을 제도권으로 끌어들이기 위한 연구를 진행했습니다. 단자회사의 발전 방향이나 상호신용금고 발전 방향 등을 고찰했지요.

그때만 해도 KDI에 금융팀이 따로 있지는 않았습니다. 1980년 초반에 재무부가 중심이 되어 강경식 재무부 장관과 김재익 수석 같은 분들이 나서서 금융자율화와 금융실명제를 해야 한다고 주장하셨습니다. KDI는 그분들과 자율화의 호흡을 맞추던 김만제 원장님 등이 기회 닿을 때마다 이론적으로 지원해 주는 정도였지, 금융팀이라는 이름으로 따로 연구할 상황은 아니었습니다.

저보다 앞서서 금융을 연구하신 분들을 보면 KDI에 풀타임으로 계신 분들이 아

---

12 남상우, 《1982년 경제전망과 경제운용 과제》, KDI, 1982, 69쪽.

니었습니다. 박영철 고려대 교수님 등 대학교수 한두 분이 금융연구를 하시는 정도였죠. 나중에 금융을 제대로 공부한 박사들이 KDI에 들어오면서 본격적인 금융팀이 구성되었습니다.

KDI, 선물시장 설립 주장

1980년대 중반 들어 KDI는 국내 금융시장 최초로 선물시장 설립을 권고하는 정책보고서를 발표했다. 1985년에 《해외선물시장의 활용방안》이라는 연구보고서를 낸 데 이어 1986년에는 선물시장의 경제적 기능과 이론적 근거를 제시하고 국내 선물시장 조성의 타당성을 분석하여 선물시장 설립을 권고했다. [13]

당시까지 국내 농산물과 광산물 등 1차산업 상품 가격은 수급구조상의 문제로 극심하게 변동하며 생산농가뿐만 아니라 일반 소비자에게도 막대한 손실을 입히는 일이 반복적으로 발생했다. 가격변동성을 줄이기 위해 정부는 수매 비축, 출하 조정, 가격예시제 등 가격안정책을 실시했다. 그러나 정부의 시장개입은 높은 재정부담이 동반되었고, 가격안정화 기능에 한계가 있었으며, 자칫 시장기능 위축으로 이어질 우려가 있었다.

KDI는 농산물과 광산물의 가격변동성을 줄일 수 있는 시장친화적 대안으로 선물거래 도입을 권고했다. 선물거래는 금융의 위험전가hedge 기능을 활용하여 실물시장의 가격안정을 꾀하며, 재고관리와 상품의 미래가격 발견 기능을 수행한다. KDI는 국내 선물시장 설립을 위한 대상 연구 품목으로 쌀, 소맥, 대두, 옥수수, 채소 및 특용작물 등 28개 상품을 선정했다. 최종적으로 14개 품목이 가격변동성 기준이나 시장 규모 기준에서 선물거래에 적합함을 보였다.

다만 국내 금융시장에서 선물시장 운영 경험이 전혀 없었던 것을 감안하여 주가지수 선물 등 금융선물 거래를 먼저 도입하여 기법과 거래관행 확립 및 경험을 축적

---

13 이선·김승중, 《국내 선물시장 설립의 경제성 분석》, KDI, 1986.

한 후에 단계적으로 금, 은과 축산물, 곡물 등 상품선물시장으로 확장할 것을 권고했다.

　재무부는 KDI의 권고대로 1991년 〈선물거래법〉을 제정하고 준비 기간을 거쳐 1999년 4월에 미국 달러선물, 양도성예금증서 금리선물, 금金선물, 미국 달러옵션 등 4개의 금융선물시장을 개장했으며, 이후 상품선물시장을 도입했다.

2장

1980년대 금리자유화 연구

KDI의 금리자유화 연구

금융시장 자율화 조치와 함께 1981년 CP 금리자유화를 시작으로 일부 단기 금융상품에 대한 금리자유화 조치가 시도되었다. 1981년 후반부터 1982년 3월까지 6%p 이상 금리를 내렸고, 1982년 6월에도 6·28 조치를 통해 금리를 추가로 인하했다. 인하된 금리는 정책금융 여신금리와 비슷한 수준이었기 때문에 사실상 정책금융을 축소한 것이나 다름없는 효과가 있었다.

6·28 조치 바로 직전인 6월 18일에는 콜call거래 제도를 대폭 개편했다. 은행들이 높은 자금수요 때문에 만성적 지급준비금 부족을 겪고, 콜시장 금리가 낮은 수준에서 규제됨에 따라 은행들의 방만한 자금운용 및 콜시장 의존도가 높아지는 점 등을 개선하고자 한 것이다.[1]

금리자유화 및 장단기 금리 연결 효과를 높이기 위한 금융시장 간 연결과 통합이

---

[1] 당시 단기금융기관들의 콜머니 수요가 많았다. 시중은행들은 콜시장이 사실상 정부 보호 아래 있는 점을 이용하여 콜론 부문에서 방만한 자금운용을 했다.

KDI의 주요 연구과제로 등장한 것은 이 무렵이다. KDI는 김병주 교수가 1982년 작성한 연구보고서를 통해 당시 정부의 콜시장 및 금리정책에 근본적 개혁 취지가 결여되어 있고 논리상 문제가 있음을 지적했다. [2]

제2금융권인 비은행금융기관의 참여를 허용하고도 콜시장의 무게중심이 제1금융권에서 제2금융권으로 이동하는 것을 막기 위해 비은행 금융기관의 콜머니 차입 시에는 110% 적격증권담보를 설정하도록 하고 한도를 제한하는 등 여러 가지 제한을 둔 모호한 입장임을 적시했다. 또한 콜시장 금리를 자유화할 경우 금리상승 압력으로 작용할 것을 우려하여 콜금리를 규제한 점에 대해서도 콜시장의 각종 제한을 풀어 사실상 단일 단기자금시장으로 발전시키고 금리정책의 효율성을 높여야 한다고 권고했다.

1984년에는 대출금리의 밴드제가 시행되어 처음으로 은행이 자율적으로 차입 기업의 신용도에 따라 금리에 차등을 둘 수 있게 되었다. [3] 1984~1987년의 기간 동안에는 콜금리와 무보증 회사채, 양도성예금증서, 금융채 등의 금리자유화가 차례로 발표되었고 저금리 기조가 형성되었다.

3저 호황과 금융시장의 변화

국제 금융시장에서는 1985년 9월 뉴욕 플라자합의로 엔화가치가 오른 반면 원화가 저평가되었고, 국제 원자재 가격과 국제금리까지 하락하는 이른바 3저 효과가 나타났다. 그 덕분에 수출이 급격히 증가하여 유례없는 경상수지 3년 연속 흑자를 기록했다. 국내 총저축이 총투자를 상회하면서 기업의 자금부족이 해결되자 시장금리도 지속적 하락세를 나타냈다.

이제 금리를 자유화해도 큰 문제가 없으리라는 자신감을 바탕으로 1988년 12월

---

2 김병주, 《단기금융시장 개선방안》, KDI, 1982.
3 처음에는 0.5%p의 좁은 범위 내에서만 이루어졌다.

재무부는 의욕적으로 '금리자유화 계획'을 발표했다. 이때 금리자유화에는 이미 자유화된 증서 형태의 금융상품과 실적 배당상품의 금리자유화를 공식 재확인함과 동시에 모든 대출금리와 2년 이상 정기 예금금리를 자유화하는 조치가 포함되었다.

그러나 1988년 말 금리자유화는 타이밍이 너무 늦었다고 할 수 있다. 금리자유화 선언이 나온 시점에 경기가 급격한 하강 국면에 접어들었던 것이다. 부동산가격과 물가상승 압력이 1988년 말에 본격적으로 높아진 데다가 1987년 민주화 선언 이후 노사분규가 곳곳에서 일어나 수출 부진과 경기 후퇴가 가시화되었다.

경기가 급격히 둔화된 상황에서 금리가 올라가면 경기 악화를 부채질할 우려가 있었다. 금리자유화 기조를 유지하면서 금리상승을 막자니 통화팽창으로 대응할 수밖에 없었다. 그 결과, 금리자유화 발표 직후인 1989년 1/4분기 들어 매달 통화량이 엄청나게 늘었다.

부동산 투기와 물가상승 압력을 줄이기 위해 긴축적 통화관리가 필요한 시점에 금리자유화 기조를 유지하자고 무작정 통화량을 늘릴 수는 없다는 것이 재무부의 판단이었다. 결국 금리자유화 발표가 나온 지 얼마 되지도 않아 다시 금리규제에 들어갔고 통화관리도 강력한 직접 규제 방식으로 회귀했다.

당시 금리자유화 실패에 대해 금융팀장인 남상우 박사는 "금리자유화의 조정비용을 줄이려면 실물경제와 인플레이션 압력 등 거시경제 여건이 감안되어야 한다는 현실적 교훈을 얻는 계기가 된 경험이었다"고 말한다.

남상우 1987년에 6·29 민주화 선언이 나오면서 노사분규가 자주 발생하고 임금이 올랐습니다. 그 가운데 1986년부터 1988년까지 지속된 3저 효과에 따라 경상수지가 흑자가 되고 상당한 버블이 생겼습니다. 3년 동안 연평균 12% 정도 엄청난 성장을 지속했죠. 사실 저는 그때 경제를 훨씬 안정적으로 운영했다면 어땠을까 생각합니다. 금리자유화 같은 것도 그때 했으면 좋았을 거예요.

금융자율화 중에서 가장 중요한 것이 금리자유화인데, 호황기에는 워낙 투자수요가 많으니까 금리가 좀 올라도 별로 큰 타격을 안 주거든요. 금리자유화를 하면 금리가 일단 오를 테지만 당시에 어차피 은행들은 온갖 변칙적 수단을 동원해 금리

규제를 우회하는 방법을 쓰고 있었습니다. 타격이 그리 클 것도 아닌데 재무당국이 금리상승을 너무 겁냈다고 할까요?

그런데 이미 경기가 하락하기 시작한 1988년 말에야 금리자유화를 한다고 발표했거든요. 그때는 이미 노사분규로 임금이 크게 올라갔고 부동산 버블도 상당해서 결국엔 스태그플레이션 비슷한 현상이 발생하니까 금리자유화가 후퇴했지요. 3저 시대에는 수출이 잘됐었는데 나중에 미국의 압력으로 환율이 평가절상됐잖아요? 그래서 거시경제가 꼬인 것입니다. 경기 버블이 꺼지지, 인플레이션은 우려되지, 수출이 잘 안 되기 시작하면서 경상수지 적자가 발생해 경제가 슬로다운slow-down하는 기미가 보이니까 금리를 자유화하지 못하게 되었지요.

결국 우리 경제가 3저 호황기에 너무 취해 있었던 거죠. 사실 거시경제의 안정적 운영과 금융발전이라는 차원에서 본다면, 1986~1988년 기간에 좀 더 안정적으로 가고 금융자율화도 좀 더 추진하고 그랬더라면 좋았을 텐데 하는 아쉬움이 있습니다.

이 시기에 금리자유화는 대폭 후퇴했지만 1989년 10월 업권별로 나뉘어 있거나 제한받던 콜시장이 KDI의 1982년 정책 권고대로 단일시장으로 통합된 것은 나름대로 의미 있는 일이었다. 콜시장 통합으로 금융시장 전체의 효율적 자금 분배가 이루어지고 콜금리와 장단기 금리 간 연결이 원활해지는 등 금리자유화를 위한 기초적 제도 개혁이 일부 진행되었다.

KDI는 1980년을 관통하는 한국 금융시장에 대한 종합평가로 *Korea's Financial Reform since the Early 1980s*라는 영문 보고서를 발표했다. 4

남상우 KDI에 있다 보면 외국 학자들이 방문하거나 외국 기관에서 영문 자료 같은 것을 찾는 경우가 많습니다. 그래서 1980년대에 한국에서 추진된 금융자율화를 종합적으로 평가한 영문 보고서를 냈습니다.

당시 자율화가 굉장히 느리고 조심스럽게 진행되었고 은행권은 아직도 손발을 묶

---

4 남상우, *Korea's Financial Reform since the Early 1980s*, KDI, 1992.

어 놓은 채 비은행금융기관만 좀 풀어 준 결과가 되었습니다. 제2금융권은 금리규제도 상당히 느슨했고 진입장벽 같은 것도 상당히 낮아서 금융기관이 많이 생겼고 재벌기업들까지 제2금융권에 상당수 들어 왔습니다. 영문 보고서에서 그러한 규제의 비대칭성이 1980년대 한국 금융시장의 중대한 문제를 낳았다고 평가했습니다.

또한 1980년대 초반 금융자율화 조치 때 가장 먼저 나온 것이 시중은행 민영화였죠. 1981년부터 1983년까지 정부가 20~30% 정도씩 가졌던 지분을 시중에 다 매각했는데, 상업은행이 가장 먼저 민영화되었고, 다음으로 나머지 4개 은행을 민영화했습니다. 그 후 은행을 신설했는데, 신한은행, 한미은행 등이 그때 생겼습니다.

그런데 평가하자면 시중은행이 민유화民有化되었지만 민영화民營化는 안 된 상황이었습니다. 낙하산 인사가 빈번했고, 은행 임원들은 책임경영보다 정부에 줄을 대서 승진하는 풍토가 있었습니다. 그것이 결국 도덕적 해이moral hazard잖아요? 그런 것들을 지적했는데, 결국 이런 도덕적 해이가 누적되어 나중에 1997년 외환위기 때 민낯이 다 드러난 거죠.

다만 1980년대 전반기에 경쟁 촉진을 명분으로 각각의 금융기관 업무영역을 확대시켜서 업권 간 경쟁을 유도한 것은 의미가 있었습니다. 은행의 신용카드 업무도 확대하고 CD라든가 환매조건부채권RP: Repurchase Agreements 업무도 하게 해 주었지요. 대신에 다른 비은행금융기관들도 CP Commercial Paper, CMA Cash Management Account 등의 업무를 허용했습니다. 이런 내용을 보고서에서 종합했습니다.

공기업 효율성 제고 연구

1장

공기업 효율성 평가의 시작

'한전 경영 보너스' 사건

1980년 말 어느 날, 김재익 대통령비서실 경제수석이 KDI의 사공일 박사에게 한 통의 전화를 걸었다. 한국 공기업 개혁의 기나긴 대장정大長程을 예고하는 결정적 계기가 된 전화였다.

김 수석이 전화한 이유는 한국전력공사(이하 한전)에서 "지난해 당기순이익이 과거 3년 평균보다 260%나 높게 발생했으니 그 일부를 직원들에게 특별 보너스로 지급할 수 있게 해 달라"고 청와대에 요청했기 때문이다. 한전의 요청에 전두환 대통령은 "보너스를 지급하여 한전 직원을 격려할 뿐만 아니라 다른 공기업들도 자극받아 더 열심히 할 수 있게 해보라"고 지시했다. 그는 이렇게 보너스를 지급하는 것이 과연 타당한지 물었다.

KDI에서 1970년대 중반부터 대규모 공기업 연구를 진행한다는 것을 알았기 때문에 사공일 박사에게 전화한 것이다. 1973년부터 KDI에서 연구를 시작한 사공일 박사는 당시 한국 공기업이 비효율적으로 운영되고 있음을 지적하고 그 개선책을 지속적으로 제시하고 있었다.

공기업이 비효율적으로 운영되는 것은 비단 한국만의 문제가 아니라 가난한 개발도상국이 공통적으로 겪는 문제였다. 개도국의 경제발전을 지원하는 세계은행과 유엔에서도 개도국의 공기업 경영합리화를 위해 여러 연구를 추진했다.

당시 캐나다 국제개발연구센터IDRC: International Development Research Centre에서 KDI의 사공일 박사에게 아시아 개도국의 공기업 연구를 수행하도록 요청하여 한국을 포함한 9개국의 공기업 경영합리화를 본격적으로 연구하게 되었다. IDRC는 개도국의 연구를 도와주는 민간 공익법인이었다.

아시아 개도국의 공기업 연구를 수행하면서 사공일 박사는 1975년 9월 한국에서 1주일 동안 KDI와 IDRC 공동 주최로 9개국 학자들을 초청하여 공기업 심포지엄을 개최하는 등 활발한 연구활동을 수행했다. 1979년 1월에는 아시아 개도국의 공기업에 대한 종합 보고서를 출간했다. [1]

당시만 해도 개도국의 공기업과 정부투자기관은 비능률의 대명사였다. 특히 방글라데시, 인도, 파키스탄 등의 경제는 사회주의적 요소가 많아 이들 공기업을 어떻게 하면 능률적 조직으로 만드느냐는 것이 개도국을 발전시키는 데 가장 핵심 관건이었다. 그때 IDRC는 한국만 용역을 준 것이 아니라 아시아 8개국에 용역을 동시에 주었는데, 사공일 박사가 9개국 전체의 총괄 코디네이터가 된 것이다. 사공일 박사는 총괄 코디네이터로서 나라마다 다른 공기업의 개념 정의와 범위 등에 대한 합의를 이끌어내고 동일한 연구방법론을 적용하여 연구 결과를 비교, 검토하는 역할을 수행했다.

1979년 11월 사공일 박사는 한국 공기업에 관한 연구보고서를 출간했다. [2] 이 보고서에 따르면, 이념적 동기에서 국영기업을 선호하는 인도와 비교해 볼 때 한국 공기업의 국민경제적 중요성은 인도보다 더 높았다. 총고정자본 형성 측면에서 한국 공기업은 33. 2%를 담당하여 인도 공기업 부문의 30%보다 더 높았고, 산업의 전후방 연관효과 면에서도 높은 산업연관 관계를 가진 것으로 나타나 공기업 경영합리

1 사공일, *Macro-Economic Aspects of Public Enterprise in Asia: A Comparative Study*, KDI, 1979.

2 사공일, *Macro-Economic Aspects of the Korean Public Enterprise Sector*, KDI, 1979.

화가 민간 산업 부문에 미치는 영향력이 매우 높은 것으로 분석되었다.

이 보고서는 또한 한국 공기업이 국민경제적 중요성에도 불구하고 최고 경영진의 임명이 해당 산업의 전문성보다 정치적 동기에 의해 영향을 받는 것이 가장 큰 장애요인임을 지적하고, 공기업 경영에 대한 올바른 경영평가제도가 검토되어야 한다고 주장했다.

대부분의 개도국에서 사회적 인프라 산업, 즉 전력과 철도, 통신, 항만 등의 건설과 운영은 국영기업이나 공기업이 맡는다. 개도국 경제의 특징으로 정부 및 공공 부문 비중이 민간 부문보다 훨씬 크고 비대하다는 점이 자주 지적되는 것은 이 때문이다.

사장의 별 개수가 공기업 능력인가?

경제개발 초기에 한국 공기업을 통제하기 위해 만들어진 최초의 법은 1962년 제정된 〈정부투자기관 예산회계법〉이다. 그러나 이 법은 정부투자기관의 효율성을 높인다는 제정 취지와 달리 공기업에 강력한 예산상의 통제를 가한 셈이 되어 투자기관의 경영자율성이 실종되는 결과로 이어졌다.

1973년에는 〈정부투자기관 관리법〉이 제정되어 임원의 명칭 및 임기, 선임 방법 등이 획일화되었다. 동시에 투자기관의 기본 운영계획, 심사분석 등에 관한 명문 규정이 신설되었고 재무부 장관에 의한 경영분석제도가 신설되었다.

사공일 박사의 연구에 따르면, 이 법 역시 감사나 평가 등의 객관성과 상호연계성이 희박한 데다가 통제 담당자의 빈번한 교체 등으로 전문성이 결여됨에 따라 통제의 일관성이 점차 사라져 투자기관의 경영효율성을 향상시키지 못한 채 통제만 더욱 강화하는 결과를 낳았다.

그리하여 비계량적·비공식적 통제가 늘어났고, 사전적·지시적·임시적·비조직적 통제와 감독의 폐해가 커져 공기업의 자율성을 위축시켰고 경영효율이 하락하기 시작했다. 공기업 임직원들은 사소한 경영행위 하나하나를 다 관할 부처에 보고하고 지시가 내려올 때까지 기다려야 했을 뿐만 아니라 얼마 안 되는 출장비 자금집 행도 모두 상급 부처의 결재를 받아야 했다.

그 결과, 계층적 지위체계의 경직성, 불신주의적 감시 및 통제, 폐쇄적 조직운영과 비밀주의, 목적보다 절차를 중시하는 목적대위目的代位 경향 등 온갖 관료적 폐단이 공기업에 만연하게 되었다. 또한 권한이 없는 만큼 책임도 지지 않는 등 공기업 임직원들의 수동적 행태가 일상다반사日常茶飯事였고, 공기업은 정부 부처의 비효율적 집행기구로 전락했다.

인사에서도 군사정권 시절 공기업 임원은 대부분 상급 관청의 공무원이거나 장성급 낙하산이었다. "사장이 군에 있을 때 달았던 별의 개수로 공기업의 힘이 결정된다"는 우스갯소리가 회자되기도 했다.

공기업들의 설립목적이 희미해지고 경영효율성이 계속 저하되자 공기업 경영효율성을 향상시키는 방안을 찾고자 KDI와 경제기획원은 지속적으로 문제의식을 가졌다. 이에 따라 1978년에 만들어진 안정화 시책에서 공기업 민영화가 언급되었다.[3] 특히 1980년대 초반 시장기능 회복과 경쟁을 통한 경제 효율화, 국제 경쟁력 강화가 당면 목표로 대두되자, 공기업 효율성을 높이는 문제가 정책의 우선순위로 떠오르게 되었다.

김재익 수석이 한전 보너스 문제로 KDI에 전화한 것은 이러한 시대적 배경을 고려한 것이었다. 당시 사공일 박사는 한전이 정말 보너스를 받을 만한 경영 노력을 했는지 분석하려면 우연적 요소와 일회성 요소를 배제하고 전문적 경영평가를 할 필요가 있다는 의견을 제시했다.

---

3 1978년 12월에 작성된 대통령 연두 업무보고 자료 〈80년대를 향한 새 전략〉을 보면 '시장기능 활성화'라는 부제하에 "정부기업의 과감한 민간 이양을 검토, 추진한다. 금융기관 민영화와 정부출자기관의 주식 공개, 정부기업의 공사화를 추진해 능률을 높이고 재정부담을 줄여 나가야 한다"고 명시했다.

KDI 정부투자기관 관리제도 연구 착수

1981년 1월 경제기획원과 KDI가 공동으로 '정부투자기관의 효율성 제고를 위한 경영개선 방안 연구'를 시작했다. 김재익 수석이 사공일 박사의 건의를 받아들여 전두환 대통령을 설득하여 이루어진 것이다. 경제기획원은 일차적으로 포항종합제철(이하 포철), 한국종합화학공업(이하 종합화학), 한전, 대한석탄공사(이하 석공), 중소기업은행4 등 5개 기관을 대상으로 경영효율성 평가를 위해 예비연구pilot study를 하기로 하고 KDI에 정식으로 연구를 의뢰했다.

일종의 예비연구를 하기 위해 KDI는 3월부터 사공일 박사가 주도하는 실무작업반을 만들었다. 그때 막 KDI에 들어온 송대희 박사와 외부 연구진이 합류했다.

송대희 제가 1980년 말에 KDI에 들어갔습니다. 원래 공기업을 전공한 건 아닌데 박사학위를 받기 전에 행정고시를 거쳐 공무원으로 일한 적이 있기 때문에 공공기관의 내부 사정을 알 만한 위치에 있었지요. 그러니까 김만제 원장님이 저를 이 작업에 합류시킨 겁니다.

1981년 3월부터 공기업을 전공한 행정학자 유훈 교수, 박동서 교수, 오석홍 교수, 경제학자 조정제 박사, 경영학자 곽수일 박사, 방석현 박사, KAIST의 이진주 박사 등 여러 전문가의 도움을 받아 가면서 연구를 시작했습니다. 재무 분석을 위해 한국은행과 산업은행의 실무자들도 참여했습니다.

KDI 공기업연구팀은 연구와 현장 실사를 위해 바쁘게 움직였다. 해당 기관 고위층의 협조를 받아 가면서 정부투자기관을 방문하여 여러 가지 자료를 수집했다. 각종 서베이와 현장조사 등을 통해 공기업 생산성 향상을 저해하는 여러 가지 문제점에 관해 소상히 파악할 수 있었다.

당초 공기업 연구의 기폭제가 된 '한전의 이익 급증 미스터리'도 확인했다. KDI

---

4 중소기업은행은 이후 은행의 특수성을 이유로 제외되었다.

에서 사공일 박사의 이야기를 듣고 1980년 한전 결산서를 처음 들여다본 사람은 송대희 박사였다.

한전의 당기순이익은 그 전년에 비해 두 배 이상 증가한 1,200억 원 정도로 나타났다. 한전의 당기순이익이 증가한 이유는 그해에 강수량이 넉넉하여 전력생산 단가가 낮은 수력발전을 자주 가동시켰기 때문이었다. 경영을 잘해서가 아니라 운을 하늘에 맡긴 '천수답天水畓' 같은 결과였던 것이다.

경상가격 평가에 따른 회계 착시현상 파악

공기업연구팀은 또한 조사 대상 공기업들이 이익률을 경상가격으로 평가하여 회계 착시현상이 발생하는 점을 파악했다. 경상가격 구조가 변경되어 요금이 오르거나 비용이 내리면 이익률이 증가하여 마치 경영효율이 증진된 것처럼 오해를 불러일으키는 것이 문제였다.

송대희 공공기관에서 자료를 구해 우리가 새롭게 고안했던 생산성 향상 평가 기준을 적용하여 한전의 경영분석을 해보았는데 재미있는 현상을 발견했습니다.

경영고정자산에 영업이익을 대비하는 통상적인 '경영자본영업이익률'[5]을 계산해 보니까, 이게 1978년보다 1979년이 월등히 좋고 다음 해인 1980년도 좋게 나왔어요. 마치 1979년과 1980년에 한전의 경영 생산성이 크게 증가된 것처럼 나타났죠. 실질적 경영생산성은 오히려 나빠졌는데도 말입니다. 왜냐하면 경상가격 구조가 변경된 상황에서 경상가격을 기준으로 했기 때문이죠. 한전의 1980년 경영자본이익률은 경상가격 기준으로 전년보다 8.5% 높아졌지만 불변가격 기준으로는 전년보다 오히려

---

5 경영자본영업이익률operating income to business capital은 총자본 중 기업의 경영활동에 직접 투입된 경영자본에 대한 영업이익의 비율이다. 경영자본은 총자본에서 건설가계정 및 투자용 보유자산(투자목적 증권 및 부동산 등), 이연자산을 제외한 고정자산과 유동자산을 포함한다. 실제 경영에 투입되는 자산, 즉 발전시설 등 경영에 투입되는 고정자산과 유동자산을 가지고 얼마나 많은 영업이익을 창출시켰는지 보여 주는 지표이다.

0.8% 감소한 것으로 분석되었습니다.

홍은주 당기순이익이 급증한 이유가 경영성과의 결과가 아니라 물가와 가격 요인이었던 셈이니 한전의 보너스 요청은 물 건너갔겠군요(웃음).

송대희 그렇습니다. 경상가격 기준 경영자본이익률로 한전의 경영효율을 평가해 보면 한전이 경영을 아주 잘한 것으로 나옵니다. 그런데 당시 KDI 연구팀이 실질적 공기업 경영생산성 측정을 위해 개발했던 새로운 평가지표인 공공이익률로 계산해 보면 경영효율이 확 떨어진 것으로 나타났어요. 공공이익률은 물가나 가격인상 효과를 배제하고 불변가격으로 실질적 경영생산성을 측정하는 것입니다.

그래서 우리가 무슨 결론을 내렸는지 아세요? "물가가 올라 한전 전기료가 따라 오르면 매출이 늘고 돈이 풍성풍성 벌어지는 것처럼 착시현상이 느껴져 카펫도 새로 깔고, 직원식당 메뉴도 바꾸고 비용을 많이 쓴다. 그렇게 써도 회계적으로 당기순이익이 많이 남는 것으로 보이니 바로 여기에 방만 경영이 숨어 있다"는 겁니다.

우리가 실질적으로 생산성이 올라가는 공공이익률을 기준으로 한전, 종합화학, 한국전기통신공사(현 KT) 등의 경영에 대해 예비연구를 했습니다. 그리고 "불변가격을 기준으로 생산성을 측정해야 공기업이 실질적으로 국민에게 도움이 된다. 그렇지 않으면 가격상승 때문에 착시현상이 일어난다"는 결론을 내리고, 나중에 대통령에게 보고했습니다. 한국 공기업의 실질적 경영개선을 평가할 수 있는 새로운 평가 프레임을 만들어야 공기업의 생산성을 정확히 판단할 수 있다고 보고한 것입니다.

최초의 KDI 공기업 예비연구는 1981년 9월에 마무리되었다. 대통령 보고서를 최종적으로 가다듬기 위해 남산 중턱에 있는 한 호텔방에 사공일 박사와 송대희 박사, 청와대 경제비서관실의 장승우 과장(후일 기획예산처 장관, 해양수산부 장관)이 모였다.

이들은 며칠 밤을 지새우며 열띤 토론을 통해 논리적 허점이 없는지 면밀히 점검하면서 보고서를 마무리했다. 당시 KDI와 경제기획원 간에는 이처럼 긴밀한 협력관계를 맺는 일이 자주 있었다.

공기업 경영효율 문제 제기

대통령에게 전달된 KDI 보고서에 따르면, 공기업이란 "체신사업, 철도사업, 전매사업 등을 수행하는 정부기업과 정부의 직접 출자가 50% 이상인 정부투자기관 및 정부투자기관의 자회사 등"이며, "정부의 직접 출자가 50% 미만이라도 해당 기업의 CEO를 정부가 임명하여 내부 의사결정에 정부가 사실상 영향을 행사하는 기업"이라고 정의된다.

보고서는 당시 한국 공기업 부문의 GDP 대비 부가가치 비중은 인도나 파키스탄 등 사회주의 국가의 공기업 비중과 비슷한 수준이라고 밝혔다. 또한 국내 총고정자본형성의 4분의 1 정도인 27.6%를 공기업 부문이 담당할 정도로, 공기업이 국민경제에서 차지하는 비중은 매우 높다고 평가했다.

공기업 부문의 효율성이 개선되어야 할 핵심적 이유로 "재정지출 규모가 워낙 방대하여 공기업 생산원가의 5% 정도만 절감되어도 당시 교육 부문을 제외한 복지사회개발 부문 예산총액과 맞먹는 GNP의 1.7%에 해당되는 6,000억 원가량이 절감될 수 있기 때문"이라고 지적했다. 보고서는 또한 산업연관효과 분석 관점에서 보았을 때 공기업은 대부분 전기, 통신, 도로, 철강 등 상위 부문upstream에 속하기 때문에 차제에 공기업의 효율성을 높이면 이에 의존하는 모든 하위 부문downstream 민간 산업활동의 효율성과 국제경쟁력이 자동적으로 높아질 것으로 보았다. 6

KDI 연구팀은 공기업 경영효율을 저하하는 가장 큰 요인을 인사 적폐와 경영 자율성 미비라고 분석했다. 당시 조사 결과, 공기업 직원들은 고위관리직으로의 내부 승진이 막혀 있어서 의욕이 심각하게 저하된 상태였다. 예비연구 대상인 4대 공기업의 경우도 한전과 종합화학은 100%, 석탄공사는 95% 사장이 외부에서 왔고 임원은 절반가량이 외부에서 낙하산으로 왔다. 7 낙하산 임원들은 전문성이 부족했을 뿐만 아니라 정치적 변화에 취약해 임기를 끝내지 못한 채 중도 하차하는 경우가 허다했다.

---

6 이원희·라영재 편, 《공공기관 경영평가 30년, 회고와 전망》, 한국조세재정연구원, 2015, 75쪽.
7 임원의 낙하산 인사 비율은 한전 44%, 석탄공사 66%, 종합화학 42%, 포철 21%로 나타났다.

경영평가 기준도 후진적이어서 경영효율을 견인하기에는 역부족이었다. 경영평가에서 경영 외적 요인, 즉 국제원자재 가격 변동이나 정부 통제가격 변동 때문에 발생하는 손익 변동을 제대로 반영하지 못하고 있었다. 상여금 500% 중 200%는 경영성과에 따라 차등 지급하도록 되어 있으나, 실제로는 거의 200%씩 지급하는 등 고정 보수화되어 있어 임직원에 대한 인센티브 제도가 미흡한 것으로 평가되었다.

이 같은 분석을 바탕으로 KDI 보고서는 '경영자율화와 책임 원칙'에 따라 전면적인 공기업 개혁을 추진할 것을 권고했다. 대통령 보고는 연구책임자인 사공일 박사가 직접 진행했다. 이 자리에는 신병현 부총리와 김만제 KDI 원장, 김재익 경제수석, 김용한 경제기획원 예산실장(후일 과학기술처 차관), 박유광 경제비서관 등이 배석했다. 보고는 원래 한 시간으로 예정되었으나 대통령이 큰 관심을 보이고 질문과 답변이 이어지면서 두 시간 넘게 계속되었다.

결국 전두환 대통령은 신병현 부총리에게 "공기업 문제를 본격적으로 연구해서 해결방안을 마련하고 법제화를 추진하라"고 지시했다.

공기업 자율과 책임경영을 위한 지표 개발

이후 경제기획원은 KDI와 함께 본격적으로 정부투자기관 관리제도 개선 방안을 마련하고 〈정부투자기관관리 기본법〉 제정을 추진했다. 그러나 후속 추진 과정은 결코 만만치 않았다.

KDI 보고서의 핵심은 '공기업 자율 및 책임경영'이었다. 낙하산 인사와 정부 간섭을 배제하고 공기업 사장과 임원에게 자율경영을 맡기려면 책임질 수 있도록 합리적 경영평가를 해야 하므로, 짧은 기간 안에 누구나 납득할 만한 평가지표를 개발하는 지난한 작업이 남아 있었다. 또한 공기업 규제가 워낙 심했던 시절에 돌연 모든 간섭과 규제에서 손을 다 떼고 인사권까지 넘기라고 하니 개혁을 거부하는 조직적 저항도 대단했다.

KDI의 지원을 받아 경제기획원에서 이 어려운 작업을 담당한 사람은 김경섭 사무관(후일 조달청장)이었다. 그는 "정말 아무것도 모른 채 불구덩이에 섶을 지고 뛰어들었다"고 당시를 표현한다.

김경섭 제가 1982년에 경제기획원에서 공기업 예산과 업무를 맡게 되었습니다. 미국 연수에서 돌아온 날 경제기획원에 전화해 귀국 신고를 했더니 "일이 바쁘니 내일부터 당장 나와"라고 그래요. 알고 보니 제 전임자가 공기업 개편 일을 하다가 심한 스트레스로 병이 나서 제가 당장 그 일을 맡게 된 것이었죠.

　출근했더니 전임자가 저보고 "이 업무가 엄청나게 힘들다. 좀 고생할 거다. 내가 도저히 이 일을 못하게 되어 인수인계한다. 미안하다"고 하더라고요. 그때만 해도 이 일이 얼마나 고될지 아무것도 모르고 시작했습니다. 공무원 하면서 가장 힘들게 지낸 시기가 사실 그때였어요.

송대희 대통령과 경제수석이 관심을 가지고 강하게 밀어붙일 때였으니까 전임자가 혼자서 얼마나 스트레스를 받았겠어요.

김경섭 출근한 바로 그날부터 정말 죽을 고생을 했죠. 예산 업무는 그대로 하면서 KDI와 함께 공기업 개혁 방안을 따로 마련해야 하니까요. 그때는 투자기관들의 예산을 경제기획원에서 전부 심의해서 확정하던 때거든요. 제가 25개 정부투자기관 중에서 열몇 개 공기업 예산을 혼자서 다 검토하고 심의했어요. 그렇게 예산을 깎고 조정하고 편성하면서, 별도로 이 공기업 개혁 작업을 추진하라고 하니까 일이 두 배, 세 배로 늘었죠. 그때 제가 사무관이었는데 공기업 개혁안 관련 업무를 혼자서 거의 다 했어요.

　공기업 개혁안에 대해서는 'KDI가 공기업 효율화 제도scheme를 연구한 것을 어떻게 현실화·구체화해야 공기업이 효율적으로 작동될 수 있을까?'라고 깊이 고민했어요. 연구보고서는 이론적·원론적인 것이고 이것을 실제 법이나 제도로 시행하는implement 것은 또 다른 문제니까요.

　KDI의 방안은 '자율경영'과 '책임경영' 두 가지가 핵심이었습니다. 자율경영은 그렇다고 쳐도 어떻게 평가해서 책임을 물을 것인지가 문제였습니다. 또 그때는 공기업 이사들까지 전부 외부에서 낙하산으로 들어가던 시절인데 그런 사람들에게 전문경영을 요구할 수 없지 않나, 이건 어떻게 해결해야 하나, 여러모로 고민했죠.

경제기획원과 KDI의 공기업 연구진은 공기업 책임경영의 성패는 유효한 경영평가 지표의 발굴에 있다고 보았다. 잘못된 평가지표로 경영평가를 하는 것은 잘못된 설계도로 집을 짓는 것과 같이 위험하기 때문이다.

　'정부투자기관의 공적 책임public accountability과 경영자율성management autonomy의 조화를 통한 생산성 향상'이라는 목표를 실현하기 위해 구체적 공기업 평가지표를 개발하는 과정에서 초기에는 보스턴대 교수인 리로이 존스Leroy P. Jones 박사로부터 큰 도움을 받았다. [8]

'공공이익률' 개념의 도입

KDI가 개발한 새로운 공기업 경영평가지표 중 가장 중요하고 상징적인 경영평가지표는 불변가격 기준으로 산정한 '공공이익률' 지표였다. 경영평가지표로서 공공이익률이 갖는 특징은 첫째 불변가격 기준이라는 것과, 둘째 공공이익 기준이라는 것이다.

　기업이익을 불변가격으로 환산한 이유는 경영 외적 노력, 즉 물가상승이나 요금 인상에 의한 매출 증가 요소를 배제하고 순수한 경영 내적 노력의 성과를 측정하기 위해서였다. 한편 공공이익은 사회부가가치 창출과 일치하는 공기업 이익을 극대화하기 위한 전략 개념이었다.

　이 밖에도 가용자본 이용의 효율성과 생산성의 지표로 설정된 총자본투자효율[9]

8　리로이 존스 박사는 1974년부터 KDI 사공일 박사와 공동으로 한국 공기업에 대한 많은 연구를 수행했다. 1975년 한국 공기업이 한국 경제발전에 미친 영향에 관한 논문으로 하버드대에서 박사학위를 받았고, 보스턴대 경제학과 교수로 재직하면서 세계은행, IMF 등에서 공기업 컨설턴트로서 세계 여러 나라의 공기업 경영개선 작업을 자문했다.

및 공기업 직원 1인당 노동생산성 지표, 공기업의 장기적 발전을 담보하기 위한 각종 장기적 경영평가지표10 등이 개발되었다.

김경섭 우리가 공기업 평가를 한다니까 언론에서 많은 의문과 비판을 제기했어요. "공기업마다 산업마다 특성이 있는데, 당신들이 무슨 재주로 공기업 평가를 한다는 것이냐?"는 비판이 난무하더라고요.

그때 제 주장이 "평가의 퀄리티가 70점만 되더라도 안 하는 것보다는 훨씬 낫다"는 것이었습니다. "세상에 출발부터 완벽한 평가는 있을 수 없다. 일단 시작해서 보완하고 발전시켜 나가면 되는 것 아니냐?"고 반문했죠.

그러면서도 사실 속으로는 정말 걱정했어요. '제대로 평가가 될 것인가?' '평가해서 보너스 차등을 둔다면 얼마를 둘 것인가?' 만약 평가의 수용도가 낮은데 보너스 차등을 크게 두면 반발이 엄청나게 생길 거란 말이죠. 고민하다가 한전과 포철 등을 대상으로 시범평가를 한번 해보기로 했죠. 삼일회계법인의 김일섭,11 안경태12 회계사에게 연락해 도와달라고 요청해서 이분들과 같이 작업했습니다.

그 과정에서 다들 주말도 반납하고 밤도 지새우며 아주 고생했습니다. KDI와 경제기획원은 업무 주체이니까 당연한 고생이라고 할 수도 있죠. 그런데 회계사 두 분 입장에서는 정부 일이니 돈도 안 되고 비판과 말썽이 예상되는데도 사명감과 의욕을 가지고 열심히 도와주셔서 나름대로 타당성 있는 평가지표를 만들었습니다.

홍은주 최초로 평가지표를 만들 때 특히 어려운 요소는 무엇이었습니까?

---

9 기업에 투자된 총자본 대비 1년간 산출한 부가가치의 비율이다. 총자본에는 생산 과정에 투입된 경영자본은 물론 중장기 투자자본, 건설가계정 등 비경영자본이 모두 포함된다. 부가가치에는 인건비, 금융비용 임차료, 감가상각비, 법인세전 당기순이익 등이 포함된다.
10 KDI는 기업의 성장과 사회적 책임 이행을 유도하기 위해 경영계획, 기술발전 및 품질향상 관리제도 개선, 생산성 향상 노력 등을 장기적 경영평가지표로 사용할 것을 권고했다.
11 김일섭은 삼일회계법인 대표이사, 삼일회계법인 부회장, 이화여대 경영부총장 등을 역임했다.
12 안경태는 삼일회계법인 회장을 역임했다.

김경섭 특히 가격을 둘러싸고 논란이 이어졌어요. 인플레이션에 따른 가격상승을 어떻게 배제해서 지표를 만드느냐? 그래서 불변가격으로 하여 산업별 물가지수 개념인 디비지아divisia 지수를 만들어 가격상승을 배제하는 시도를 하고, 정량적 계량지표와 정성적 비계량지표 등을 만들었습니다.

그때 송대희 박사님이 보스턴대의 리로이 존스 교수가 만든 공공이익률이라는 지표를 가져왔는데, 그것에만 의지하기에는 한국 상황이 미국과 다른 요소들이 많아서 제가 자신이 없었어요. 이것저것을 추가로 보완하면서 에러가 덜 나오게 현실적 문제도 많이 고려했죠. 각 기관별로 분명한 경영목표도 정하고 이런저런 꾀도 내고 우회하고 돌파하면서 하나둘씩 평가지표를 만들어 나갔어요.

공기업 평가와 각 부처의 반발

작업 추진을 더 힘들게 한 것은 각 공기업 상위 소관부처들의 반대 목소리였다. 25개 공기업을 제조, 금융, 건설, 서비스업으로 분류하여 각각의 특성에 맞는 평가지표를 개발하려면 소관부처들의 협의와 조정이 필요했다. 그런데 이들이 '경제기획원이 모든 공기업 관리권을 우리에게서 다 빼앗아 간다'고 생각하여 운만 떼도 반대하고 나서니 도무지 일이 진척되지 않았다. 지난한 설득 과정이 뒤따랐다.

김경섭 KDI 보고서 내용을 기본으로 하여 제가 공기업 개혁의 큰 틀을 짜고 법안을 만들어야 했습니다. 그 작업만 해도 어려운 판에 각 공기업의 주무부처들이 벌떼같이 반대하는 거예요. 자신들의 기득권, 감독권, 발언권이 경제기획원으로 다 넘어간다고 생각했으니까요.[13] 경제부처 전체를 다 적으로 돌리는 셈이니까 사실 쉽게 추진하기 어려운 상황이었죠.

부처들 반대가 워낙 심해서 일이 잘 진척되지 않으니까 나중에는 청와대에서 "공

---

13 당시 공기업 평가 대상에 재무부가 관장하는 산업은행, 국민은행, 중소기업은행, 주택은행 등이 포함되어 있어 재무부가 반발했다. 또한 상공부가 관장하는 한전, 가스공사, 무역진흥공사 등이 포함되어 있어 상공부도 반대했다.

기업 효율화 추진 진행 상황을 대통령에게 매달 보고하라"는 지시가 내려왔어요. 전두환 대통령이 군 출신이라 그런지 뭐가 하나 옳다고 생각하면 불같이 추진하는 스타일이라 그랬던 것 같습니다. 이 지시가 엄청난 위력을 발휘했어요. 대통령에게 매달 보고하라고 하자 부처들의 저항이 조금 잠잠해졌습니다.

감사원의 문제 제기

그런 힘든 과정을 거쳐 평가지표를 만들어 공기업 시범평가를 한 후에도 어려운 상황은 끝나지 않았다. 이번에는 감사원이 시범평가가 잘못되어 정부 예산이 낭비되었다면서 정면으로 문제를 삼은 것이다.

표면적으로는 예산 낭비였지만 여기에는 공기업 평가 업무 주도권을 둘러싼 경제기획원과 감사원 두 기관 간의 물밑 알력이 자리 잡고 있었다. 감사원이 공기업에 대해 회계감사 차원에서 개혁 작업을 추진하고 있었는데 KDI의 지원사격을 받은 경제기획원이 경영평가지표를 먼저 만들며 치고 나가자 못마땅했던 것이다.

김경섭 감사원이 당시에 얼마나 심하게 감사했는지 몰라요. 우리가 시범평가에 근거하여 해당 공기업 보너스에 차등을 두었는데 감사원에서 그 결과에 시비를 걸었어요. 계산에서 뭐가 잘못되어 '우'가 될 공기업이 '수'가 되는 바람에 정부 예산이 더 집행되었다는 감사 결과가 나온 겁니다.

감사원의 지적이 틀렸다는 점을 확인하고 예산실장에게 보고했더니 문희갑 실장이 저보고 "이런 지엽적이고 말단적인 걸 지적하고 감사하면 도저히 행정을 할 수가 없으니 강하게 답변서를 써서 보내라"고 지시하시는 거예요.

그런데 강봉균 국장이 제가 답변서 쓴 걸 보더니 "예산실장은 대통령이 막아 주니까 괜찮지만, 당신과 내가 이렇게 강하게 써서 감사원에 보냈다가 감사원 미움을 받으면 공무원 생활을 계속할 수 있겠냐?"고 그러세요.

그래서 제가 표현을 조금 순화해서 예산실장에게 들고 갔더니 답변서를 확 던지더라고요. "이걸 누가 썼어?"라면서 강봉균 국장에게 혐의를 딱 두는 겁니다. 예산 실장실에서 난리가 벌어지니까 강봉균 국장이 들어와서 "내가 수습할 테니 자네는 나가 보게" 그러더라고요.

서류를 주섬주섬 주워서 나왔는데 결국 감사원과 경제기획원의 기관 간 감정싸움으로 이어졌어요. 문희갑 실장은 "우리가 잘못한 것이 없으니까 답변서 보내지 마시오"라고 해요. 한편 감사원에서는 경제기획원에서 답변서가 안 오니까 실무자들이 곤란해졌죠.

그때 제가 답변서 쓸 때 고민한 것을 모으면 책 한 권은 쓸 수 있을 겁니다. 같은 내용을 단어를 바꿔 이렇게도 써 보고 저렇게도 써 보고 ···. 나중에는 감사원 실무자와 제가 서로 머리를 맞대고 의논했어요. 이 문제를 의논하느라 둘이서 동지가 되어 결국 공동으로 답변서를 써서 간신히 넘어갔습니다.

홍은주 이런저런 어려움에도 강하게 밀고 나갔던 것은 공기업을 효율화해야 한다는 강한 시대적 의지가 있었던 모양이죠?

김경섭 그렇죠. 경제기획원과 KDI에 그런 공감대가 형성되어 있었습니다. 다른 부처들이 "경제기획원이 공기업 감독 권한을 다 독점하려고 한다"면서 반발이 심했죠. 하지만 경제기획원 조직 특성상 저는 부처 이기주의나 권한 독점 같은 걸 생각해 본 적이 없었어요. 홍은주 교수도 그 시절에 기자생활을 오래 했으니 분위기가 어떤지 잘 아시죠?

홍은주 경제기획원 문화가 참 자유로웠죠. 사무실은 물론이고 음식점에서도 식사하다가도 경제정책 방향을 둘러싸고 난상토론이 벌어지고 ···. 기자인 제가 볼 때도 시대적 소명의식이 높았습니다. 거기에 KDI가 이론적 파트너 역할을 했고요.

공기업 낙하산, 인사법으로 방지

공기업 개혁안의 첫 번째 핵심은 공기업의 지배구조governance 개편과 인사개혁이었다. 공기업의 지배구조 개혁은 우선 이사회 조직과 경영 조직을 상호 독립적으로 분리하는 것이었다. 이사회는 공기업의 모든 주요 사항에 관한 의결을 전담하고 이사회 결정이 최종 결정이 되도록 위상을 강화했다. 이사장과 이사는 각계에서 임명하되 비상임으로 하여 공기업 경영에는 직접 간여하지 못하도록 제도화했다.

이사회 조직을 비상임 사외이사로 구성하여 실무적 경영 간섭을 배제하게 한다는 아이디어는 1981년 6월 경제기획원과 KDI 담당자들이 대만을 방문한 자리에서 얻었다. 대만도 한국처럼 군사정권이었기 때문에 퇴역 장성을 비롯해 정부가 퇴직 이후를 보장해야 할 사람들이 적지 않았다. 대만의 경우 한국과 달리 이들에게 정부투자기관으로부터 생활비를 지급받도록 하되, 경영에는 일체 간섭하지 못하게 하는 제도적 차단장치를 두었다.

송대희 1981년에 사공일 박사와 경제기획원의 김무룡 국장과 함께 대만 출장을 갔습니다. 대만이 국영기업을 많이 보유했는데 경영을 잘한다고 소문이 났었거든요. 대만도 군사정권이잖아요? 방문해 보니 우리와 사정이 비슷해서 군인들이 전역한 후에 민간 부문 권력을 많이 잡고 있었어요.

대만 국영기업을 가 보니까, 각 국영기업마다 퇴역한 장성들의 리스트를 5~10명 정도 확보하고 한 달에 30만 원에서 50만 원씩 월급을 보내더라고요. 그런데 돈을 받는 퇴역 장성들의 얼굴도 모르고 그들이 나타나지도 않습니다. 이렇게 하는 이유는 퇴역 군인들로 하여금 대만 국영기업 경영에 관여하지 않도록 하기 위해서라는 것이었습니다.

군인들은 퇴역 후에 국영기업에서 재정 지원을 해 줘서 좋고, 국영기업은 군인들이 전문적 영역인 경영에 간섭하지 않도록 차단해 주니 그 제도가 좋다는 것이었습니다. "아, 그 아이디어 참 좋다!"고 느껴서 결국 우리가 외부 비전문가 인사의 경영 간여를 차단하기 위해 비상임 사외이사제도를 제안한 것이죠.

공기업 낙하산 인사의 폐해를 최소화하기 위해 KDI 보고서의 권고에 따라 채택된 공기업 사외이사제도는 오늘날 정부투자기관뿐만 아니라 거의 모든 기업과 금융기관에서 채택하고 있습니다.

KDI 보고서가 주장한 공기업 개혁의 두 번째 핵심은 평가의 공정성과 타당성, 투명성이었다. 이를 위해 경제기획원 내에 정부 각 부처의 차관급들과 다수의 외부 전문가들로 구성된 '정부투자기관 평가조정위원회'를 발족시키고 평가 및 인센티브 제도의 개선을 추진하기로 했다. 비금전적 인센티브와 병행하여 경영평가 결과에 따라 상여금 가운데 300%를 인센티브 레버리지로 활용하기로 한 것이다.

세 번째로, 정부의 경영 개입을 줄이고 공기업 경영의 자율성을 획기적으로 높이기로 했다. 인사제도 개혁과 관련하여 가장 중요하게 제시된 것이 본부장 이하 간부직은 외부에서 낙하산으로 오지 못하도록 아예 법으로 금지하는 것이었다.[14]

최고경영자CEO에게 인사권과 경영권을 위임하는 대신 경영실적을 평가하여 책임지도록 했다. 예산 편성과 집행도 정부는 가이드라인만 제시하고 구체적인 세목별 예산 편성과 이에 근거한 예산 집행은 공기업에 위임하기로 했다.

또한 공기업이 필요로 하는 물자는 예산 범위 내에서 스스로 판단하여 구매하도록 하고 대통령령이 정하는 시설공사 외에는 공사계약의 체결 방법 역시 투자기관에 전적으로 일임하기로 했다.

---

14 공기업 간부직의 외부 낙하산을 법으로 금지한 입법 사례는 공기업 개혁의 성공사례로 당시 세계은행 보고서에 인용되기도 했다.

기본법 제정과 40여 개 관련법 제정·개정

공기업 개혁방안은 1982년 12월 경제장관협의회를 거쳐 대통령의 재가를 받아 확정되었고, 이를 기본법에 담아내기 위한 법 조문화 작업이 시작되었다. 법의 명칭은 〈정부투자기관관리 기본법〉이었다.

이 법은 기존 법을 일부 개정하는 것이 아니라 처음부터 기본법을 만드는 작업이었다. 따라서 과거 공기업에 적용되던 관련법과 세법들까지 일일이 개정해야 하는 등 까다로운 법체계 조율 작업이 수반되었다. 〈예산회계법〉, 〈정부투자기관 관리법〉 및 각 기관 설립법 등 40여 개에 달하는 기존 법률을 폐지하거나 개정·보완해야 했던 것이다.

김경섭 그때 법조문을 만드느라 아주 많은 분들이 고생하셨습니다. 초기에 행정학자들인 유훈 교수님, 박동서 교수님 등이 호텔에서 꼼짝 못한 채 저에게 시달리면서 열심히 일하셨습니다. 이 법을 통과시킬 때 과장은 김익수 과장님이었습니다. 제가 공무원 시절 상사로 모신 분 가운데 머리 좋은 분 중 하나로 기억에 남는데, 법안을 만드는 데 지혜를 많이 보태셨습니다. 구체적으로 법 조문화를 할 때는 법제처의 윤장현 사무관에게 부탁했습니다. 윤 사무관은 아무 보상도 없이 엄청나게 고생하고 노력해서 조문화 작업을 도와주었습니다.

1983년 9월 무렵에 법안이 완성되었는데 초안을 만들고 난 후 법제처 심사할 때도 시간이 많이 투입되었습니다. 왜냐하면 수없이 많은 공기업 관련법이 있고 법마다 위계가 있을 뿐만 아니라 다른 법과의 상관관계가 있으니까 이걸 조정하는 일이 보통 복잡하지 않았어요.

다음으로 국회에 올라갔는데 이게 워낙 파급효과가 큰 법이다 보니까 해당 경과위는 물론 법사위에 올라가서도 한참 시비를 따졌어요. 아무튼 국회 본회의 통과까지 전 과정이 녹록지 않았습니다. 이 법과 관련해 이해관계가 있는 부처가 워낙 많고 언론에서 자꾸 문제 삼으니까, 말도 많고 탈도 많고 정말 시간을 오래 끌었죠.

고생 끝에 1983년 12월 드디어 기본법이 본회의 통과를 기다리고 있었다. 그런데 막판에 한 의원이 특정 조항을 가지고 계속 문제 삼았다. 잘못해서 회기를 놓치면 오랜 고생이 물거품이 되기 때문에 강봉균 국장(후일 경제수석, 재정경제부 장관, KDI 원장)과 김경섭 사무관은 가슴을 졸이면서 본회의에 대기하고 있었다. 그러다가 반대의 목소리를 높이던 그 국회의원이 화장실을 갔는지 잠깐 모습이 보이지 않았다.

김경섭 강봉균 국장이 마음이 급해서 "그 국회의원이 지금 자리에 없으니 이때 국회의장이 의사봉을 때려야 하는데, 이때 때려야 하는데 …"라면서 안절부절못하시는 겁니다(웃음). 혹시라도 법 통과가 안 될까 봐 우리가 그 정도로 가슴을 졸였어요. 다행히 통과되고 난 뒤에 강봉균 국장이 제 손을 꼭 잡으면서 "당신 정말 수고했다"고 하셨습니다.

제가 이런 이야기까지 하는 것은 공기업 효율성을 높이기 위해 KDI가 시작한 정책연구가 법으로 정착되기까지 수없이 많은 전문가들이 노력했고, 엄청난 고민과 불면의 밤이 있었다는 것, 입법 과정에서도 여러 사람의 고생과 도움이 컸다는 사실을 뒤늦게나마 증언하고 싶어서입니다.

〈정부투자기관관리 기본법〉의 제정

1983년 12월 마침내 〈정부투자기관관리 기본법〉[15]이 통과되었다. 1984년 3월부터 발효된 이 법은 적용 범위와 정부투자기관 운영위원회, 경영목표의 설정뿐만 아니라 경영실적의 보고와 평가, 정부투자기관의 조직·임원·운영 등에 대해 상세히 규정했다. 기본법 제정과 함께 다수의 관련법이 제정 또는 개정되었다.

송대희 공기업 입장에서 보면 임원진의 외부 낙하산 인사를 정부가 법으로 막아 줬다는 것이 나쁘지 않았을 겁니다. 그때까지는 대개 부장 선에서 경력을 마감했거든

---

15 이 법은 2007년 4월 〈공공기관의 운영에 관한 법률〉의 제정과 함께 폐지되었다.

요. 그런데 이제 부사장까지 임원이 될 수 있는 길을 정부가 제도적으로 만들어 준 것 아닙니까? 그것이 투자기관의 말단직원들에게는 큰 영향을 미치지 않을지도 모르죠. 하지만 부장 이상 간부들은 이 제도야말로 자신들에게 도움이 되는 제도라고 본다는 확신을 갖게 되었지요.

김경섭 공기업 사장은 정부가 임명했지만 그 외 경영진은 외부에서 전혀 영입할 수 없게 되었죠. 가령, 옛날 관광공사 이사의 경우 100% 다 외부에서 들어갔는데 법 제정 이후에는 한 명도 못 들어갔어요.

송대희 또 안기부 감사다, 총리실 감사다, 주무부처 감사다, 감사원 감사다, 국회 감사다, 이 모든 것들을 전부 통일시키고 축소시켜 줬단 말입니다. 투자기관 입장에서도 한전 같은 경우 감사 일수가 1년에 200일이 넘어서, 이 감사 끝나면 다른 감사가 계속해서 오니까 죽을 맛이죠. 그런데 정부 관여를 줄이고 자율성을 증진한다는 측면에서 정부의 불요불급한 업무감독과 감사를 대폭 줄여 준 거예요.

저희가 처음에 공기업 실사를 해보니까 모 공사의 경우 숙직하면 '어젯밤에 숙직하면서 무슨 일이 일어났다'는 식으로 주무부처에 일일이 보고하는 거예요. 법 제정후 그런 것들이 한꺼번에 정리되어 업무에 집중할 수 있게 되었죠. 그때 엄청 고생했지만 진짜 다부지게 초기 모델을 만들어 놓았기 때문에 그 후 투자기관이나 노조에서 별말이 없었습니다.

반면 두고두고 말썽이 된 부분은 이사장직의 비상임화였다. 학계나 단체에서 온 비상임이사들은 별 불만이 없었는데, 이사장으로 취임한 퇴역 장성들이 비상임이라 사무실도 없고 회의 수당만 받고 그냥 집으로 돌아가는 것에 불만을 품고 정부에 로비를 계속했다.

송대희 이사장들이 처음에는 굉장한 자부심을 가지고 이사장직을 수락했다가, 막상 해보니까 자동차도 없고 사무실도 없고 비서도 없고 명예 외에는 실질적으로 아무엇도 아니란 걸 알게 된 거죠. 그러니깐 나중에 공기업 이사장들이 모임을 만들어서 "명색이 이사장인데 대우가 이게 뭐냐?"면서 군사정부에 자꾸 로비를 했어요.

언젠가 이사장들이 조찬회 때 저를 불러서 "세상에 이사장을 이렇게 대접하는 나라가 어디 있느냐? 비상임이사제도가 잘못됐다"면서 따지는 거예요. 그래서 제가 이사장 자리의 비상임화 배경을 좋은 말로 차근차근 설명했죠.

"3성, 4성 장군으로 조국을 위해 많은 일을 하셨는데, 말년에 어디 국영기업체를 맡아 일하다가 감사에 걸리든지 비리에 연루되든지 해서 불명예를 당한 사람들이 많습니다. 비상임이사라는 명예만 가지고 경영에 간섭 안 하시는 것이 오히려 걱정 없이 노후를 잘 보낼 수 있는 길입니다. 자꾸 경영에 간섭하고 결재하기 시작하면 나중에 막중한 법적 책임이 따르게 됩니다. 여러분을 잘 모시려는 취지에서 비상임이사로 한 것입니다"라고 말했습니다.

아무튼 그러다가 로비가 통해 점차 사무실과 비서 만들어 주고, 자동차도 내주고, 그다음에 수당으로 주던 걸 고정급으로 바꿨어요. 결국 나중에 문제가 되니까 1990년대 초에 이사장제도 자체가 없어져 버렸습니다.

2장

경영평가제도의 집행과 유지

KDI 공기업연구실 상설화

어렵게 법이 제정되었지만 법 제정 이후에도 온갖 어려움이 기다리고 있었다. 상시 공기업 경영평가를 해야 했던 것이다. 경제기획원 심사평가국이 신설되어 공기업 평가를 주관했다.[1] KDI는 1985년 공기업연구실을 상설화하여 25개 정부투자기관의 경영 내용을 분석하고 기관별 경영평가지표를 개발했다.

KDI가 1985년 4월부터 1987년 3월까지 2년에 걸쳐 공기업 경영평가 업무의 정착을 지원하기 위해 운용했던 공기업연구실은 특수한 조직이었다. KDI 연구진이 주도적 역할을 담당했지만, 성격상 경제전문가뿐만 아니라 행정학자, 경영학자, 회계전문가 등 각계 전문가의 공동 참여와 협업, 공동의 지혜가 필요했다. 따라서 KDI 연구원들[2]을 비롯해 공인회계사 4명,[3] 정부투자기관 파견직원 10명,[4] 지원인력 5명

---

[1] 장승우 과장, 김탄일 · 김경섭 · 유영환 · 김동수 사무관 등이 실무를 담당했다.
[2] KDI 공기업연구실에서 공기업 경영평가와 관련하여 송명희 · 김상기 · 김재호 · 배재봉 · 조인호 연구원이 크게 기여했다.
[3] 당시 KDI 공기업연구실에 참여했던 회계사는 산동회계법인의 고영채 회계사(이후 청운회계법인의 유흥재 회계사), 삼일회계법인의 이정구 · 강동호 회계사, 한선회계법인의 최봉석 회계사 등이다.

등 총 26명으로 구성되었다.

이후 KDI 공기업연구실은 송대희 박사가 책임을 맡아서 10여 년간 공기업평가단에 직간접적으로 참여했으며, 공기업 평가 업무 정착에 있어 핵심적 역할을 하게 되었다.

공기업 평가를 시작한 주인공인 사공일 박사는 1983년 아웅산 테러사건으로 김재익 수석이 세상을 떠나자 공석이 된 경제수석비서관 자리로 옮겼다. 정책연구를 하다가 자신의 경제적 소신과 철학을 정책으로 구현할 수 있는 기회를 갖게 된 것이다. 사공일 박사는 청와대에서 공기업 경영개선 업무를 계속 강하게 지원함으로써 공기업 경영평가제도가 뿌리내리는 데 큰 힘을 보탰다.

공기업 평가지표 개발과 제도 설계

새로 만들어진 공기업연구실은 평가지표와 제도를 설계하는 연구에 전념했으며, 공기업평가단이 구성되자 평가단을 지원하는 역할을 했다. 구체적으로, 공기업별로 각각의 경영목표를 분석하고 사업 내용을 분석하여 경영효율을 제고할 수 있는 핵심 지표를 발굴했다. 뿐만 아니라 평가 작업에 참고할 각종 통계와 자료를 수집·분석·종합하여 공기업평가단에 제시했다. 공기업평가단에 KDI 공기업연구실의 핵심 멤버들이 참여한 것은 당연한 귀결이었다.

안승철 원장 시절인 1986년 미국에서 귀국한 강신일 박사가 공기업연구실에 합류했다. 강 박사는 KDI에 들어오자마자 해당 작업의 실무를 맡게 되었다.

---

4 당시 KDI 공기업연구실에 파견 왔던 정부투자기관 직원은 국민은행 박동순 대리, 산업은행 최철성 대리, 한전 신정인 계장, 주택공사 배연창 대리, 한국수자원공사 고광흥 대리, 석유공사 권흠삼 대리, 통신공사 유영근 대리, 무역진흥공사 성기룡 대리, 근로복지공사 이윤택 대리, 농업진흥공사 최준주 대리 등이다. 이들은 1987년 파견기간이 종료됨에 따라 각각 소속기관으로 복귀한 뒤 훗날 대부분 소속기관의 공기업 경영관리를 담당하는 부사장 및 본부장 등 고위 경영간부로 승진했다.

강신일 제가 들어갔을 때는 KDI 공기업연구실 인원이 초기보다 약간 늘어난 28~33명 정도였습니다. 당시 공기업 평가지표가 개발되어 있었는데 누가 문제점을 제기하면 지표의 추세치나 통계적인 부분을 보완했죠. 기타 공기업에 관한 다른 문제들도 다루었습니다. 공기업연구실은 다른 KDI 연구실과 달랐어요. KDI 연구원도 있었고, 각 투자기관에서 파견 나온 분들도 10여 명 정도 있었습니다.

홍은주 강 박사님은 미국에 계시다가 한국으로 귀국해 KDI에 들어오셨는데요, 공기업 개혁 업무를 하신다는 걸 알고 들어오신 건가요? 아니면 들어와서 업무를 배정받으신 건가요?

강신일 제가 처음부터 알고 온 것은 아닙니다. 처음에는 일단 주어지는 대로 업무를 해야죠. 제가 산업조직을 전공했기 때문에 공기업도 산업이라고 보면서 시작했는데, 그 일을 하면서 많이 배웠습니다. 공기업이라는 조직이 시장과 정부 사이 중간 틀 속에 있는 거니까요.

그때가 1986년 무렵인데 처음에 와서 제가 느낀 건 우리나라 경제 상황은 거의 정부 주도로 끌고 간다는 것이었어요. 민간이 커졌다고 하지만 당시에도 정부 규제에 에워싸여 있었습니다. 이런 상황에서 공기업의 경영평가나 민영화를 한다는 것은 공기업이 민간의 자율성 쪽으로 넘어가는 방향이니까 기득권층의 반발도 거셌죠.

KDI 공기업연구실은 25개 정부투자기관의 사업 내용과 경영 내용을 분석하고 기관별 경영평가지표를 개발했다. 이러한 자료들은 정부투자기관 경영평가단과 정부 관련 부처에 제공되어 평가의 전문성과 일관성을 뒷받침했다.

송대희 KDI는 공기업연구실을 만들어서 공기업 평가를 주도했죠. 1985년에 공기업연구실이라는 특수 조직을 약 2억 원의 예비비를 긴급 편성받아 시작했습니다. 우리가 경영평가지표를 만들면서 공무원과 KDI 전문가들, 회계사, 교수들이 모여서 머리를 맞대고 생각할 수 있는 건 다 생각해 봤습니다. 그 후로는 특별히 그 범주에서 크게 벗어날 것이 없을 만큼 무수히 고민했죠.

KDI 공기업연구실의 KDI 박사들과 공인회계사들은 정부투자기관 경영평가단원으로 위촉되어 직접 경영실적평가 현장에 투입되었다. 송대희 박사는 총괄간사로서 경영평가단장을 보좌했다. 다른 KDI 평가단원들은 각 분과에 배치되어 경영평가의 전문성과 일관성이 확보되도록 노력했다.

제1기 공기업경영실적평가위원회는 경제기획원 장관, 재무부 장관 및 투자기관의 주무부처 장관 등과 함께 민간인 전문위원으로 구성되었다. 초기의 민간인 평가위원에는 유훈 서울대 행정대학원 교수, 안승철 KDI 원장, 이웅근 한국공기업연구원 이사장 등이 참여했다.

홍은주 최초의 경영평가단원들은 어떤 기준으로 인선하셨나요?

김경섭 그때 KDI의 송 박사님이 사실상 평가단 운영을 주도하면서 분야별 전문가들을 책임지고 많이 선임하셨죠. 회계적인 부분을 봐야 하니까 회계사분들이 많이 참석했고, 경영학과 행정학 교수님들도 많이 참석했어요. 최초 경영평가단 인원이 약 25명 정도였던 것으로 기억합니다.

경영평가단원들의 평가 작업은 진지하게 진행되었다. 단순히 회의에 참석하는 수준을 넘어 실제로 공기업 현장을 방문하고, 사장 및 간부들과 면담 등을 통해 수집한 평가자료와 일정한 평가보고서를 제출하여 평가 근거를 일일이 남길 정도로 열정을 쏟았다.

평가의 이중 안전장치 마련

제1기 공기업 경영평가단은 총괄반과 분야별 평가실무반으로 구성되었다. 실무반의 평가를 총괄반이 재검토하는 이중 평가 프로세스를 둔 것은 혹시 모를 실수를 방지하기 위한 안전장치였다. 공기업 평가가 워낙 주목받는 민감한 사안이었기 때문이다.

우선 실무반이 개별 평가지표별로 평가하여 점수를 부과하고 이를 총괄반에 제출했다. 총괄반은 이 평가의 적정성을 재심의한 후 혹시 평가지표가 잘못 해석되거나 애매하게 적용된 부분이 있으면 다시 실무반에 되돌려 보내 수정하도록 했다. 특별한 근거가 명시되지 않은 채 평가 점수가 지나치게 후하거나 낮을 경우에도 근거를 분명히 하도록 요청했다. 피평가기관이나 경제부처에서 접수되는 수많은 이의나 건의 사항은 가능하면 1일 이내로 검토하여 피평가기관에 통보하고 납득시켰다.

총괄반은 이러한 역할뿐만 아니라 공기업 최고경영자의 경영철학과 경영 노력까지 평가하기도 했다. 그러다 보니 거의 하루 종일 수많은 회의와 토론에 매달렸고, 지급되는 보수는 얼마 안 되는데 일은 끝이 없었다. 퇴근 후 개인적인 시간을 모두 일에 할애하고 밤샘 작업을 했으며 주말에도 업무에 매진했다.

1986년도 3월 경영평가단의 간사로 선임된 신준용 고려대 교수는 "지금 생각해도 총괄반 전원이 한 사람의 예외도 없이 어떻게 그렇게 지치지 않고 적극적으로 참여하여 일했는지 상상이 안 간다. 항상 미소를 띠며 격려하고 지원하던 송대희 박사와 새벽부터 자정까지 상주하며 즉각적 지원을 해준 기획원 공무원들의 힘이 컸다"라고 회고한다.

김경섭 이런저런 에피소드가 있었는데 그 와중에도 평가하시는 분들이 소명의식을 가지고 참 열심히 일해 주셨습니다. 제1기 평가단장을 맡으신 고려대의 조익순 교수님, 서울대의 오연천·김세원 교수님, 그 훌륭한 분들이 주말이고 뭐고 다 바쳤어요. 비용편익비B/C ratio가 분명히 안 맞지만, 자신들이 책임지고 명예를 걸고 해결하지 못하면 자존심이 허락하지 않는 거죠. 우리 공무원 입장에서는 돈도 거의 못

드리는데 그분들이 밤늦게까지 일하고 주말에도 나와 일하고. 그렇게 열정적으로 참여해 주시는 것에 큰 고마움을 느꼈습니다.

게다가 토론이 한번 시작되면 투자기관 사람들이 호락호락하게 안 넘어가거든요. 이분들이 해당 조직의 최고 엘리트라 보통 머리 좋은 사람들이 아니고 필사적이니까 쉽게 안 끝나서 시간 투입량이 너무 많았어요. 관여하신 평가단장이나 평가위원들이 보여 주신 그 열정의 동인이 무엇이었는지 사실 저는 지금도 궁금합니다.

송대희 당시 대통령이나 부총리 등이 공기업 평가에 큰 관심을 보였습니다. 그리고 한전이나 통신공사 같은 공공기관들은 국가 경제에서 중요하고 큰 조직인데, 이를 평가하려면 평가담당자로서의 자부심과 더불어 제대로 평가해야겠다는 책임의식이 필요합니다. 이런 것들이 열심히 노력하게 하는 동인이 되었다고 생각합니다.

1985년 4월과 1986년 3월에는 우리나라 민간 최고경영자인 LG의 이헌조 사장과 쌍용의 김채겸 사장이 신병현 부총리의 부탁을 받고 총괄평가단에 참여했습니다. 이분들이 바쁜 일정에도 불구하고 직접 공기업 평가 현장실사 작업에 적극 참여하여 민간 전문경영인 입장에서 평가 의견을 제시하여 큰 도움을 받기도 했습니다.

"공기업 평가 로비를 막아라!"

당시 경제기획원은 공기업 평가를 전문성과 공정성 있는 제도로 정착시키기 위해 평가위원들에게 최대한의 자율성을 보장했다. 평가위원은 선임단계부터 이른바 '로비'가 통하지 않을 사람을 엄선했다.

제1기 경영평가단의 간사로 선임된 신준용 고려대 교수는 "귀국한 지 얼마 안 된 상태에서 갑자기 평가단 간사를 맡아 달라는 요청을 받아 당황스러웠다"고 회고한다. 신 교수는 어린 시절에 미국으로 건너가 미국에서 예산 편성과 집행 효율성을 확보하는 메커니즘을 공부했고, 미국 블루밍턴시Bloomington의 성과평가 작업을 수행한 적이 있는 전문가였다. 한국에 아는 사람도 별로 없었다.

신 교수는 "정부는 조언 외의 어떠한 간섭도 할 수 없으며, 평가 업무와 관련된 사항은 전적으로 평가단의 결정에 따른다"는 것을 약속받고 평가단 간사직을 수락했다. 강한 책임감을 느낀 신 교수는 새벽 5시에 기상해 냉수 샤워를 하고 새벽에 KDI에 있는 평가단 사무실로 출근하여 밤늦게까지 평가 업무에 몰두했다.

그는 평가단의 원칙을 마련하여 총괄반 회의에서 통과시켰다. 로비나 외압을 차단하는 다음과 같은 자체 윤리강령을 만들어 내부 결속을 다진 것이다.

1. 평가의 목적은 점수를 매기고 등수를 결정하는 것이 아니라 부족하고 잘못된 점을 인식시키고 개선을 유도하기 위한 것이다. 따라서 피평가기관의 의견은 어느 것이든 충분히 수렴하고 이를 총괄반 회의에서 충분히 검토하여 그 검토 결과를 피평가기관에 통보하고 납득시킨 후 평가에 반영한다.

2. 엄정한 평가를 위해서는 평가자와 피평가자 간에 관계가 정당하게 유지되어야 한다. 따라서 평가자는 피평가기관으로부터 어떠한 대접이나 접대도 받아서는 안 된다. 간단한 점심이나 저녁 식사 등도 여기에 포함된다.

3. 평가자는 평가가 끝난 후 3년 동안 피평가기관으로부터 어떠한 종류의 프로젝트도 수임할 수 없다.

4. 평가자는 공적 평가운영 경비의 영수증을 반드시 확보하여 제시한다.

5. 평가자는 즉흥적 질문이 되지 않도록 피평가기관에 질문할 사항을 사전에 질문서로 작성하여 총괄반에 제출해야 한다.[5]

6. 평가자가 피평가기관에 요구할 추가 자료는 반드시 평가와 연관된 것이어야 하며 그 목록을 사전에 작성하여 총괄반에 제출한 후 피평가기관에 전달되도록 한다.

---

5 그러나 현실적으로 모든 질문이 사전적일 수는 없으므로 3차 평가 후부터는 이를 요구하지 않았다.

외압 막는 집단의사결정체제 유지

경영평가단은 압력이 들어오더라도 통하지 않도록 철저히 집단적 의사결정체제를 유지했다. 평가 결과나 문제가 되는 사안은 평가단과 총괄반 이중 검토를 거쳤고, 총괄반은 전원합의체로 운영했기 때문에 한두 사람에게 로비해 봐야 소용이 없는 시스템을 만든 것이다.

혹시 이 과정에서 '윗선'의 로비가 통하지 않아 경제기획원 실무 관리들이 인사상의 부당한 불이익을 받지 않도록 경제기획원 차관과의 면담에서 이를 막아 달라고 적극 요청한 일도 있었다. 6

피평가 공기업의 로비나 외압이 평가단 개개인에게 만만치 않았을 것으로 생각된다. 난처한 일은 중학교나 고등학교의 친한 친구가 갑자기 나타나서 평가 관련 이야기를 하는 경우였다. 공기업에서는 평가 시기가 되면 평가단원과 친척이나 친구인 내부 직원들을 찾아내어 평가단원과의 접촉을 시도하곤 했다. 이 경우 대체로 상대방의 주장이나 이야기를 들어주는 것으로 끝날 수밖에 없었다.

공기업 평가에 대한 로비는 대체로 공기업 자체로부터 오는 것이었지만, 때로는 정부 부처로부터 오는 경우도 있었다. 이처럼 크고 작은 외압을 물리치는 일이 결코 쉬운 일은 아니었지만, 입장을 굳건히 하고 로비를 물리치는 일을 매우 중요한 임무로 인식했다. 7

그럼에도 여러 부처나 기관, 심지어 청와대에서 가끔 로비가 들어왔다. 대표적인 경우가 공영방송인 KBS였다.

송대희 1985년에 KBS를 평가했는데, KBS 평가단에 안경태·김일섭 회계사 외에도 쌍용의 김채겸 사장, LG의 이현조 사장 등 쟁쟁한 사람들이 평가단으로 들어왔습니다. 그래서 평가단의 평판은 물론이고 자존심과 소명의식, 열정이 대단했죠.

---

6 이원희·라영재 편, 《공공기관 경영평가 30년, 회고와 전망》, 한국조세재정연구원, 2015, 101~109쪽.
7 위의 책, 84쪽, 송대희의 글.

그런데 KBS를 평가하고 나서 평가 결과가 '양'으로 나왔어요. 경영이 방만하다고 지적했더니 KBS에서 난리가 났어요. "어떻게 공영방송 KBS를 방만하다고 지적할 수 있느냐?"며 흥분했습니다. KBS에 모 앵커가 있었는데, 이 사람이 KDI에 있는 고등학교 후배 동료들을 통해 저에게 와서 KBS의 특수성에 대해 계속 설득하려 하기도 했어요.

또 하루는 KBS에서 청와대에 이야기하여 정무수석 비서실에서 저를 호출하더라고요. 청와대에 갔더니, 막무가내로 압력을 가하는 것은 아니고 "KBS는 공영방송이기 때문에 재난방송이나 위기상황에서 특수임무를 하는 부분이 있습니다. 그런 걸 고려해서 평가해야죠. 학자들이 보는 일반적 기준으로 평가하면 안 되는 부분도 있다는 걸 좀 알아주십시오"라고 완곡하게 설득하더라고요.

그래서 제가 이렇게 말했죠. "정부가 어려운 과정을 거쳐 제도를 만들어 평가하면서 그걸 없던 일로 덮고 넘어가면 앞으로 국민이 정부를 신뢰하겠습니까? 우리는 있는 대로 지적할 테니까 공영방송 특수기능과 영역에 대한 보상은 청와대가 직접 해주는 것이 좋겠습니다. 그게 오히려 정부를 위해서도 좋습니다. 그래야 '정부가 평가는 제대로 한다'는 얘기를 들을 거 아닙니까?" 그랬더니 정무수석이 알았다고 그냥 가라고 그러더라고요.

그다음에 경제수석실 어느 비서관이 저녁 식사를 하자고 하더니 이분도 KBS는 특수 케이스라고 말하는 거예요. 제가 똑같은 논리로 설득했습니다. "일단 평가를 받고, 그것에 대해 나중에 KBS 임직원을 보상하는 건 특별히 다른 방법으로 우회적으로 해주십시오." 그렇게 얘기했더니 KBS가 결국은 단념하고 평가를 받았습니다.

3장

평가지표의 개발과 정착

계량지표와 비계량지표

공기업 평가지표는 파일럿 평가 시에 이미 만들어졌지만 실제로 모든 공기업에 지속적으로 적용하는 데는 현실적 고민이 많았다. 이 가운데 가장 논란이 된 것은 과거 5년간 추세분석을 통해 제시되는 공공이익률(경영 고정자본 생산성)이었다. 피평가기관들은 "경영개선을 할수록 다음 해의 경영목표가 높아져 결국에는 달성 불가능한 목표가 된다"고 주장했다. 이들의 주장은 타당성이 있었으나, 일단은 짧더라도 '추세분석에 기초한 공공이익률'이 경영목표로 설정되었다.

또 하나 논란이 컸던 부분은 계량지표와 비계량지표의 비중을 결정하는 것이었다. 양자의 비율은 토론 끝에 평균 7 대 3으로 결정되었다. 계량평가를 하려면 회계장부상에 기재된 재무적 숫자가 사실인지 아닌지를 판결하는 것이 무엇보다 중요하기 때문에 회계사들의 노력이 이 부분에 집중되었다.

송대희 평가단에 교수, 연구원, 회계사 등이 있었는데, 당시 김일섭 씨나 안경태 씨는 유명 회계법인에 있을 때니까 시간당 단가가 굉장히 높은 사람들이었어요. 그

분들 외에도 내로라하는 대한민국의 대표 회계사들이 다 들어왔어요. 이런 분들이 경영평가에 시간을 엄청 투입하는데, 우리가 줄 수 있는 보수는 형편없으니까 정말 죄송했죠.

그럼에도 이 제도에 모든 전문가들이 열과 성을 쏟을 수 있었던 이유는 보수는 적더라도 국가적으로 보람 있는 일을 한다는 명예가 있었기 때문일 겁니다. 신병현 부총리가 당시에 꽤 오랫동안 이 업무를 부총리로서 관장하시면서 평가단이 임명되면 평가단장과 평가단 사람들을 불러 점심도 사고 직접 당부도 하셨죠. 또 경제기획원 국장들이나 공무원들이 적극적으로 민간 평가위원들을 예우해 주었습니다.

KDI도 부지런히 움직였습니다. 공기업연구실 연구원들이 항상 심층적이고 전문적으로 연구했어요. 평가의 방향을 제시하고 평가방법을 전문적으로 지원하니까, 아마 정부 일치고 평가단원들이 그렇게 열심히 일한 경우가 다른 데는 별로 없었을 겁니다. 경영평가단 업무는 스트레스가 심하고 시간도 많이 투입해야 하지만, 다들 열과 성을 다했죠. 이런 분위기는 초기 김경섭 위원이 사무관으로 계실 때인 1984년에서 1986년에 다 조성된 거예요.

계량지표는 검증할 때까지가 문제이지 일단 검증이 끝나고 나면 상대적으로 평가하기 쉬웠고 평가자들 역시 큰 부담을 느끼지 않았다. 반대로 정성평가인 비계량지표는 아무리 객관적으로 평가하려 해도 평가자가 사람인 이상 휴리스틱에 의한 편향 heuristic bias이 불가피했다. 부담을 느낀 평가자들은 대체로 중심화 경향을 나타냈다.

김경섭 평가할 때 가장 중요한 건 계량화할 수 있는 부분이 얼마나 되는지 보는 것입니다. 한전이나 포철 같은 경우는 계량화할 부분이 꽤 많은데, 관광공사 같은 데는 계량화할 부분이 별로 없어요. 비계량 쪽으로 업무의 우선순위가 많이 주어진단 말이죠.

그러면 계량과 비계량을 어떤 배분으로 나누느냐를 평가할 때 아마 지금도 제일 먼저 신경을 쓰는 것 같습니다. 계량은 이미 지표가 나와 있으니까 상대적으로 쉽고 점수를 잘 맞게 대비한다고요. 계량지표 비중이 높으면 대개 점수가 더 많이 나와요.

그런데 비계량은 심사자의 개인적 가치관이나 판단이 들어가니까 문제죠. 가령 수, 우, 미, 양, 가 중에서 사람 심리가 중심화 경향이 강하니까 우나 미 등 중간에 많이 쏠리잖아요. 그러니까 비계량 분야 공공기관들이 항상 만족스럽지 못하다고요. 비계량 비중이 높으면 점수가 잘못 나올 가능성이 높으니까요. 대한무역투자진흥공사KOTRA 등도 그랬습니다.

홍은주 섹터별이나 산업별로 평가지표를 어떻게 차별화했습니까?

송대희 경영평가지표를 개발할 때 기업 분야별로, 서비스업이냐, 건설업이냐, 제조업이냐, 금융업이냐에 따라 기업의 내부 경영에 병목이 어디냐를 봐야 해요. 쉽게 말해, 물이 흘러가는데 어느 대목에서 물이 막히느냐, 어디를 뚫어 주면 잘 흘러갈 것이냐에 대해 모두 다 연구했어요. 경영효율을 가장 잘 높일 수 있도록 성격이 다른 공기업에는 성격이 다른 평가지표를 만들어서 경영분석을 했습니다.

강신일 제조업과 건설업은 계량화할 수 있는 점이 많았습니다. 왜냐하면 어차피 보통 일반 제조기업이니까 공기업과 일반기업의 차이점에 공익성 지표를 추가하면 되니까요. 그런데 서비스 분야는 아무래도 비계량이 많죠, 제조업보다는 … .

김경섭 당시 평가지표 개발과 관련해 우리가 고민했던 것 가운데 또 하나가 외부효과였어요. 가령 수자원공사는 비가 많이 오면 점수를 잘 받게 돼 있거든요(웃음). 그 부분에서 처음에 논란이 많았던 문제가 "외부 요인이나 경기가 좋아서 공기업이 돈을 벌면 그걸 배제하고 평가해야 하느냐?"는 거예요.

외부 요인을 100% 완벽히 제거하고 순수한 노력에 대한 평가만 하는 것은 사실상 불가능하고, 저희는 일정 부분은 회사 운에 따르는 것이라고 봤습니다. 그런 문제들이 쟁점으로 자주 거론되었어요. 사실 이것은 작은 부분인데 평가방식의 일부 문제점에 시비를 걸어 이 제도가 작동되지 못하게 하려는 시도도 있었습니다.

공기업 평가담당 직원들의 대응

막상 평가가 시작되자 공기업에서 평가 업무를 담당한 직원들은 필사적이었다. 경영평가는 조직 전체가 1년 동안 한 일의 성과에 따라 종합적으로 결정되는데, 결과가 나쁘게 나오면 "어떻게 준비했기에 평가가 나쁘게 나오느냐?"면서 평가를 전담하는 직원들에게 원망이 돌아가는 경우가 많았던 것이다. 경영평가 결과가 나빠 보너스를 받지 못하거나 적게 받는 경우 동료 직원들로부터 따가운 눈총을 받기도 했다.

가장 큰 스트레스는 경영평가제도에 대해 정확한 이해가 부족한 최고경영진이 부리는 억지였다. "평가에서 좋은 점수가 나오지 않으면 사표 쓸 각오하라"는 식의 막무가내 지시를 듣고 나면 필사적이 될 수밖에 없었다. 늦은 밤 평가위원들이 귀가할 때 평가위원의 집 앞에서 기다리다가 자신의 입장을 호소하기도 했다. 그러다 보니 평가 결과를 피평가자들에게 납득시키기 위해 설득과 토론이 밤새 벌어졌다.

김경섭 평가단이, 송 박사님이 얘기하셨던 대로, 소명의식이 있었습니다. 이분들이 밤샘 작업을 정말 밥 먹듯 했습니다. 정성평가의 경우 칼로 무 자르듯이 딱 정리가 되는 게 아니고, 어떤 시각에서 어떻게 보느냐에 따라 판단의 여지가 개입되는 경우의 수가 엄청나게 많았거든요.

그걸 하나하나 다 정리하려면 저쪽 공기업 담당자들과 토론해야 합니다. 그런데 공기업 평가는 그 조직에서 내용을 가장 잘 알고 머리가 제일 좋은 사람들이 담당합니다. 평가지표에 따라 평가도 받고 직원들 보너스도 달라지니까 가장 전문적이고 머리 좋은 직원을 투입하는 거죠. 이 사람들은 쟁점이 생기면 자기 회사 정보를 면밀히 사전에 조사해서 유리한 쪽만 주장합니다.

그러니 이쪽 평가단은 해당 공기업의 정보를 배워 가면서 거기에 맞춰 논리적 대응을 해야 합니다. 피평가자들을 우격다짐으로 끌고 갈 수 없잖아요? 지표와 관련해 논쟁이 하나 붙으면 한 이슈를 가지고 몇 시간이 마냥 흘러갑니다. 평가 기준에 따라 점수를 깎는다고 하려면, 어떤 근거로 깎는 것이라는 당위성을 상대방에게 이해시켜야 하니까 평가단끼리 계속 토론합니다. 토론이 길어져 위원들이 밤을 꼬박

새우는 경우도 자주 있었습니다.

홍은주 그 토론이 이루어진 장소는 주로 어디였나요?

김경섭 여러 군데 있었습니다. 음식점에서 저녁식사 하면서도 하고, 사무실에서도 하고, KDI나 회계법인 사무실에서도 하고요. 토론을 통해 하나하나 협의하면서 룰 세팅을 해 나간 것이죠. 특히 KDI에서 지표의 결과에 대해 "이 지표는 이렇게 보는 것이다. 저렇게 보는 것이다"를 설명하면서 방향을 정했는데, 그걸 정리하는 데 엄청난 시간을 투입했죠.

강신일 그렇게 정리가 되면 〈경영평가편람〉이라는 것을 만들어 피평가자들에게 주었습니다. 이 편람에는 지표의 의미가 설명되어 있고, 기반이 되는 논리도 제시되어 있습니다. 그게 제일 핵심이었죠. 그걸 위해서 저희가 몇 차례씩 시뮬레이션을 돌려 중심점을 어떻게 잡아갈지 결정합니다.

제 기억으로 평가 초기인 1985~1986년에는 PC가 일반화되지 않았던 시절이라 제가 스프레드시트가 뭔지 그때 처음 알았습니다. 요즘 말하는 엑셀이지만, 거기에 모든 관련 자료를 가져다가 25개 기관을 각각 채우고 분석하고 하는 일이 쉽지는 않았습니다.

지금은 그냥 자료를 끄집어내면 금세 분석되는 프로그램도 많지만, 옛날에는 그런 것들이 없었을 때니까 전산실에서 SAS로 돌려야 했습니다. 전산실에서 결과를 가져오면 결과를 보고 수작업도 해야 했고 일종의 데이터 마사지 같은 것도 했죠. 초기에 평가를 정착시키는 데 정말 고생했습니다.

KDI의 공기업연구실 바로 옆 신관에는 피평가기관 경영기획실 직원들이 파견 와서 상주해 있었다. 이들은 공기업의 경영 현실을 잘 알았기 때문에 공기업 평가지표의 설계 및 사후 경영실적 평가의 현실 적합성을 높이는 데 기여했다.

공기업 평가의 이론과 실무를 파악한 이들은 2년간 파견근무를 마치고 각자 공기업으로 돌아가 공기업 경영실적 평가제도가 공기업 현장에서 뿌리내리는 데 중추적 역할을 담당했다.

강신일 평가받는 공기업들이 참 어렵겠다 싶은 게 공기업 국정감사를 9월부터 받잖아요. 또 끝날 때쯤 되면 경영평가 보고서를 작성해야 하니까요. 2월까지 경제기획원에 경영평가 보고서를 내고 나서 경영평가를 받고 나면, 4월 말쯤 감사원의 감사를 받아요. 1년이 거의 평가로 시작해서 평가로 끝나는 거죠. 그렇게 가니까 평가 분야에서 일하시는 분들이 나중에는 '평가의 달인'이 됩니다.

공기업 경영평가의 컨설팅 기능

각 공기업에 〈경영평가편람〉을 나눠주고 사전교육을 했지만 최초 평가 시에는 대부분의 투자기관이 경영요소나 개념, 평가전략 등에 대한 이해가 부족했고 생소하다는 반응을 보였다. 그러나 해마다 지속적으로 직원들에게 지표관리 교육과 훈련을 병행하자 경영목표 달성을 위한 효율적 경영관리기법 등에 대해 공기업들의 이해가 급속도로 높아졌다.
　한국 최고의 경제·회계·행정·법 전문가들이 국가를 대리해 경영평가를 시작하면서 교육을 병행하자 이것이 일종의 공기업 컨설팅으로 작용한 것이다.

강신일 이 평가지표 가운데 아주 잘 만들었던 것 중 하나가 내부평가였어요. 외부평가자들이 들어오기 전에, 자기네 스스로가 진단하는 내부평가 시스템을 외부평가진이 평가해요. 잘되어 있는지 아닌지요. 이것이 상당히 좋은 제도였던 것 같아요. 외부 위원들이 평가방식을 개선하고 내재화하도록 컨설팅해 주면 그 자체가 효율성을 담보하는 거죠.
　우리 평가방식은 일종의 컨설팅 프로그램이었던 것 같아요. 왜냐하면 이것이 상대적으로 수, 우, 미, 양, 가를 줘서 누구를 압도하거나 누구를 칭찬하려는 것이 아니라, 각 기관별로 전년도에 비해 얼마만큼 잘했나, 못했나를 보여 주기 때문에 어떻게 보면 컨설팅 프로그램 같은 역할을 하는 것이죠.

이처럼 상당히 원대한 생각을 갖고 끌고 왔습니다. 공기업 효율화 방안은 단순한 이익률 지표가 아니라 전체 경제에 공기업을 두고 전반적으로 이것을 어떻게 끌고 가야 하는지 중층적이고 심도 있게 분석한 것이었습니다.

그리고 평가하는 분들 가운데 도사가 많았어요. 제가 아는 어느 회계학 교수님은 자기는 회계자료를 일일이 다 안 본대요. 그 회사에 가서 분위기를 보면 이 회사가 어떤 회사인지 금방 아는 거예요. 그런 평가 도사들이 꽤 있었죠. 초짜처럼 자료 보고 분석하는 게 아니라, 아주 근원적인 문제를 딱 집어서 들이대고 물어보는 그런 분들이 초창기에 있었고, 최초의 평가 기간 3년 동안에 기틀을 잘 잡아 놓은 것입니다.

송대희 경영평가지표를 개발할 때 계량지표든 정성지표든 공기업 효율화를 높이는 쪽으로 디자인되고 설계되었습니다. 가령 경영목표에 추세치라는 것이 있었는데 그 상승 추세대로 가면 중간인 '미'가 되는 겁니다. 상승 추세보다 더 큰 성과를 내면 '우'나 '수'가 되고요. 금년에 내가 공부를 잘하면 내년에는 공부를 훨씬 더 잘해야 상(보너스)을 받지, 금년에 한 것만큼 하면 그냥 '미'가 되잖아요.

경영평가지표를 그렇게 추세치로 가져가니깐, 1984년에서 1985년에 바짝 경기가 좋아 열심히 했는데, 1985년도에서 1986년으로 가는 과정에 지난해처럼 하면 '미'가 나오니깐 거기서 한 번 더 바짝 조이게 되죠.

약 3년간 그렇게 진행했는데 또 추세치를 평가의 잣대로 들이대니까 그때는 투자 기관마다 불평불만이 넘쳐났습니다. 그 결과, 3개 은행에서 1988년에 "한국 투자기관의 관리제도 개선이 효과가 있는가? 한국 공기업은 흑자를 너무 많이 내고 있다"는 페이퍼를 썼어요. 〈한겨레〉 등의 보도에서 "공기업의 너무 많은 흑자는 사실 소비자들에게 부담을 주고 착취해서 낸 것 아닌가? 공기업은 흑자를 많이 내지 말아야 하는데 흑자를 너무 냈다"고 비판하기도 했습니다.

그런데 이건 사실과 다릅니다. 1980년대가 어떤 시대입니까? 재정 건전화를 위해 공무원 봉급을 동결하고, 추곡수매가도 동결했어요. 모든 게 안정화로 가는데 하물며 공기업이 소비자 대상으로 공공요금을 올렸겠어요? 실제로 통계를 보면 한전의 전력요금이 1985년부터 1990년까지 계속 내려갔어요. 경상가격으로 내려갔다고요.

그런데 공공요금은 하락하는데 당기순이익은 자꾸 증가합니다. 재료나 비용이 적게 들어가는 반면에 매출액이 더 많이 나온다는 것은 결국 생산성이 증가되었다는 증거이지요. '공공이익률 지표'가 불변가격으로 계산하여 실제 생산성을 향상시키는 지표인데, 그걸 한 7~8년 계속했더니 대한민국의 공기업 효율성이 엄청 좋아진 거예요. 그래서 당기순이익이 늘어난 것입니다.

강신일 보고서를 가져오면 실질적인 평가단이 2주 동안 실사평가를 해서 점수를 주게 돼 있습니다. 사실 공기업 현장실사 방문을 가 봐야 하루에 2~3개씩 가니까 제대로 못 보는 경우가 많아요. 아무래도 피평가자들에게 '포로'가 될 가능성이 꽤 높죠. 그렇기 때문에 지표의 정확성을 이해하는 것이 제일 중요했습니다. 왜냐하면 피평가기관들이 각자 자기들이 점수를 잘 받기 위해 자신들에게 유리한 왜곡된 정보를 주기 때문이죠.

또 당시는 초창기라 참고할 만한 과거 지표라고 해봐야 자료가 3년이나 5년이 최대치예요. 추세치라는 게 3년, 5년 정도는 학문적으로 큰 의미가 없어요. 그 3년, 5년짜리 추세치를 어떻게 통계학적으로 유의미하게 만드느냐가 바로 KDI 박사들의 임무였습니다. 그래서 베타분석이라고 해서 집어넣고, 계량분석도 하면서 다소 억지로 당위성을 설득시켰습니다.

자칫하면 피평가자들이 수용을 안 할 수도 있는 위험한 순간도 있었지만, 점점 시간이 축적되다 보니깐 일관성이 생겼지요. 계속 끌고 가는 힘이 생겼고, 그러니까 피평가기관 사람들이 점차 수긍하게 되었습니다. 피평가기관들이 계속 평가 기준이 이상하다고 반발하면서 못 받겠다고 하면 이 제도가 오래가지 못했을 텐데 평가를 수긍하니까 점차 정착된 것이지요. 자기네가 보기에도 평가가 경영에 도움이 되니까 일단 받아들인 거죠.

초창기에 제가 처음 왔을 때도 경제기획원과 청와대 쪽에서의 강한 의지, 또 공기업을 바라보는 장기적 방향과 시각이 적정했다고 저는 평가합니다.

여러 가지 논란에도 평가제도가 정착되면서 전반적으로 평가지표에 맞춰 노력하고 효율성을 증진시키려는 분위기가 공기업 전체에 확산되었다. 경쟁적으로 서열을 매기고 보너스를 차등 지급하는 경영평가의 특성상 한 기관의 모범사례가 발표되면 곧바로 다른 기관에 전파되어 다음 해에는 거의 비슷해지는 평균의 상향효과가 나타났고 경영효율이 급속히 높아졌다.

송대희 나중에 1990년대와 2000년대 들어 공기업을 '신의 직장'이라 불렀잖습니까? 공기업의 복지제도가 아주 잘 갖추어졌고요. 이 모든 것이 1980년대에 10여 년 동안 공기업의 생산성을 확 올려놓아 수익이 크게 늘었기 때문에 가능했던 것이라고 생각합니다. 높은 수익성 덕분에 그 돈을 가지고 복지기금을 만드는 등 복지제도를 향상시킨 거예요. 그러니까 공기업이 신의 직장이라 불리고, 공기업에 입사하려고 사람들이 재수도 하고 삼수도 하는 일이 벌어진 거죠.

그 효율성을 바탕으로 공기업이 지금 이렇게 단단히 다져졌다고 생각합니다. 공기업의 효율성이라는 게 무조건 '이익을 내라', '돈을 벌라'는 게 아니고, 해당 공기업이 설립목적사업을 열심히 추진하되 효율을 높여 당기순이익을 내라는 것이거든요. 예를 들어, 주택공사라면 임대주택사업을 하면서 최대한 효율적으로 해 나가되 비용을 줄이라는 거예요. 대한무역진흥공사라면 민간기업의 무역증진을 지원하는 사업을 하면서, 그걸 효율적으로 하란 뜻이지요.

설립목적사업을 하지 않고 돈 버는 사업에만 몰두하라고 설정된 경영지표는 없습니다. 지표 자체가 설립목적사업을 효율적으로 추진할 수 있도록 디자인되어 있기 때문에, 공기업이 효율성이 높아진다고 해서 공공성 사업을 소홀히 한 것은 아니죠. 그런데 일부 사람들이 막연히 생각해 "공기업 효율화는 이익을 많이 남기는 것이다. 그건 민간기업이 할 일이지 공기업이 할 일이 아니지 않느냐"고 비판하기도 합니다.

공기업 효율성이 증가하고 피평가기관이 평가를 받아들여 무리 없이 정착될 데는 몇 가지 결정적 이유가 있었다.

첫째, 공기업의 인사 및 조직관리의 자율성이 높아졌다. 특히 법에 외부 낙하산 임원 인사의 원천금지 조항이 들어가 공기업 직원들의 내부 승진이 가능해지면서 공기업 경영의 전문성이 높아졌고 임원으로 승진할 수 있는 희망이 생겨 직원들의 분위기도 좋아졌다.

둘째, 예산 수립과 집행, 물자 조달 및 공사계약의 자율성 등 공기업 경영의 자율성이 대폭 신장되었다. 세세한 경영적 결정을 일일이 상위 경제부처에 보고한 후 허락을 기다리지 않고 자율적으로 진행할 수 있게 된 것이다. 특히 핵심 물자나 부품의 구매, 계약 등을 신속히 처리할 수 있게 되었다.

셋째, 경영평가로 감사의 일원화가 이루어지고 상급 부처의 업무통제가 완화되었으며 공기업이 행동해야 할 목표와 방식의 기준이 명확해졌다.

매년 달라진 경영평가지표

경영평가지표는 시대와 상황에 따라 조금씩 변화했다. 가령, 초기 경영평가는 1년 단위로 측정되어 단기 실적 평가에 집중하는 경향이 있었는데, 이후 장기적 성과 측정을 병행하고 보완하는 지표가 개발되었다. 장기 경영계획의 적정성, 투자계획 및 집행관리 능력, 기술개발 및 생산성 향상 능력, 관리제도 개선능력 등이 추가된 것이다.

또한 초기에는 계량지표와 비계량지표로 대분류가 이루어지고 다시 세세한 지표들이 하위분류 항목으로 설정되었으나, 1987년부터 대분류가 종합지표와 설립목적 수행지표, 경영관리지표 등 세 가지로 설정되고 각각의 하위지표가 설정되었다. 정권 교체에 따라 새 정부의 국정운영 지향점이 달라지고 시대 상황이 변화할 때도 평가지표가 약간씩 달라졌다.

강신일 법제화 이후에도 저희가 매년 평가지표를 보완했습니다. 제가 느끼기에는 지표에 조정 기간이 있어요. 경제기획원이 평가요소의 비율이나 목표를 적정하게 새로 세팅해 줘야 하니까요. 매출액 등 일반적 경영지표들 외에, 공기업이니까 정부가 끌고 가야 할 정책 지향적 지표 등을 신설합니다. 만약 요즘 같으면 몇 퍼센트의 비정규직을 정규화했느냐 같은 걸 집어넣겠죠. 이런 것들을 새로 만들어 주고 새로운 방향 지표들이 시대별로 들어오고 나가고 했죠.

매년 11월이면 다음 해 경영목표를 결정하는 〈경영평가편람〉 개편 작업이 진행되는데 이때마다 피평가기관들은 평가지표를 자신들에게 유리한 방향으로 설정하기 위해 총력전을 펼쳤다. 단순한 읍소부터 정교한 논리 개발까지 총동원되는 것이다. 이 가운데 타당성이 인정되는 경우 해당 기관의 평가지표가 수정되기도 했다.

피평가기관의 주장에 따라 평가방법이 달라진 대표적 항목이 경영성과 측정 방식이다. "추세에 따라 경영목표를 높이는 일이 해마다 되풀이되어 더 이상 높일 수 없게 되었다"는 주장에 따라 초기의 추세분석 방식에서 경영목표 부여 방식으로 변경된 것이다.

1기 평가자인 김일섭 회계사는 이에 대해 "경영목표를 부여하는 방식은 평가자의 자의성이 끼어들 여지가 많고 평가자가 해당 공공기관에 대해 완벽한 정보통제를 하고 있어야 하며 선제적으로 목표 설정을 할 만큼 전문성이 있다는 전제가 필요하다. 결국 평가자들의 치열한 문제의식과 노력이 중요해졌다"고 말한다.

김경섭 평가지표는 고려할 요소가 수없이 많아요. 평가지표 항목 하나에 대해서도 디테일로 가면 정말 일이 많아집니다.

예를 들어, 분자와 분모가 나눠지면 분자에는 어떠어떠한 것이 포함된다, 각각의 가중치는 얼마다, 분모는 또 어떤 것들이 포함되고 가중치는 얼마다, 분모에는 어떤 종류의 자산들이 있다, 이 자산이 경영자본에 들어가는지, 안 들어가는지 등을 생각해야 하죠. 처음에는 세세하게 잘 분류되지 않은 상태라 그런 요소에 대해 여러 번 시뮬레이션을 수행하고 논의를 거치면서 점차 기준으로 정착되고 경험이 축적되었습니다.

그러면 다음 평가단에서 "예전 평가단이 그걸 할 때 이런 문제점이 나타났으니 이번에는 저렇게 가자, 상황이 바뀌면 이걸 또 어떻게 변경하자"고 논의했죠. 평가단에 총괄반이 있었는데, 여기서 정책적으로 "이것은 금년부터는 이렇게 바뀌어서 이렇게 해석하자, 가중치를 얼마로 가져가자"고 토론해서 정했습니다.

시간이 흐르면 이런 과정과 경험, 고민이 쌓여서 평가제도의 질이 높아집니다. 평가지표 개발 이후에도 정말 시간과 노력과 공을 많이 들여 개선해 나가야 합니다. 평가자가 엄청나게 노력하고 전문지식을 갖고 견제하지 않으면 피평가기관의 논리에 백전백패합니다. 평가가 제도 시행의 목적에 부합하려면 평가단의 그런 현장의 노력이 축적되어야 합니다.

경영평가의 효율성 증진 연구

공기업 평가의 시작과 함께 한시적으로 설치되었던 KDI 공기업연구실은 그 목적을 달성한 후 1987년 4월 해체되었고, 경영평가지표 작성 및 평가 업무는 정부로 이관되었다. 공기업 평가방법은 이미 정착되었고 공공기관의 평가 수용성도 안착되어 역할을 다한 것이다.

1984년부터 시작된 공기업 경영평가의 목적은 공기업 효율을 증진시키는 것이었다. 그렇다면 정말 이 법과 제도의 도입 이후 공기업 효율성이 높아졌을까? 1987년 10월 KDI의 송대희 박사는 이러한 질문에 답하기 위해 정부투자기관 책임경영제의 정책효과 연구를 수행했다. 정책효과 분석 기간은 새로운 제도가 시행된 이후 3년 간에 해당하는 1984~1986년이었으며, 계량분석과 함께 투자기관 임직원들의 설문조사를 보완하여 진단했다.

우선 정부투자기관의 매출원가[1] 하락과 수익성 개선 여부에 대한 연구에서는 에너지 수입에 따른 외부효과가 큰 가스공사를 제외한 24개 기관의 매출원가 비율이 1980~1982년 3년 평균 75. 9%에서 신新 공기업 정책 이후 70. 4%로 개선된 것으로 나타났다. 이는 같은 기간 상장기업들의 매출원가율이 2. 3%p 높아진 것과도 뚜렷이 대비된다. 민간기업보다 공기업의 경영효율 노력이 더 컸던 것이다.

---

1 생산에 필요한 직접 노무비, 직접 재료비, 직접 경비 등만 포함한 개념이다.

당기순이익 측면에서도 1983년에 24개 기관 가운데 5개 기관이 적자를 나타냈으나 1986년에는 금융, 제조, 건설, 통신, 에너지 등 전 기관이 흑자를 기록했다. 평균 당기순이익 규모도 3,000억 원 수준에서 5,600억 원으로 커졌다. 금융을 제외한 제조업 공기업들의 경영자본 영업이익률도 1983년까지 3.5% 안팎이었으나 1984~1986년 기간에는 평균 4.7%를 상회했다. 같은 기간 민간기업들의 이익률이 0.4%p 하락한 것과는 대조된다.

세계은행이 한국 공기업의 경영평가제도 도입 효과를 분석한 자료에서도 한국의 주요 공기업의 생산성이 1983년부터 1987년까지 꾸준히 개선된 것으로 나타났다. 세계은행이 한전, 통신공사, 석공, 한국조폐공사 등 5개 정부투자기관의 공공이익률을 분석한 결과 1982년 13.26% 수준에서 1985년 16.50%, 1987년 18.56%까지 상승 추세를 이어갔다.[2]

공공요금의 안정성 측면도 현저히 개선되었다. 1984~1986년 기간 동안 소비자물가지수가 2.2%, 서비스 요금이 4% 상승했으나, 주요 공공기관의 서비스 판매가격은 전기료가 1.4%, 전화요금이 2.2%, 교과서 가격이 11.8% 내렸다. 반면 평가를 받지 않는 일반 공공요금은 같은 기간 3.1%가 올랐다.

한편 공공기관 임직원 744명을 대상으로 실시한 설문조사에서는 "신新공기업 정책 도입 이후 경영합리화 노력이 상당히 혹은 많이 진전되었다"고 응답한 사람 비율이 64.4%였다. 경영개선 노력을 체감할 수 있는 간부급들은 93.1%가 "그렇다"고 응답했다. 1983년 이전과 비교하여 공기업 최고경영자의 경영개선 의지가 "새로워졌거나 아주 참신해졌다"고 응답한 비율은 전체 응답자의 79%, 특히 집행간부는 100%가 "그렇다"고 응답했다.

공기업 예산 편성 및 집행의 합리적 개선 여부는 응답자의 60.5%가 "상당히 혹은 크게 개선되었다"고 응답했으며, 이 비율은 직급이 올라갈수록 높아졌다. 실제 예산 편성을 하는 상위 직급일수록(집행간부의 경우 75.9%) 개선의 체감효과가 높았던

---

2 세계은행 공기업 담담 부서장인 메리 설리Mary M. Shirley 박사의 1989년 특별 보고서 *Improving Public Enterprise Performance: Lessons from South Korea* 참조.

것이다. 물품구매 및 공사계약의 효율성은 전체적으로 50%(집행간부는 82.7%)가 "상당히 혹은 크게 개선되었다"고 답변했고, 70% 이상이 "대민서비스가 개선되었다"고 응답했다. 경영평가지표가 장기적 경영계획 및 전략 수립에 도움이 되느냐는 질문에는 47.4%가 "크게 혹은 다소 도움이 된다"고 응답한 반면 "도움이 되지 않는다"는 답변은 11.2%에 불과했다.

4장

KDI 공기업 평가제도의 확산

서울시와 지자체의 KDI 평가제도 원용

KDI가 만든 공기업 평가제도는 중앙정부 산하 일부 공기업에서 지방정부와 지방자치단체 공기업 등으로 확산되었다.

서울특별시는 1987년부터 지하철공사, 시설관리공단, 강남병원, 농수산물도매시장관리공사 등 4개 서울시 산하 공기업에 대해 자율 및 책임경영을 부여하고, 분야별 전문가들로 경영평가단을 구성하여 경영실적을 평가했다. 서울특별시는 평가 결과에 따라 정부투자기관과 같이 추가적 인센티브 상여금을 차등 적용했다. 서울특별시의 지방공기업 평가지표는 기본적으로 KDI가 개발한 모형을 활용했고, 경영평가단원들도 정부투자기관 경영평가단원으로 작업에 참여한 전문가들을 중심으로 구성했다.

행정자치부 역시 관련법을 고쳐서 전국 지방자치단체의 상하수도 사업소 및 지방의료원 등 지방공기업에 대해 경영평가를 하는 제도를 도입했다. 평가는 행정자치부 산하에 있는 지방자치경영협회가 주관했으나 전문 평가단원들은 역시 정부투자기관 경영평가의 경험이 있는 전문가들을 중심으로 구성되었다. 평가지표나 평가

방법 역시 대체로 KDI 공기업 연구진의 모델을 활용했다.

송대희 서울시나 행정자치부 지방공기업과에서 가만히 지켜보니까 경제기획원과 KDI가 시행하는 공기업 평가가 대단해 보인단 말이에요. 정부투자기관의 생산성이 증가되는 것도 눈에 보이고요. 그래서 서울시가 1987년부터 중앙정부의 공기업 평가제도를 그대로 가져가서 서울시 산하 공공기관에 적용하기 시작했어요.

예전에는 행정적으로 일일이 규제하고, 예산도 서울시가 다 직접 결재하고 처리했는데 그런 직접 규제를 없애고 중앙정부처럼 경영 자율성을 부여한 거예요. 사후 실적평가를 할 때는 KDI가 디자인했던 걸 그대로 가져다 썼죠. 200~300개 되는 지방공기업에 대해서도 정부가 1993년부터 관련법을 고쳐서 자율성을 주고 사후 평가를 하게 되었죠.

결국 정부투자기관에서 출발한 이 평가제도가 지방정부와 지방공기업에 확산되고 더 나아가 KDI 같은 공공기관, 연구기관에까지 퍼져 나갔습니다.

세계은행, 한국 제도 높이 평가

한국의 공기업 평가제도는 국내뿐만 아니라 세계적으로도 인정받는 성공사례가 되었다. 세계은행은 1985년과 1989년 두 차례에 걸쳐 한국 공기업 경영평가제도 관련 보고서를 발표하고 "한국 공기업 평가제도는 개발도상국 공기업 경영효율을 증진시킨 대표적 사례"라고 평가했다.

세계은행의 공기업 전문가인 메리 셜리 박사는 1987년 무렵 한국을 방문해 경제기획원의 공기업 정책담당 공무원들과 면담하고 공기업 간부들과도 많은 대화를 나누었다. 그리고 한국의 공기업 평가모델과 제도가 한국 공기업의 효율성 증진에 크게 기여하고 있다는 것을 확인하고 돌아가 이를 국제사회에 알렸다.

셜리 박사는 1989년 세계은행 특별 보고서 *Improving Public Enterprise Performance: Lessons from South Korea*를 발표했다. 이 보고서는 한국 공기업 경영효율성이 KDI

주도로 만든 공기업 평가제도로 크게 향상되었다고 지적하고, 한국의 공기업 평가제도를 다른 나라에서 도입할 수 있는 좋은 모델로 소개했다.

한국 공기업 평가제도를 다른 나라에 적극적으로 알린 또 다른 학자는 보스턴대의 리로이 존스 교수이다. 그는 한국 공기업 평가제도의 입안 단계부터 조언해 주고 도와주었기 때문에 한국 공기업 평가제도를 누구보다 깊이 이해하는 세계적 권위자이다. 존스 교수의 제자인 트리베디Trivedi 박사 역시 존스 교수와 함께 작업에 참여하여 한국을 여러 차례 방문했고 수많은 개도국에 한국의 제도를 소개했다.

1994년에는 유엔개발계획UNDP의 베넷Bennett 박사가 "현재까지 공기업 평가제도가 가장 성공적으로 운영된 나라는 한국일 것이다"라고 지적한 바 있다.

김경섭 제가 공기업 평가 업무를 그만두고 과장으로 승진해 1980년대 후반 무렵 IBRD에 갔을 때 "내가 공기업 효율화 작업을 추진한 경험이 있다"고 했더니 IBRD에서 "그럼 공기업 부문에 배치하는 게 좋겠다"고 해요. 그래서 그곳으로 갔더니 셜리 박사가 책임자였습니다. 거기서 의욕적으로 각 개도국들의 공기업 경영효율화를 추진하고 있더라고요.

그런데 제가 보니까 그 수준이나 정교함이 우리가 고민했던 것의 한 절반 정도밖에 안 돼요. 우리는 KDI가 만든 전체적 개요와 계획을 바탕으로 실제 평가지표의 개발 과정과 집행 과정에서 입체적 고민을 수없이 했는데, 거기는 그 일부만 도입하고 있었어요. 경영목표를 달성하기 위해 여러 가지 제도들만 가지고 접근하지, 우리처럼 전반적이고 종합적이며 실무적인 제도개혁 차원까지 이르지는 못하더라고요.

그래서 제가 그곳에 있을 때 송 박사님이 오셔서 강의를 해 주신 적도 있습니다. IBRD에서는 한국을 완전히 공기업 개혁 선생님으로 알고 있죠. 그 정도로 우리가 일찍 앞서서 치고 나갔던 셈이죠.

KDI 송대희 박사는 당시 세계은행에서 공기업 연구를 같이 해보자는 공식 요청을 받았지만 이를 사양했다. "공기업 평가제도가 이제 막 뿌리를 내리는 미묘한 시점에 세계은행으로 자리를 옮기면 그동안의 노력이 무위로 돌아갈 것을 우려했다"는 것이 그 이유였다.

하지만 송대희 박사 등 KDI 연구진은 세계은행이 주관하는 공기업 국제 세미나에 수차례에 걸쳐 강사로 초청되어 한국의 성공사례를 소개했다. 나아가 외국의 공기업 경영개선 작업에 컨설턴트로 초빙되어 KDI가 개발해 한국 정부투자기관에 적용하는 경영평가모델Performance Evaluation System을 개량하여 현지 사정에 맞게 활용하도록 이끌어 주었다.

성장에서 복지로

의료보험과 국민연금 연구

1장

의료보험제도 연구[*]

의료보험제도 도입의 딜레마

1970년대 한국의 보건 연구를 주도하던 KDI 보건기획단은 1981년에 해체되었다. 그러나 KDI는 오랫동안 쌓아온 보건의료 연구역량을 유지하여 보건정책실로 개편하고 보건의료를 포함한 한국 사회보장 분야 연구에 본격적으로 매진했다.

한국의 의료보험제도는 1963년에 〈의료보험법〉이 제정, 공포되면서 시작되었지만 강제성이 없었기 때문에 큰 의미를 갖지 못했다.[1] 1963년 이후 1970년까지 겨우 직장의료보험 4개와 자영업 조합 7개가 자발적으로 운영되었을 뿐이다. 의료보험 가입자 수도 6만 5,000여 명에 불과했다.

1970년 8월 〈의료보험법〉 개정으로 가입 대상이 근로자와 군인, 공무원, 일반 자영업자까지 확대되었으며, 강제가입 형식으로 시행될 예정이었으나 경기 하락과 재정 부족을 이유로 시행이 무기한 연기되었다. 이에 따라 '제4차 경제사회개발 5개

---

[*] 이 장은 《KDI 정책연구 사례》(KDI, 2003), 216~247쪽, 민재성·박재용 기고문을 기초로 재구성해 집필했다.
[1] 〈근로기준법〉 상의 근로자와 부양가족이 적용 대상이었다.

년 계획'(1977~1981년)이 수립되던 해인 1975년 한국 의료상황은 열악하기 짝이 없었다. 종합병원 형태를 갖춘 병원은 37개로 100만 명당 1개꼴이었고, 입원 가능한 병원은 133개, 일반의원 수는 6,087개에 불과했다. 의사 수도 턱없이 부족하여 의사 한 명이 인구 2,100명을 돌보는 셈이었다.[2]

경제기획원은 제4차 5개년 계획을 수립하면서 의료보험제도의 도입을 구상했지만 주무부처인 보건사회부는 제도의 수용성 및 재원 마련 측면에서 아직 의료보험을 실시할 단계가 아니라는 부정적인 입장이었다. 그러나 경제기획원은 KDI 보건기획단이 제공한 의료보험제도 도입 논리에 기초하여 보건사회부 관계자와 여러 차례에 걸쳐 회의와 대화, 토론을 하면서 계획 기간 중 의료보험제도를 시행하기로 합의했다.

어렵게 합의를 이루고 도입이 결정되었지만 단계적 도입이냐, 처음부터 국민 전체를 대상으로 하는 개보험皆保險이냐를 둘러싸고 다시 의견이 갈렸다. 경제기획원의 남덕우 경제부총리가 국민 모두가 혜택을 받는 국민개보험제도를 주장했다. 하지만 이를 행정적·재정적으로 책임져야 하는 보건사회부는 단계별로 대상을 확대해 나가야 한다는 주장을 굽히지 않았다.

당시 쟁점은 의료보험 가입자와 적용 대상자의 결정 문제였다. 보건사회부는 "제1종(500인 이상 사업장 근로자와 부양가족) 및 제2종(일반 지역주민) 의료보험 모두 의료보험조합을 구성하여 조합 책임하에 관리·운영하고 정부는 조합만 감독하자"고 주장했다.

반면 경제기획원에서는 "제1단계에서는 일반 피용자 의료보험의 대상을 근로자만으로 하되 지역의 저소득자를 포함하여 실시하고, 제2단계에서는 일반 피용자 보험 대상을 근로자 전 가족으로 확대하고 전 지역 주민에게도 적용하여 통합운영의 국가보험체제로 발전시키자"는 안을 제시했다.

결국 의료보험을 단계적으로 도입하는 방향으로 결론이 내려졌다. 처음부터 국민 모두를 대상으로 할 만한 행정력도 예산도 인프라도 없었기 때문이다. 보험재정

---

2 통계청, 〈통계로 보는 대한민국〉, 2014.

현실을 감안하여 우선 직장보험으로 시작하여 지역보험으로 확대하고, 최종적으로 직장과 지역보험을 통합하여 장차 국민개보험을 실시하기로 했다. 이 내용을 기초로 1976년에 〈의료보험법〉이 전면 개정되었고(법률 제2942호), 1977년부터 공공부조 제도인 의료보호제도와 사회보험 방식의 의료보험제도를 결합한 의료보장제도가 처음으로 실시되었다. 이때, 정부는 500인 이상 기업체 근로자들 위주로 사업장별 의료보험조합을 만들도록 했다.

보험재정 측면에서는 부처 간에 별로 이견이 없었다. 보험료는 KDI에서 제안한 대로 "사용자와 피용자가 공동으로 부담하고, 피용자는 표준보수 월액에 대한 정률제로 하면서 최고상한제를 도입하며, 치료비에 대해서는 본인일부부담제를 실시하고, 사무비 일부는 국고에서 보조한다"는 방향으로 결정되었다.[3] 그리고 자영업자의 보험료는 정액제로 하면서 본인이 부담하도록 했다.

요양취급기관은 당초에 보험자와 계약을 통해 지정하도록 했다. 그런데 '종합병원만 계약하자'는 안과 '병원은 물론 의원과 약국 모두를 포함시키자'는 안이 나왔다. KDI에서는 "병원과 의원의 기능 분담을 촉진하기 위해서는 지정 기준의 책정이 긴요하고, 종합병원만 지정하면 지리적 여건상 이용 가능성이 낮아지며, 병원급 이하의 의료기관이 소외된다"고 지적하고, "병원급 이상으로 하되 지리적 여건과 진료 전문과목을 감안하여 민간 의원을 활용할 수 있도록 하고 농촌의료보험은 보건지소를 1차 진료기관으로 하자"고 제안했다. 결국 KDI의 방안이 최종적으로 확정, 시행되었다.

제한적 의료보험제도가 도입되고 2년 후인 1979년 KDI 박종기 박사는 《한국의 보건재정과 의료보험》이라는 연구보고서를 통해 의료보험공단 설립을 주장했다. 이 연구는 "조합 단위로는 전국적 위험분산이 되기 어렵고 소득재분배 기능도 취약하므로 보험운영자는 국가가 되면서 국가 단위의 의료보험공단을 만들어 운영해야 한다. 의료보험사업을 단일 국가의료보험공단에서 운영하더라도 자영업자와 근로자는 경

---

3 보험재정 운영에 필요한 보험료는 개별 의료보험조합이 정부가 고시한 3~8% 범위 내에서 자기 책임하에 자율적으로 결정하도록 하고 기업이 50%, 노동자가 50%를 부담하도록 했다. 1978년 한국에서는 592개의 의료보험조합이 운영되었다.

제적 특성이 다르기 때문에 분리 운영해야 한다"는 점 등을 강조했다.

또한 의료보험 가입자도 300인 미만 사업장으로 확대해야 할 뿐만 아니라 의료서비스 혜택에 취약한 농촌지역 주민과 도시 자영업자들을 포함하는 방향으로 확대해야 한다는 점을 주장했다. 나아가 전국 의료시설을 효율적으로 활용하기 위해 전국 의료기관의 기능과 역할을 계열화하여 1차 진료에서 3차 진료에 이르기까지 연계성 있는 의료전달체계referral system를 도입할 것을 건의했다.

KDI가 건의한 내용은 1980년대 이후 의료보험정책에 대부분 반영되었다. 정부는 1981년까지 의료보험을 100인 이상 사업장까지 확대했다. 동시에 농어촌지역에도 의료보험제도를 도입하기 위해 군위군, 홍천군, 옥구군, 목포시, 강화군, 보은군 등 6개 지역에서 시범사업을 실시했다.

KDI가 시범사업 대상 지역의료보험의 재정을 분석한 결과 재정적자가 나타나 성급한 지역의료보험 확대는 정부재정에 큰 부담이 될 것이라는 결과가 도출되자 지역의료보험 대상은 더 이상 확대되지 못했다.

1983년에 직장의료보험만 16인 이상 기업으로 확대되었다. 이때는 국민의 약 30%에 이르는 1,141만 명 이상이 의료보험의 혜택을 받고 있었다. 이러한 규모는 최초 도입 시기인 1977년의 320만 명에 비해 3.6배 정도 늘어난 것이었다. 그러나 의료보험 혜택을 받는 사람들은 대부분 직장의료보험 가입자였고, 임의보험을 포함한 지역의료보험은 전체의 2.4%에 불과했다.

이에 KDI는 《의료보험의 정책과제와 발전 방향》 연구를 수행하여 1983년 1월에 발표했다. 이는 1977년부터 직장의료보험 위주로 도입된 의료보험에 대해 평가하고 향후 발전방안을 모색하기 위한 종합 연구보고서이다. 연하청·박종기·민재성·홍종덕·박재용·김학영 박사 등 KDI 박사들과 서울대 보건대학원의 한달선 교수와 연세대 의과대학의 김일순 교수 등 많은 연구진이 참여했다.

연구책임자인 연하청 박사는 이 연구에서 다음과 같이 결론 내렸다. 첫째, 현행 의료보험제도는 의료혜택이 더 절실하게 필요한 계층이 오히려 소외되고 있고 의료보험료율이 소득수준과 무관하게 일률적으로 정해지는 등 위험분산과 소득재분배라는 제 기능을 완전히 발휘하지 못하고 있으며, 의료공급자인 병·의원들로부터

파생되는 문제점이 적지 않다.

둘째, 의료비 지불방식이 시술점수제를 채택하고 있어 의료비 상승을 부채질하고 있으며, 진료비 청구 및 심사제도도 허술하다.

셋째, 직장의료보험이 조합자율주의 방식으로 출발했으나 정부 개입이 오히려 심화되어 조합 설립 취지를 살리지 못하고 있다.

이 연구에서 보험재정 문제를 다룬 박종기 박사는 "전체 90% 직장조합이 3%의 보험료를 내고 있는 것에 불과하며, 이는 프랑스, 서독, 영국의 10~20%에 비해 크게 낮은 수준이다. 또한 보험료가 별 근거 없이 임의적으로 결정되어 일관성 있는 보험수리 계산에 문제가 있다.

1981년 보험료 부담액은 1인 평균 6만 5,000원인 데 비해 보험급여율은 74%인 4만 8,200원에 불과하여 상당한 보험재정 잉여가 발생했다. 특히 가족부양률이 낮은 저소득계층일수록 보험급여율이 낮아 보험 혜택을 가장 적게 받는 역진성이 초래되고 있다. 이와 함께 소득수준에 관계없이 일률적으로 적용되는 본인부담제는 저소득층에게 상대적으로 과도한 부담을 주어 병원을 이용하지 못하게 만들고 질병의 조기발견을 지연시켜 결국 개인적·사회적 비용이 더 커지게 만드는 잘못된 유인이 되고 있다. 향후 의료보험을 확대해 나가기 위해서는 이 같은 문제들을 시정해야 한다"고 주장했다.

전 국민 의료보험 시대가 열리다

1986년 9월에 대통령 선거공약으로 전 국민 의료보험 확대를 제시한 노태우 대통령이 당선되면서 의료보험 가입이 1988년에 5인 이상 기업으로 확대되었다. [4] 지역의료보험의 경우도 1988년에 농촌지역 주민, 1989년에 도시지역 주민 등 전 국민 의료보험이 확대 실시되었다. 2000년 7월 1일에 국민건강보험관리공단(조합 + 공단)이 설립되었고, 2003년 7월 1일 재정통합(직장 + 지역)을 이룸으로써 사실상 전 국민 의료보험이 실현되게 되었다.

세계보건기구WHO는 "한국처럼 빠른 속도로 의료보험이 정착된 경우는 세계적으로 드문 성공사례"라고 평가했다. [5] 성공적인 의료보험제도 정착에는 KDI의 지속적 정책연구가 토대가 되었다. KDI는 이 과정에서 꾸준히 의료보험제도에 관한 개선방안 연구를 계속했다.

지역의료보험은 처음 시작될 때 직장의료보험과 달리 적용 대상자들의 평균소득이 낮아 보험료 납부 저항 등이 예상되었기 때문에 정부 국고부담금 지원을 받아 제도가 시작되었다. 사회보험에 공적 부조를 결합시킨 형태였다.

지역조합의 재정 적자는 지역별 편차가 컸기 때문에 정부는 1994년 의료보험개혁위원회를 구성하여 지역의료보험에 대한 국고지원 방식을 개선하고자 했다. 보험급여비의 3.3%인 국고부담금을 연차적으로 확대하여 1997년까지 20%로 높이되 부담능력 격차와 위험요인 차이를 조정할 수 있는 차등 지원 방식으로 전환한다는 내용이었다.

이 같은 배경에서 1995년 KDI는 《지역의료보험의 재정안정화 방안 연구》보고서를 발표했다. [6] 이 보고서는 "정부의 단계적이고 점진적인 방식으로는 WTO 체제에 따른 농업 분야의 급격한 위축 및 빈부격차, 농촌 고령화를 해결할 수 없으므로

---

4 현재는 1인 이상 기업으로 확대되었다.

5 한국경제60년사편찬위원회, 《한국경제 60년사 V》, KDI, 2010, 95쪽 재인용.

6 최병호, 《지역의료보험의 재정안정화 방안 연구: 의료보장개혁위원회의 국고보조금 지원방식에 대한 평가》, KDI, 1995. 최병호는 1983년부터 1995년까지 KDI에 재직했다.

단기적이고 급진적인 방식이 필요하다"고 제안했다.

반면 재정이 양호한 도시지역의 경우는 조합 내에 소득 양태가 전혀 다른 여러 직종의 자영업자가 존재하므로 이를 분리하여 관리하고 특히 고소득 자영업자의 경우 직종별 조합을 조성하여 국고지원을 중단함으로써 국고보조금 낭비 요인을 줄여야 한다고 지적했다.

의약분업 논쟁에 대한 KDI의 기여

1977년 의료보험제도의 첫 시행 이후 10여 년에 걸쳐 전국 개보험으로 확대되면서 의약품 공급도 변화된 의료보험체계의 영향을 받았다. 의료보험의 재정 지원이 늘어나면서부터 의약품 비용이 정부의 강한 규제 대상이 되었다. 특히 병원과 의원들이 의약품을 구매하여 환자들에게 판매하는 과정에서 지나친 마진을 남겼을 뿐만 아니라 이익을 늘리기 위해 환자에게 약을 과다하게 처방하는 등의 사건이 발생해 사회적 문제가 되었다.

의료보험 실시는 보건의료체계에서 의약품이 공급되는 방식에서도 큰 변화와 사회적 논란을 불러일으켰다. 1982년에 제2차 지역의료보험 시범사업이 실시되었는데, 그 결과 지역의료보험 가입자의 경우 병원이나 의원을 이용하는 것이 약국을 이용하는 것보다 오히려 본인 부담이 더 저렴한 것으로 나타났다. 현실적으로 약국이 의료보험이나 보호 체제하에서 요양취급기관으로 완전히 지정받지 못하여 예전에 약국을 자주 이용하던 환자까지 약값을 덜 내기 위해 의료기관, 특히 종합병원에만 환자가 급증하게 된 것이다.

크게 위기감을 느낀 대한약사회에서는 "진료는 의사에게, 약은 약사에게"라는 캐치프레이즈를 내세우며 "약국도 요양취급기관으로 지정하고 의약분업을 실시해야 한다"고 주장했다. 대한약사회의 의약분업 주장에 대해 대한의사협회는 반대의 뜻을 분명히 했고, 두 기관 간에 치열한 공방이 벌어졌다. 정부의 중재에도 양 기관의 대립은 팽팽한 평행선을 달렸다.

이에 대해 KDI는 1982년 의약분업의 기대효과와 제약 요인 연구에서 "의약분업이 국민 건강에 도움이 될 뿐만 아니라 국가 경제 전체의 의료비 지출을 크게 줄일 수 있으므로 의약분업 시행에 찬성한다"는 분명한 입장을 밝혔다.[7] 동시에 현실적 문제점과 선결과제 등을 분석하여 정부에 제시한 바 있다.

이 보고서는 의료보험제도 시행 첫해인 1977년부터 지역의료보험이 도입된 1981년까지 초창기 의료보험제도에 대한 전반적 문제점을 지적했다. 나아가 의료보험의 관리운영, 진료비 심사 및 지불 방법, 의료전달체계, 의약분업, 의료보험의 소득재분배 기능 등과 관련된 문제점을 분석하고 광범위한 개선 방안을 제시했다.

우선 의약분업에 찬성하는 이유가 의료보험 실시에 따른 약국 경영 악화 등 특정 집단의 경제적 이익을 보호하기 위함이 아니라는 점을 분명히 했다. 약이 국민의 건강 및 위생에 극히 중요한데도 지나치게 상품적 가치와 이익 측면이 강조되어 약의 오남용이 이루어지고 있음을 지적하면서 약국과 병원 양측 모두의 문제점을 적시했다. 약국에 대해서는 약사에 의한 '임의조제'가 이루어져 질병의 근본치료보다 대증요법에 그치는 경우가 많았고 근본치료 시기를 놓쳐 질병이 심화되는 경우가 적지 않았다는 점을 지적했다. 병원에 대해서는 의사조제권에 의한 의약품 오남용의 심각성을 부각시켰다.[8] 실제로 1982년 16개 의과대학의 커리큘럼 가운데 약리학과 관련된 학점은 4%, 시간 수는 3.7%에 불과했다.

KDI는 의약분업을 실시할 경우 첫째, 의약품 오남용 및 내성 증가를 방지하여 치료 기간을 단축하고 의료비 지출을 줄이며, 둘째, 전문기술의 분업으로 치료 효과를 높여 의료기관 방문 횟수를 줄이고, 셋째, 투약률 감소와 보험약가의 적용으로 약가가 감소하고, 넷째, 치료기간 단축에 따라 노동생산성이 높아질 수 있다고 평가했다.

다만 의약분업을 도입하는 데는 현실적·법적 제약 요건이 크기 때문에 도입 방식에는 신중을 기해야 한다고 주장했다.

---

7 민재성·박재용, "의약분업의 기대효과와 제약 요인", 〈한국개발연구〉, 4권 4호, 1982.

8 1980년 의료보험 대상 환자의 외래진료비 가운데 약제비가 37.1%로 진찰비 35.6%보다 높게 나타난 점은 의료기관에 의한 오남용 가능성을 시사한다. 더구나 의사가 약의 전문가가 아니기 때문에 의약품 내성이 발생하거나 부작용의 가능성도 배제할 수 없다.

당시 〈약사법〉은 의약분업을 전제로 제정되었지만 약국이 지역의료의 일선을 담당하는 현실을 감안하여 임의조제를 허용하는 내용상의 모순이 있었다. 또한 병·의원과 약국이 대도시에 집중되어 있고 73.7%의 지역 내에 의료기관이 없어 의약분업을 실시할 방법이 없었다. 만약 농어촌지역에서 무턱대고 의약분업을 실시한다면 고생 끝에 병원에 가서 처방받았는데 그 후 다시 약을 구입하기 위해 다른 도시로 약국을 찾아 헤매는 결과를 초래하는 것이다. 의약분업을 주장하는 약국에서도 병원이 처방하는 모든 약을 모조리 갖춰야 하는 등 현실적 문제점이 적지 않았다. 한마디로 의료기관 및 약국의 수용 태세로부터 의료전달체계, 의약품 유통체계에 이르기까지 제약 요인이 무수히 존재했던 것이다.

"현실 여건상 의약 완전 분업은 거의 불가능하기 때문에 먼저 특정 지역을 정해 시범사업을 실시하고 대도시 지역으로 확대한 후에 여건이 갖추어지는 대로 전국으로 확대하는 것이 좋다"는 KDI의 건의를 받아들여 정부는 지역의료보험 시범사업 지역인 목포에서 의약분업 시범사업을 추진했다.

1984년 5월에 목포시에서 시범적으로 의약분업이 실시되기도 했으나 여전히 의료기관의 원외 처방전 발행은 1980년대 초반과 마찬가지로 여전히 미흡하여 그해 12월까지만 계속되다가 중단되었고,[9] 다음 해부터는 임의분업으로 전환되었다.

그 후 의약분업제도는 계속 뜨거운 논쟁이 지속되다가[10] 드디어 2000년 7월부터 강제 의약분업을 시행하게 되었다. 의약분업제도 시행과 함께 직장의료보험과 지역의료보험도 통합되어 국민건강보험으로 출범하게 되었다.[11]

---

9 예를 들어 1981년 7월에서 12월 사이에 의사가 약국으로 원외 처방전을 발행한 실적은 48건으로 총 외래진료 건수인 9만 3,123건에서 0.05%에 불과했다.

10 1993년 한약조제권분쟁으로 인해 강제 의약분업제도를 도입하게 되었고, 또다시 의약분업 논쟁이 불붙었다. 1999년 의약분업 시행을 위한 〈약사법〉이 통과되고 실거래가 상환제가 실시되자 대한의사협회는 '의권쟁취투쟁위원회'를 출범시키는 등 의약분업 반대 투쟁에 나섰다. 의사들은 약사의 임의조제 금지, 전문의약품 비율 확대, 대체조제 금지, 건강보험 수가 현실화 등을 내세워 집단휴업 투쟁을 벌이기도 했다.

11 2000년 3월 의약분업 실시를 위한 의약품 분류 결과를 발표하고, 4월에는 지역별 의약분업협력회의를 주도하는 중앙의약분업협력회의를 상설기구로 발족시켰다. 5월에는 약사의 대체조제가 가능한 818개 의약품을 지정 공고했고, 의약분업에 필요한 각종 관련법이나 시행 규칙을 정비했다(차흥봉, 《의약분업 정책 과정》, 집문당, 2006).

그러나 급격한 제도 변화와 시행 과정에서의 준비 부족, 의약단체의 과다한 요구 수용으로 보험재정이 급격히 악화되었다. 건강보험이 재정파탄 위기를 맞게 되자 KDI는 건강보험 재정과 관련한 연구를 계속했다.

연하청 박사는 의료보험 확대와 재정안정화 방안을 연구했다. [12] 이혜훈 박사는 의료보험 재정위기에 대한 보고서에서 건강보험의 재정 악화 원인을 분석하는 한편 대안을 제시하여 정부에 건의했다. [13]

이 보고서는 "급속한 의료보험 재정 소진은 소득 증가, 고령화, 급여 확대 등 기존에 내재되어 있던 요인보다 의약분업 추진 과정에서 유발된 측면이 강하다"고 지적했다. 의료보험 재정 지출 증가의 대부분을 설명하는 급여비 중 입원 진료비는 의약분업 이후 9%의 증가세를 보인 반면 외래 진료비가 72%의 폭증세를 기록한 것으로 나타나 외래에만 적용된 의약분업이 재정 소진의 직접적 계기였다는 것이다.

또한 이 보고서는 재정안정화 대책으로 "국고 지원을 한시적으로 확대하는 한편, 진료비 지불제도의 근본적 개혁, 수가 조정, 권장 약품 목록제 도입, 전문의약품 재분류, 보험료 인상, 소액 질환의 본인 부담 강화 등의 방안을 취해야 한다"고 제안했다.

[12] 연하청, 《의료보험 확대와 재정안정화 방안》, KDI, 1987.
[13] 이혜훈, "의료보험 재정위기: 원인과 대책", 《KDI 정책포럼》, 155호, 2001, 5.

2장

사회보장 및 소득분배 개선 연구

경제개발 계획에 인본주의 등장

1970년대 말과 1980년대 초에 걸친 '제4차 경제사회개발 5개년 계획'(1977~1981년)의 핵심 방향은 '성장·형평·능률'이었다. 자력 경제성장과 기술 혁신으로 생산성 제고를 추구하면서도 '형평성 증진'을 3대 목표 중 하나로 제시한 것이다.[1] 따라서 제4차 계획부터 경제개발에서 '사회의 균형발전과 소득분배 개선' 문제가 본격적으로 제기되었다.

당시 경제기획원 사무관이던 오종남 박사의 증언이다.

오종남 제가 개도국 공무원 대상 강의를 할 때 꼭 강조하는 대목인데, 1962~1966년 '제1차 경제개발 5개년 계획'부터 시작하여 쭉 경제개발 계획이 진행되다가 제4차 때 최초로 '사회발전'이라는 단어가 등장했는데 일반인들은 이 변화를 잘 몰라요.

---

[1] 국가기록원, "기록으로 보는 경제개발 5개년 계획", 국가기록원 광복 70년 테마 사이트, 2015, https://theme.archives.go.kr/next/economicDevelopment/viewMain.do

이때 처음으로 경제개발과 발전 문제를 넘어선 인간의 문제, 사회적 형평성 문제를 정부가 인정한 것입니다. 대한민국이 생기고 나서 1977년 이후 처음으로 경제발전에 '인본人本'이라는 개념이 도입된 것이죠.

'제4차 경제사회개발 5개년 계획'은 이전 경제계획과 두 가지 점에서 차별화되었다. 첫째, 경제개발 계획에 처음으로 사회 부문이 포함되었다. 둘째, 어떤 정부 사업이든 5개년 계획에 포함되지 않으면 예산 편성 때 고려 대상이 되지 못하게 되었다.[2] 따라서 경제개발 계획에 사회복지가 포함되었다는 것은 사회복지 문제가 국가적 의제로 전면에 드러났을 뿐만 아니라 예산의 공식적 지원을 받게 되었음을 의미한다.

실제로 정부는 4차 5개년 계획 기간 중 사회개발 부문 투자 예산에 3차 계획 기간 대비 77%를 증액하여 배분했다. 사회개발 계획 작성 과정에서 의료보건 부문에 대한 투자는 3차까지의 계획 대비 4.7배를 늘렸다. 특히 병상 및 장비에 63배, 보건소에 17.5배를 증액 배분했다.[3]

경제적 불균형 해소의 문제의식 대두

KDI는 '제4차 경제사회개발 5개년 계획'의 지침과 계획 수립 당시 이 분야에 적극적으로 정책자문을 했다. 정책 수립 후에도 10여 차례 경제정책협의회를 개최하여 전문가와 민간 의견을 적극 수렴했다. 그 결과, 제4차 계획은 "1980년에 대비하여 모든 국민의 최저 소득수준 보장과 생활안정 보장을 위한 사회보장제도의 기반 확립과 제도의 준비에 역점을 둘 것"이라고 기본 정책 방향을 밝혔다.

더 구체적으로 첫째, 의료보험제도의 보험 대상을 단계적으로 확대해 나가고, 둘째, 18세 이상 60세 미만의 모든 국민을 대상으로 국민복지연금제도를 실시하기 위

---

2 강경식, 《국가가 해야 할 일, 하지 말아야 할 일》, 김영사, 2010, 298~299쪽.

3 물론 이 숫자에는 통계적 허수가 숨어 있다. 그때까지 사회보장 분야에 배정된 예산 액수가 너무 낮아서 약간의 증가액만으로도 배율이 높아지는 '기저효과'가 작용한 것이다.

한 기반과 제도를 만들 것이며, 셋째, 산업재해 보상을 받을 수 있는 대상 기업을 15인 이상 사업장에서 5인 이상 사업장으로 확대하고, 넷째, 의료보호 등 공적 부조를 대폭 강화할 것이라고 언급했다. [4]

빈약한 재정에도 불구하고 정부가 사회개발을 중요한 3대 정책 이슈로 상정한 이유는 무엇일까? 당시 한국 사회는 과거 20여 년간의 고도성장으로 1인당 국민소득이 급속히 증가했으나 근로자 복지 및 사회취약계층을 위한 사회보장체계가 낙후되어 정치적 불안요소로 등장했기 때문이다.

안정론자인 신현확 부총리 체제가 들어선 직후인 1979년 초 대통령 연두 업무보고에서, 경제기획원이 마련한 '80년대를 향한 새 전략'은 다음과 같이 언급한다.

> 경제사회의 균형발전에 관심을 두어야 한다. 이를 위한 사회개발에 특히 역점을 두어야 한다. 산업 간의 생산성 격차, 계층 간 소득격차를 줄여야 한다. 사회 기초시설의 미비 등 경제사회의 이중구조는 사회적 비용을 증대시키고 성장잠재력을 감퇴시키는 요인이 되므로, 중산층 육성이 필요하고 국민의 기본수요 충족을 통한 국가적 귀속감과 사회적 일체감을 갖도록 세심한 배려가 필요하다.

이 같은 정부의 정책 방향 선회를 이론적으로 지원하고 장기 정책의 수립과 집행을 지원하기 위해 KDI 조직 내에 사회개발부가 신설되어 박종기 박사가 책임지게 되었다. 1부 거시경제, 2부 산업개발, 3부 사회개발부가 만들어져 거시 및 산업과 어깨를 나란히 하게 된 것이다.

연하청 당시 KDI는 경제성장에 따른 고용 창출과 소득 유발이 빈곤 문제를 어느 정도 해소할 수 있으나 노동 능력이 없는 노약자, 아동 및 연소자, 장애인 등의 최저생활을 위한 소득보장income maintenance 정책 수립이 필요하다고 봤습니다. KDI의 이러한 시각은 추후 〈생활보호법〉(1961년 제정)이 1980~1990년대에 지속적 개선 과정

---

4 국가기록원, 〈제4차 경제사회개발 5개년 계획(안)〉, 제6장, 258~263쪽.

을 거쳐 〈국민기초생활 보장법〉(1999년 제정)으로 재탄생하는 데 중요한 이론적 근거를 제공했죠.

둘째, 전통적 대가족 제도의 붕괴와 핵가족화 현상에 따른 가족 간 연대감 및 책임감의 약화 등 사회적 변화가 발생하여 국가에 의한 사회보장제도의 확충과 재정비 필요성이 높아질 것으로 봤습니다.

셋째, 전례 없이 빠른 속도의 공업화와 산업화는 사회보장 욕구를 증대시키는 요인으로써, 사회적 위험 발생 가능성이 상대적으로 높아짐에 따라 사회보장제도(특히, 4대 사회보험제도)의 선제적 재정비가 필요하다고 판단했습니다.

넷째, 한국이 사회안보 차원에서 북한을 압도하려면 사회경제적 취약계층에 대한 최저생활 보장이 가장 시급한 정책과제 중 하나라고 평가했습니다.

KDI 사회개발부는 우선 1979~1980년 2년간 보건사회부 등 여러 정부 부처의 협조를 얻어 사회보장과 관련된 사회경제적 제반 요인을 분석하는 연구에 착수했다. 또한 선진국과 개도국을 두루 방문하여 각국 사회보장제도에 대해 정보를 얻고 각각의 장단점을 비교 분석했다. 그 결과는 1981년 1월에 《사회보장제도 개선을 위한 연구보고서》에서 발표되었다. [5]

김만제 원장은 이 보고서 서문에서 "불균형 발전 전략이 장기화된 데 따라 누적되어 온 갖가지 사회적 문제점들을 개선하고, '제5차 경제사회발전 5개년 계획' 수립의 준비 과정 중 하나로 사회보장에 대한 합리적 정책 수립과 사회보장제도 발전을 위한 기본 방향 설정을 위해 KDI가 작업팀을 꾸려 지속적으로 연구해온 결과를 집대성한 것"이라고 밝혔다.

경제사회 발전의 장기 계획을 수립하기 위해 한참 전부터 미리 준비하고, 충분한 데이터와 자료, 분석 결과를 바탕으로 정교한 정책 수립을 제안하는 KDI의 체계적인 연구 패턴을 짐작할 수 있는 대목이다.

---

5 박종기 외, 《사회보장제도 개선을 위한 연구보고서》, KDI, 1981. 이 연구에는 박종기·서상목·연하청·김동현·민재성 박사 등이 참여했다.

제5차 5개년 계획부터 사회개발 본격화

1970년대 후반은 불균형 성장 전략을 통해 급속히 경제발전을 이룬 부작용이 여러 측면에서 동시다발적으로 발생하기 시작한 시점이었다. 저임금 노동력이 일자리를 찾아 도시로 몰려들면서 도시 주거환경이 악화되었다. 계층 간 소득 불균형과 사회적 불평등의 폐해가 가시화되고, 각종 질병과 교통사고 등의 사회적 위험이 크게 증가하기도 했다.

또한 산업구조의 중심축이 1차에서 2차, 3차 산업으로 이전함에 따라 봉급생활자 수가 크게 늘어났다. 저임금 생활자가 갑작스럽게 실업이나 퇴직을 당했을 때 생계가 막연해지는 문제가 사회적 관심사로 떠올랐다. 급속한 공업화 추세에 따라 각종 산업재해도 늘어났다. 이에 따라 저임금 근로자를 보호하고 국민에게 최소한의 삶의 질을 보장해 주어야 한다는 의식이 국가발전과 사회안정이라는 거시적 안목에서 크게 부각되어 제5차 계획의 중심 이슈로 등장했다.

KDI는 1980년에 수립된 '제5차 경제사회발전 5개년 계획'(1982~1986년) 수립 작업에 참여했다. 여기에는 과거 KDI가 수행했던 주요 사회보장 관련 연구, 즉 산업재해보상보험 제도 연구, 고용보험제도 연구, 공적부조사업 연구, 사회복지서비스 연구 및 연금제도와 퇴직금제도 연구 등이 총체적으로 집대성되어 반영되었다.

연하청 1980년대 초 5차 계획을 수립할 때 경제기획원과 KDI 간의 암묵적 합의가 있었습니다. 국가 개발정책은 경제 규모의 확대를 도모하는 고도성장도 중요하지만, 정책적 측면에서 좀 더 사회적 형평과 경제적 효율의 조화를 이루는 '새로운 경제사회발전 모델'을 마련할 전환기적 시점이라는 것이었죠.

홍은주 이와 같은 공감대가 정부와 KDI 사이에 이루어진 배경은 무엇인가요?

연하청 1970년대 말부터 1980년대 초까지 극심한 성장과 분배 논쟁으로 당시 사회보장제도가 주요 기능의 하나인 국민연대national solidarity의 역할을 수행하지 못한다고 지적되곤 했습니다. 우선 과거 20년간 적극적인 공업화 정책에 의해 전례 없는 경제성장을 이룩했지만, 사회통합 및 복지 분야는 그때까지 적극적 정책을 펼치지 못했죠.

그러다 1980년대 초 들어 급격한 정치·경제 질서의 재편과 사회 질서의 변화가 발생했습니다. 새롭게 형성된 다수의 노동자 계층의 요구가 분출하고 계층 간 갈등이 심화되면서 국민연대 의식 강화가 절실히 필요해진 것이죠. 한마디로 1980년대 당시 한국 사회가 직면한 주요 정책 화두 중 하나는 넓은 의미에서 복지의 향상이었습니다. 이는 사회적 의사결정 과정에서 '국민참여 확대'와 국민생활의 '삶의 질 향상'이라는 두 차원에서 동시에 시도되어야 했습니다.

당시 정부, 특히 경제기획원 기획국과 KDI 연구진은 국민적 합의하에 성장과 복지의 균형발전은 성장, 복지, 참여의 조화로운 발전이라는 기본 이념의 구현으로 가능하다고 보았습니다. 이것이야말로 21세기를 향한 경제사회 발전의 성숙화를 가능하게 하는 길이 되리라고 믿었습니다.

홍은주 제5차 5개년 계획 때 KDI가 기여한 연구 분야는 어떤 것이었습니까?

연하청 의료보험제도의 문제점 및 자영업자 계층을 포함한 전 국민 적용 확대 개선 방안, 그리고 향후 시행될 고용보험, 국민연금보험의 소득재분배 효과, 노동시장에 미치는 영향, 4대 사회보험 재정 추계 및 경제 전반의 기대효과 등이었죠. 정부는 KDI 연구진에게 이러한 정책과제를 지속적으로 연구하고 검토, 분석하도록 요구했습니다.

사회보장제도 종합 연구

1980년대에 '제5차 경제사회발전 5개년 계획'의 사회보장정책을 수립하는 데 바탕이 된 '사회보장제도 개선을 위한 연구'의 총괄책임자는 박종기 박사였다. 산재보험과 고용보험제도는 연하청 박사가 연금보험과 퇴직금제도는 민재성 박사가 연구했으며, 서상목 박사는 공적 부조, 김동현 박사는 사회복지 서비스를 연구했다. 6

연구 총론에서 박종기 박사는 "1970년대에 산업구조가 크게 변화하여 각종 산업재해와 질병이 늘고 있고 상대적 빈곤율이 증가하여 사회적 불만을 낳고 있으며 고령화와 핵가족화가 진행되고 있어 사회보장제도 도입은 선택이 아니라 필수"라고 전제하고 "다만 '요람에서 무덤까지'를 자랑하던 서구 선진국의 사회보장제도가 적지 않은 문제점과 부작용을 야기하는 점에 비추어 볼 때 초기 제도설계부터 치밀한 계획과 철저한 운영이 필요하다. 선진국의 실수를 되풀이하지 않도록 정책 입안 과정에서 국민 각자의 자주적 책임을 이끌어낼 수 있도록 장기적 기본 방향을 계획하고 설정해야 한다"고 연구의 목적과 방식을 설명했다.

산재보험과 고용보험을 연구한 연하청 박사는 "공업화에 따라 산업재해 및 재해사망률이 계속 늘고 있지만 산업재해 보상보험의 경우 정작 사고율이 높은 영세 중소사업장이 제외되어 있고, 업무 수행 및 업무와의 관련성 등 두 요건을 모두 입증해야만 업무상 재해로 인정받는 한계가 있다"고 지적하고 산재보험의 개선 방향을 다음과 같이 제시했다.

첫째, 현재의 산재보험제도는 재해를 입은 사람에 대해 최소한의 사후적 생활 대책에 불과하므로 중대 장애자의 경우 일시급으로 지급하지 말고 노동력이 상실되어도 생계보장이 되도록 연금 형태로 강화해야 하며 이를 위한 기금조성이 필요하다.

둘째, 재해 예방을 위한 사전적·사후적 종합재해 예방대책이 마련되어야 하며 적용 범위도 연차적으로 확대해야 한다.

셋째, 산업재해를 입은 사람들이 치료받을 수 있는 의료시설이 부족하므로 산재

---

6 박종기 외, 《사회보장제도 개선을 위한 연구보고서》, KDI, 1981.

지정 병원의 확대가 필요하다.

고용보험에 대해서는 "산업구조 변화 등으로 높은 실업이 추정되는데도 종합적 대책이 마련되지 않고 있다. 장기적 고용안정 정책으로 고용실업보험제도가 도입되어야 한다"고 전제하고 "고용보험은 다른 사회보험과 달리 적용범위가 제한되어 있고 비용은 사용자·노동자·정부, 3자가 공동으로 부담하는 경우가 많다. 또한 보험의 성격상 악용이 문제가 될 수 있어 선진국들도 지급 사유를 까다롭게 하고 보험급여 기간도 통상 26주로 단기간에만 지급하고 있다"면서 조심스러운 제도설계를 당부했다.

퇴직금제도의 문제점과 개선 방향 연구

1984년에는 민재성·박재용 박사가 《퇴직금제도의 문제점과 개선 방향》 보고서를 발표했다. [7] 이 보고서는 "퇴직금이 직장인의 노령시대에 대비한 유일한 대안인데도 당시 평균 퇴직금이 약 1,000만 원 정도로 연 8%의 이자율을 가정할 때 월 6만 7,000원 정도에 불과하여 현실적 노후 대안이 될 수 없다. 더욱이 기업의 퇴직급여 충당금은 실제 누적퇴직금의 57%에 불과하며, 퇴직금을 사외에 적립하지 않아 도산하는 경우 98%가량이 퇴직금 일부, 혹은 전액을 지급하지 못하고 있다"고 퇴직금제도의 전반적 문제점을 지적했다.

이 연구는 또 〈근로기준법〉상 사용자의 퇴직금 지급을 의무화하는 이상 설령 사내유보 방식을 취하더라도 이자와 배당소득을 포함하여 그 권리는 마땅히 근로자에게 귀속되어야 하는데도 사용자 측이 이를 마음대로 유용하는 경우가 많아 기업 부도 시 노동자의 권리 확보가 되지 않고 있음을 지적했다. 그나마 퇴직금을 받을 수 있는 기업 수는 제한되어 있고, 50%가 넘는 1년 미만 퇴직자나 짧은 근속연수의 퇴직자는 사실상 아무런 노령 대책이 없는 상황이다. 실업보험 대책이 없는 상황에서 퇴직금이 노동이동을 예방하여 기업생산성을 높인다는 점에 비춰 볼 때 자발적 퇴

---

7 민재성·박재용, 《퇴직금제도의 문제점과 개선 방향》, KDI, 1984.

직자가 아닌 실업자에 대한 구제책이 필요하다.

세법에서도 퇴직금을 소득으로 볼 것인지 아니면 사회보장제도의 하나로 볼 것인지에 대한 명확한 인식이 없고, 공무원과 군인, 교원들의 경우만 퇴직소득을 면세해 주고 있어 형평성이 결여되어 있으므로 이를 개선해야 한다.

또한 핵가족화와 고령화 추세 속에서 퇴직금은 노령세대의 영구소득 상실에 대한 대비기능이 되어야 하므로 장기적 안목에서 일시금 수령이 아닌 노령연금으로 전환하는 것이 필요하며, 공적연금과 퇴직금이 상호연관이 되도록 제도설계를 해야 한다고 개선 방향을 제시했다.

소득재분배와 빈곤대책 연구

1960년대 초 이래 20여 년간 지속된 고도성장으로 평균적 국민소득 수준은 크게 향상되었다. 그러나 그 이면으로 지역 간·계층 간 갈등은 점차 심화되어 1980년대에는 경제성장 전략 개발 못지않게 사회보장 분야에 대한 사회적 수요가 증대되었다. 이러한 시대적 흐름에 부응하여 KDI는 1970년대에 축적된 사회보장 분야 연구 기반을 활용하여 1980년대부터는 소득분배, 빈곤대책 등의 연구에도 박차를 가하게 되었다.

주학중 박사는 계층별 소득분포의 추계와 변동 요인 연구에서 "한국의 소득분포 상태는 1970년대 들어 점차 악화되고 있다. 1965년 0. 344였던 지니계수는 1976년 0. 391로 1978년에는 0. 404로 계속 높아졌다"고 분석했다. [8] 이 연구는 또한 1978년부터 1979년까지 2년에 걸친 계층별 소득분포의 추계와 분석, 부문별 분배의 결정요인, 조세와 보조금의 재분배 효과, 임금구조와 소득분배, 교육투자와 분배, 절대빈곤 등 소득분배 문제의 다각적 실증 연구를 실시했다.

1980년대에는 부족한 기초자료상의 문제를 보완하기 위해 별도의 소득조사를 실

---

8 주학중, "계층별 소득분포의 추계와 변동 요인", 《한국의 소득분배와 결정요인(상)》, KDI, 1979.

시하는 한편 기본생활 요건과 경제개발정책 간의 관계를 분석했다. 또한 자산, 출산력, 재정 등 분배의 전략적 변수에 관한 연구도 수행했다.

이후에도 KDI는 분배 문제에 대한 연구를 지속하여 경제의 과도한 불평등을 줄일 수 있는 각종 제도를 제안했다. 1989년 경제기획원의 강봉균 국장의 《한국의 경제개발 전략과 소득분배》 연구는 금융 소득과 부동산 소득 등 보유자산의 불평등 구조에 주목했다. 9

이 연구는 "갈수록 한국의 분배구조가 악화되는 가운데 금융저축 자산의 소유에 따른 지니계수는 1984년을 기준으로 할 때 0.5610으로 일반 지니계수 0.3567보다 훨씬 높게 나타나 편중도가 심하다는 것을 보이고 있고, 토지자산 소유자의 편중도는 금융자산보다도 더 큰 집중도를 보이고 있다"고 분석했다.

이어서 "지나친 부의 편중 현상으로 인한 소득불평등 정도를 줄이기 위해서는 금융자산소득에 누진 종합과세를 실시하고 토지자산의 경우 가격상승으로 얻은 이득에 과세를 강화해야 한다. 이를 위해 이자 및 배당에 대한 종합과세와 주식 양도차익 과세의 도입, 재산세 과세표준 현실화와 종합토지세 등의 활용이 필요하다"고 주장했다.

그 후 1987~1991년 제6차, 1992~1996년 제7차 5개년 계획을 수립할 때도 KDI 연구진은 사회보장 분야에 능동적으로 참여했다. KDI의 사회보장 연구는 당시 책임자였던 박종기 박사가 인하대로 전직함에 따라 연하청 박사가 주관하게 되었다. 사회적 갈등 해소를 위한 소득재분배 정책은 주학중 박사가 주관하여 해당 분야의 연구진을 강화해 나갔다. 10

9 강봉균, 《한국의 경제개발 전략과 소득분배》, KDI, 1989.
10 KDI 원외에서는 유광호(한국정신문화연구원), 이경룡(서강대), 신수식(고려대), 한달선(서울대), 김일순(연세대) 교수 등이 KDI 사회보장 연구에 참여했다. 소득분배 연구에는 배무기(서울대), 김대모(중앙대), 정창영(연세대) 교수 등이 참여하여 1980년대 사회보장 연구를 이어 나갔다.

개도국 사회개발에 대한 지식자문

1980년대 들어 KDI가 정책연구기관으로서 위상이 높아지고 국제적 명성을 얻자 보건사회 분야의 정책자문 요청이 쇄도했다. 우선 국제개발처USAID의 요청으로 태국 농어촌지역의 보건의료사업인 람팡 지역 WACHRCON 사업에 KDI 연구진이 파견되어 자문활동을 했다.

연하청 의료취약 지역 주민을 위한 한국의 1차 보건의료 정책인 보건진료원CHP 사업 경험을 바탕으로 KDI 연구진이 USAID 지원하에 직접 태국에 파견되어 자문활동을 한 적이 있습니다. 태국 정부는 우리의 정책 경험을 받아들여 태국 람팡 농어촌지역의 WACHRCON 1차 보건의료사업을 추진했습니다. [11]

1986년 11월에는 연하청 박사가 파키스탄의 요청에 따라 사회개발 부문 자문을 하기 위해 출국했다. UNDP 컨설턴트 자격으로 3주 동안 파키스탄 여러 지역을 방문 조사하여 정책자문을 하고 보고서를 제출한 것이다.

연하청 1986년에 파키스탄 정부가 제7차 5개년 계획의 사회개발 부문 자문활동에 KDI 연구원이 참여해 달라고 UNDP를 통해 KDI 안승철 원장에게 요청했습니다. 이는 파키스탄 경제기획성이 IBRD를 통한 서방 학자들의 자문보다는 당시 '아시아의 네 마리 용龍' 중 하나로 주목받던 한국의 경제개발 중 사회개발 부문의 경험을 공유하기 위한 시도였습니다.

이에 따라 11월 2일부터 11월 26일까지 제가 파키스탄에 UNDP 컨설턴트로 파견되어 이슬라마바드, 라호르, 카라치, 페샤와르 등 지역사회개발 부문을 현지 답사했습니다. 특히 보건의료정책, 교육정책, 노동정책 분야와 관련 시설을 관심 깊게 살펴봤죠.

---

[11] 이에 관한 KDI의 주요 정책연구 보고서는 다음과 같다. 연하청, *Analytical Framework for Evaluating Health Demonstration Projects*, KDI, 1978 ; *The First-Round Evaluation of the Health Demonstration Project*, KDI Working Paper 7905, 1979 ; 연하청, *Primary Health Care in Korea: An Approach to Evaluation*, KDI, 1981.

홍은주 그래서 파키스탄 정부에 어떤 내용을 자문해 주셨습니까?

연하청 자문 과정에서 파키스탄 경제기획성 관리들과 많은 의견을 주고받았죠. 사실 3주라는 단기간에 파키스탄의 사회개발 전 분야를 숙지하고 정책자문을 하기에는 어려움이 있었습니다. 이때의 제 개인적 경험을 통해 비춰 볼 때, 우리나라 경제개발 초기인 1960년대에 5개년 계획을 지원하기 위해 IBRD 등에서 단기 파견되어 우리에게 자문활동을 해 준 미국 학자들도 참 어려웠을 것입니다.

제가 최종 자문 보고서를 쓰기 위해 고민 끝에 착안한 것이 여성 교육과 여성 노동력의 적극적 활용이었습니다. 당시에 파키스탄 경제기획성에 체류하면서 관련 부처와 기관을 방문했을 때 여성 근로자를 한 사람도 볼 수 없었어요. 심지어 정부의 모든 부처에서 차와 커피 심부름까지 남성이 하고 있었습니다. 관리들에게 그 이유를 질문했더니, 파키스탄은 종교적 이유로 여성을 교육하지 않으며 여성이 일도 할 수 없다고 했습니다.

저는 파키스탄의 여성노동참여율WLFPR: Women's Labor Force Participation Rate이 아주 낮은 한 자릿수임에 착안하여 여성들을 교육해 노동력으로 활용해야 한다고 제안했습니다. 학령기의 여자아이들이 종교적 이유로 학교에 갈 수 없다면 여자아이들이 갈 수 있는 종교 시설인 모스크에서라도 글을 가르쳐야 한다는 정책 의견을 경제기획성 공식 자문회의에서 강력히 개진했죠. 이를 자문 보고서에도 주요 정책 건의로 명기했습니다.

또한 인적 자본human capital의 육성 없이는 경제개발이 불가능하고, 우리나라의 경제개발 경험에 비추어 볼 때 높은 교육열과 인적 자본 투자개발human capital investment에 따라 경제사회가 발전할 수 있음을 강력히 주지시켰습니다.

당시 경제기획성 장관은 마불 울학 박사였는데, 자문을 마치고 귀국 직전에 이분이 당시 홍순영 주 파키스탄 대사(후일 외교통상부 장관, 통일부 장관)와 저를 오찬에 초대했습니다. 오찬에서 마블 울학 장관은 "내가 IBRD 자문단 일원으로서 한국의 2차, 3차 경제개발 5개년 계획에 참가한 적이 있었는데, 한국 학자가 파키스탄에 와서 자문하는 것을 보니 특별한 감회가 있었다"고 술회했습니다. 그리고 "파키스탄에서 종교적 차원을 뛰어넘어 여성을 교육하는 것이 중요하다는 사실을 지적해 주어 연하청 박사에게 감사하다"는 뜻을 표시했습니다. 홍순영 대사도 KDI 연구원이 파키스탄에 와서 장기 체류하면서 자문활동을 해 준 것에 대해 현지 한국대사로서 감사하다고 말씀하셨던 것이 기억납니다.

나중에 홍순영 대사께 전해 들은 이야기인데요, UNDP 파키스탄 대표인 베레나도 부니보Berenado Vunibo 상임대표의 전언에 따르면, 마불 울학 경제기획성 장관이 "파키스탄의 제7차 5개년 계획을 위해 외부기관의 자문단이 와서 정책 건의해 준 내용 중 KDI 연구원의 자문 보고서가 가장 실질적이고 도움 되는 내용이었다"고 했답니다. "여성이 종교적 이유로 초중등학교에 가지 못해 문맹률이 높아 인적 자본 형성이 안 된다면 전국적으로 퍼져 있으면서 여성도 갈 수 있는 모스크에서 교육하여 문맹률을 낮추라는 현실적 대안에 정말 감사한다"고 했다고 합니다.

홍은주 당시 연하청 박사님이 파키스탄에서 수행한 경제개발계획 자문활동을 들어 보니 현재의 KSPKnowledge Sharing Program와 비슷했군요.

연하청 그런 측면이 있죠. 당시에 KDI는 대외협력 분야 선임연구위원인 황인정 박사의 책임하에 IDEPInternational Development Exchange Program를 운용하고 있었습니다. 이는 개도국 공무원들을 초청하여 단기 연수를 진행하는 프로그램이었죠. 당시 파키스탄 정부의 요청은 이런 단기 연수가 아니라 좀 더 적극적으로 KDI 연구진이 직접 개도국 현지에 와서 체류하며 담당 전문 분야를 자문해 달라는 것이었습니다. 그런 방식이 말씀하신 대로 현재 KDI의 KSP와 유사한 형태였습니다.

3장

국민연금 도입에 앞장선 KDI

KDI의 국민연금 도입 드라이브

1980년 출범한 전두환 정부는 4대 국정지표 중 하나로 '복지국가 건설'을 내세웠다. 경제가 어렵고 정치적으로 혼미하던 시절이었다. 전두환 정부는 사회복지 강화를 국정지표로 내세워 민심을 얻고자 했던 것이다.

1970년대 초반부터 국민연금 시행을 위한 연구를 계속하면서 기회를 보던 KDI 김만제 원장은 1981년 1월 3일 첫 국무회의에서 '복지국가 건설을 위한 기본 구상'을 발표하면서 "이제부터 전 국민 대상 국민연금 시행이 필요하다"고 강조했다.

경제발전의 궁극적 목적은 발전의 지속 그 자체에 있는 것이 아니라 발전의 결과를 모든 사회 구성원과 함께 나누는 복지사회의 건설에 있다. 그런데 사회복지제도의 시행은 장기적으로 대규모의 국가적 재원이 필요하기 때문에 단순한 정책 의지나 당위성만으로 가능한 것이 아니라 이것이 뿌리내릴 수 있는 사회적 토양이 마련되어야 한다. 비옥한 토양에서 사회복지제도의 나무가 잘 자라나야 국민들에게 큰 그늘을 만들어 줄 수 있기 때문이다.

KDI는 이미 1972년에 국민연금을 연구하고 제도 도입을 주장하여 1974년 실시하기로 박정희 대통령의 허락까지 받았지만 1973년 석유파동으로 경제가 악화되면서 무위로 돌아간 적이 있다. 그 후 시간이 흐르면서 경제가 성장했고, 정치적으로 대통령이 바뀌었으며, 사회적으로 복지를 요구하는 목소리가 높아졌다.

KDI는 국민연금 도입을 다시 시도할 시점이라고 보고 경제기획원에서 제5차 계획을 수립할 때 정책 의제로 올렸다.

연하청 정부는 '제5차 경제사회발전 5개년 계획'의 핵심으로 임금근로자를 적용 대상으로 하는 국민복지연금제도 실시를 구상하고 있었습니다. 따라서 제도 도입이 소득분배, 국민저축, 노동시장 임금 및 고용수준 변화, 보험재정 추계 등 국민경제 전반에 미칠 기대효과는 정부의 커다란 관심사였죠. KDI는 이런 문제를 계속 연구했습니다.

그러나 당시 전두환 정부는 복지에 큰 무게를 두지 않고 있었다. 정부 출범 때 내세웠던 '복지국가 건설'이라는 국정지표에도 불구하고 이에 대한 구체적 전략은 제시되지 않았다.

당시 김만제 원장과 함께 1981년 국무회의에 참석했던 서상목 박사(후일 KDI 부원장, 보건복지부 장관)의 증언이다. [1]

그때 김만제 원장과 제가 국민복지연금제도를 포함해 많은 내용을 발표했습니다. 그런데 그날 대통령은 전혀 반응이 없었어요. 장덕진 씨가 경제과학심의회의 위원장이었는데 "지금은 사회복지가 조금 빠른 것 아닌가?"라는 정도의 의견만 있었습니다. 저는 당시 전두환 대통령이 그 내용을 잘 이해하지 못했다고 봅니다.

대통령의 관심을 받지 못한 국민연금제도는 또다시 정책의 후순위로 밀렸다. 재정긴축과 물가안정 등 긴박한 경제 상황에서 국민연금은 시기상조라고 여기는 국무

---

1 육성으로 듣는 경제기적 편찬위원회,《코리안 미러클 5: 한국의 사회보험, 그 험난한 역정》, 나남, 2019, 115쪽.

264

위원도 많았다.

그러나 KDI는 꾸준히 국민복지연금을 연구하고 발표하면서 사회 이슈화하려고 노력했다. 연하청 박사는 국민경제와 복지연금제도 연구를 비롯해 국민복지연금제도 실시와 소득재분배 효과, 국민복지연금제도와 노동시장 파급효과 등 일련의 국민연금 관련 연구를 지속적으로 발표했다. [2]

이 가운데 "국민복지연금제도 실시와 소득재분배 효과"는 '제5차 경제사회발전 5개년 계획'의 일환으로 고려된 국민연금제도의 소득재분배 효과에 주목한 연구였다. 사회보장제도 실시를 통한 소득재분배는 수평적 재분배와 수직적 재분배로 나뉘는데, 이 연구는 소득계층 간의 수직적 재분배 문제를 주로 다루었다.

우선 퇴직금제도의 한계에 대해 지적했다. 기업 근로자들을 대상으로 한 퇴직금제도의 경우 부담의 주체인 기업이 그 부담을 소비자에게 가격인상의 형태로 전가할 가능성이 있으며, 이 경우 저소득층인 일반 국민들이 상대적으로 소득수준이 높은 대기업 근로자들을 부양하는 소득분배의 역진적 행태가 나타날 수 있다는 것이다.

또한 기업들이 퇴직금 부담금을 근로자 임금의 일부로 간주할 경우 퇴직금제도 강화가 실질임금 하락으로 연결될 가능성이 있다. 그런데 노동 공급이 많은 비숙련 저소득계층은 노동협상력이 약해 그 부담을 고스란히 떠안게 되는 반면 고소득의 숙련계층은 협상력이 강해 노동소득 계층 간 임금 격차가 더욱 커지는 형태로 나타난다고 비판했다.

조세 측면의 재분배에 대해서는 한국의 조세수입은 1980년 현재 역진적 성격인 간접세 비중이 67%로 직접세보다 훨씬 높은데, 정부가 공무원, 군인, 교사 등 일부 계층에 대한 연금제도만을 실시하는 것은 이미 역진적 성격의 조세제도하에서 소득의 불평등과 격차를 더욱 키우는 문제점을 낳는다고 지적하고 이를 시정하기 위해 복지연금제도의 필요성을 역설했다.

통계분석을 통해 추정한 결과 복지연금제도가 실시될 경우[3] 월 14만 원 미만의 저

---

2 연하청, 《국민경제와 복지연금제도》, KDI, 1982 ; 연하청, "국민복지연금제도 실시와 소득재분배 효과", 〈한국개발연구〉, 3권 3호, 1981 ; 연하청, "국민복지연금제도와 노동시장 파급효과", 〈한국개발연구〉, 3권 4호, 1981.
3 4~6%의 소득비례 법정 각출금 및 60세 퇴직 후 연금수령을 가정했다.

소득 노동자들은 퇴직 당시 임금의 53.2%를 연금으로 받게 되는 반면 고소득층인 월 60만 원 이상 소득자들은 41.9%의 소득대체율이 되기 때문에 소득재분배 효과가 발생한다는 것이다.

이 연구는 "사회보장제도의 핵심 기능인 국가적 형평성과 국민연대를 확보하며 급속한 산업화와 노령인구 증가에 대응하려면 기존의 퇴직금제도를 보완하고 연금보험의 적용 범위를 일반 임금근로자들에게까지 신속히 적용되도록 하며 장기적으로는 소득이 있는 모든 국민들에게 고루 적용해야 한다"고 강조했다.

대통령, "국민연금은 시기상조" 반대

KDI의 연구를 기초로 하여 1983년 1월 경제기획원은 대통령 연두 보고에서 "국민연금 개선안을 마련하여 연말까지 정부안을 확정하겠다"고 보고했다. 그러나 대통령은 국민연금 시행에 부정적이었다. "제도 시행을 서둘지 말라"고 잘라 말했다. 1년 후인 1984년 1월에도 안승철 KDI 원장이 주요 정책과제의 하나로 국민연금 실시를 언급하자 또다시 강하게 반대했다. 전두환 대통령은 재계에서 주장하는 '시기상조론'에 더 무게를 두었던 것이다.

다음은 안승철 원장과 함께 대통령 보고를 했던 서상목 당시 KDI 부원장의 회고이다. 4

1984년 초에 원장, 부원장이 청와대에 가서 선임 인사를 할 때 국정 7대 과제를 작성해서 설명했습니다. 그 네 번째가 국민연금 시행이었는데 그건 제가 넣었습니다. 안 원장께서는 처음 와서 잘 모르실 때니까요. 그런데 국민연금을 설명하는 대목에서 대통령이 "이게 뭐야?"라고 의문을 제기한 것입니다. 제가 "연금제도가 성숙하려면 30~40년이 걸립니다. 그런데 노령화시대가 생각보다 빨리 오고 있기 때문에 이에 대비하여 국민연금제도

---

4 국민연금사편찬위원회, 《실록 국민의 연금》, 국민연금공단, 2015, 43쪽.

를 지금부터 시행해야 합니다"라고 부연 설명을 했더니 전 대통령이 "서 박사, 당신 말이야 외국에서 오래 살아서 한국을 몰라! 이렇게 하면 한국은 망해!"라고 큰소리로 야단을 칩니다. 거기서 대꾸를 하거나 논쟁을 할 수도 없어 혼나고 그냥 나왔지요.

그랬더니 정부에 "KDI가 국민복지연금제도 말을 꺼냈다가 혼만 났다" 이런 소문이 확 퍼졌어요. 소문이 나니까 아무도 국민연금 이야기를 꺼내지 못하고 정책 추진은 꿈도 못 꾸는 상황이 되었죠.

그러나 국민연금 시행에 부정적이던 대통령의 뜻과 다르게 경제기획원과 KDI는 연석회의를 열면서 국민연금 시행상의 문제와 해법을 꾸준히 논의했다. 의료보험이 이미 실시되고 있으니 사회보험의 양대 축인 국민연금 역시 시기상의 문제일 뿐 곧 시행되리라고 보고 사전 준비를 계속한 것이다.

1984년 8월에는 '제5차 경제사회발전 5개년 계획'의 수정계획을 마련하면서 보건사회부 장관을 위원장으로, 경제기획원, 재무부 등 관련 부처 차관과 노사단체 대표 2명, 기타 위촉 민간위원 5명 등으로 구성된 '국민복지연금 실시 준비위원회'를 구성했다. 대통령의 강한 반대로 인해 정책 추진으로까지 연결시키지는 못했으나, 이 위원회는 1985년 1월 말에 국민복지연금 도입에 관한 중요한 연구를 KDI에 의뢰했다.

KDI에서는 서상목 부원장을 연구책임자로, 민재성 박사, 김중수 박사, 이덕훈 박사 등이 연구에 참여했다.[5] 국민복지연금의 성격이 복합적인 만큼 경제학, 사회정책학, 노동경제학, 금융경제학 전공자가 함께 어우러져 종합적 연구를 수행했다. 이익단체인 한국경영자총협회와 노동조합의 의견을 청취하고 언론계와 학계에 자문하기도 했다. 이러한 각고의 노력 끝에 KDI는 《국민연금제도의 기본 구상과 경제사회적 효과 분석》이라는 연구보고서를 완성했다.[6]

KDI의 국민연금 연구는 1973년 이후 13년 동안 수많은 연구진에 의해 다양한 연

---

5 원외 연구진으로는 구성열 교수(연세대, 인구경제학), 이혜경 교수(연세대, 사회복지정책학), 장충식 교수(외국어대, 금융경제학)가 참여했다.

6 서상목·민재성·이덕훈·김중수, 《국민연금제도의 기본 구상과 경제사회적 효과 분석》, KDI, 1986.

구 결과가 축적되었을 뿐만 아니라 현실적 측면도 모두 심사숙고하여 충실한 내용으로 완성되었다. 특히 보건사회부 사회보장심의위원회에 있다가 KDI로 옮겨온 민재성 주임연구원은 보건사회부의 주장을 일부 수용하여 보건사회부에서도 거부감을 덜 느끼도록 현실적 방안과 정책을 다듬어 냈다. 국민연금제도 도입이 계속 연기되었던 이유가 "천문학적 재정이 투입되어 나라가 망할지도 모른다"는 우려였기 때문에 가장 신경 쓴 부분은 "어떻게 하면 재정 중립을 장기간 유지할 수 있는가?"였다.

민재성 주임연구원은 "선진국들이 겪는 문제점과 시행착오를 보완하여 적자가 발생되지 않도록, 즉 재정중립적 제도가 되도록 방안을 만들었다"고 회고한다. [7]

구체적 방안으로는 첫째, 제도에 대한 정부의 개입을 가능한 한 최소화하는 것이다. 이에 따라 사용자 및 피용자의 보험료를 연금 재정의 근간으로 하고 정부는 제도운용에 필요한 자원, 즉 행정 관리비와 결손 보전비가 필요할 경우에만 보조하도록 설계했다. 둘째, 국민경제의 여건을 고려하여 시행 초기에는 저율의 기여율로 출발하되 향후 단계적으로 기여율을 인상하도록 함으로써, 사실상 재정 운영에 있어 수정 적립방식을 채택했다. 셋째, 기금은 안정성을 보장하는 범위 내에서 수익성을 최대화하도록 제도화했다. 넷째, 연금급여 수준은 국민생활에 있어서 기본생계를 유지할 수 있을 정도로 한정함으로써 연금재정의 균형을 가능한 한 유지하도록 했다.

이러한 원칙하에 향후 우리나라의 인구구조 및 경제 여건, 사회구조 변화에 따른 가입자 및 수급자의 구성과 수리 추계모형을 개발하여 재정 추계한 결과 최소 50년간은 안정적으로 연금제도를 운영할 수 있다고 판단했다.

---

7 동아일보 편, 《대한민국 정책연구의 산실 KDI: KDI 개원 40주년 기념 정책연구 사례집》, 2012, 175~176쪽.

KDI의 국민연금 재정 추계[8]

국민연금 재정 추계는 향후 수십 년간 장기간에 걸쳐 경제성장은 물론 연금수입의 운용수익률, 인구추세 등 많은 변인을 고려해야 했다. 따라서 결과치의 해석에 한계가 있었으나 합리적 추정에 따라 도출했다.

당시 KDI의 연금재정 추계 결과를 좀 더 자세히 살펴보면, 우선 2010년까지는 연금 수급자 수가 적어 지출액 증가폭이 완만하나 그 이후 수급자가 본격적으로 발생하기 시작하면서 재정지출이 늘어나 2028년에는 재정지출이 보험료 수입을 상회하게 되고 2038년에는 당년도 수지차가 적자를 시현할 것이다.

한편 적립기금은 제도 실시 이후 계속되는 수지차의 누적에 의해 1990년에 약 1조 4,000억 원(1984년 불변가격), 2000년에 24조 3,000억 원, 2020년에 약 240조 원, 2033년에는 370조 원으로 정점에 달하나, 그 이후에는 감소하기 시작하여 2049년경에는 적자가 될 것이다. 재정수입의 구성은 이식利殖 수입의 비중이 점차 증가하여 2020~2030년에는 총수입의 약 50%를 차지하게 될 것으로 추산했다.

보험료율과 이식률은 재정의 건전성에 긍정적 영향을 주는 반면 높은 급여 수준은 부정적 영향을 주므로 보험료율, 이식률, 급여 수준 등을 계속적으로 조정해 나가야 연금기금이 안정적으로 운용될 수 있다. 보험료 및 급여계획은 제도 도입 초기에 이미 확정되므로 중간에 조정 가능한 것은 이식률이기 때문에, 이식률의 제고가 결국 연금기금의 수익성을 높이는 문제로 귀결된다. 따라서 제도의 안정적 발전을 위해 기금의 수익성 및 안전성의 조화를 철저히 보장해야 한다고 강조했다.

한편 임금상승률은 연금 재정수입도 증가시키지만 연금액 인상률에 영향을 미쳐 재정지출도 증가시키는 등 수지 양면에 모두 영향을 미친다. 그런데 생산연령 인구가 줄어들고 노령인구 비중이 상대적으로 높아지면 재정건전성에 악영향을 미치기 때문에 적절한 대응이 필요하다. 또한 국민연금제도 운영에서는 적립기금 운영(기금의 수익성과 안전성)이 재정안정의 성패를 좌우하는 중요한 요소임을 강조했다.

---

8 이하 269~274쪽 내용은 《KDI 정책연구 사례》(KDI, 2003)의 민재성·박종기 박사가 기술한 내용을 요약했다.

시기적으로 무르익은 국민연금 도입

이 연구가 끝난 시점인 1986년에 경제상황이 크게 호전되기 시작했다. 물가가 몇 년 동안 지속적으로 안정되었을 뿐만 아니라 이른바 3저 효과로 수출이 현저히 늘고 경상수지가 증가했다. 국민소득 수준도 지속적으로 상승하여 그동안 제도 시행을 가로막았던 사회경제적 상황이 눈에 띄게 개선되었다. 3저 효과 외에도 1980년대 중반에는 국민연금제도 도입과 관련해 이전 시기와 몇 가지 뚜렷한 차이가 나타났다. 9

첫째, 인구구조가 급속히 변화하고 있었다. 1970년대에 강하게 추진된 가족계획의 여파로 출산율과 신생아 수가 급속히 줄어든 반면 평균수명 연장으로 노령화 속도가 빨라져 60세 이상 노령인구 비중은 1973년 5.2%에서 1986년에 6.8%로 증가했다.

KDI의 추정으로는 노령인구 증가추세가 향후에도 계속되어 1990년 7.3%, 2000년 10.1%, 2040년 26.6%까지 급증할 것으로 추계되었다. 노령인구는 증가하는데 대가족제도가 붕괴하고 핵가족화가 진행되면서 노후 생계보장의 욕구는 매우 커져 가고 있었다. 이에 따라 정부 차원의 공적 대책 마련의 필요성 높아졌다.

둘째, 연금제도 실시를 위한 제반 여건이 성숙해졌다. 보험원리를 핵심원리로 삼는 연금제도는 무엇보다 재정계획의 안정적 수립을 중요시한다. 이를 위해 필연적으로 연금 가입자의 규모와 연령구조, 급여 내용과 급여 수준, 소득수준과 물가상승률 등 제 변수들을 충분히 고려해야 한다.

그런데 우리나라의 경우 국민소득이 그동안 지속적 경제성장으로 인해 급속히 상승하여 1986년 1인당 GDP가 2,500달러를 넘어섰다. 이에 따라 사회보장에 대한 국민 가계의 부담 능력이 크게 제고되었고, 1980년대 초반부터 정부가 지속적으로 추진한 안정화 정책으로 물가상승률은 이전 시기에 비해 크게 둔화되었다.

또한 취업계층의 연령구조를 감안할 때 1960년대의 베이비붐baby boom 세대가 1980년대 중반부터 노동시장에 본격적으로 참가하고 있어, 이들의 평생 저축기간을 제도에 수용할 수 있는 적기가 1980년대 중반이라고 평가되었다.

---

9 동아일보 편, 《대한민국 정책연구의 산실 KDI: KDI 개원 40주년 기념 정책연구 사례집》, 2012, 177~178쪽.

김만제 원장의 13년 집념이 결실을 맺다

결정적으로 국민연금제도 시행 논의가 다시 점화된 시점은 김만제 KDI 원장이 경제부총리가 되면서부터였다. 10 경제수석과 부총리 모두가 KDI 출신으로 결정된 것이다. 1986년 1월 KDI의 국민복지연금 연구보고서를 받아 든 김만제 부총리는 사공일 수석과 사전에 말을 맞추고 때를 기다렸다.

1986년 4월, 김만제 부총리와 사공일 대통령실 경제수석이 대통령과 함께 독일과 영국 등 유럽 4개국 순방을 순조롭게 마치고 귀국하는 길이었다. 비행기에서 김 부총리가 전두환 대통령에게 조심스럽게 말문을 열었다.

"각하께서 방문하신 유럽 선진국들은 이미 1900년을 전후한 시기에 국민연금을 도입해 이미 정착되었습니다. 우리나라도 국민연금제도를 정비해 영국이나 독일 노년층처럼 은퇴자들이 노후를 걱정하지 않고 살게 해야 합니다."

대통령이 외교 일정을 마치고 홀가분해져서 기분이 좋은 때를 기다린 것이다.

"시행한 지 10년이 넘는 의료보험도 당장 큰 적자를 보고 있지 않소?"라고 전 대통령이 반문했다. 이에 김 부총리는 "재정중립적으로 설계하여 자신이 낸 돈을 모아두었다가 자신이 받아가기 때문에 재정에 부담이 별로 가지 않습니다. 더구나 연금을 받아가기 시작하는 시점은 2000년대이고 향후 수십 년 동안 쌓아 두기만 하기 때문에 지금 당장 시행해도 재정에는 아무런 문제가 없습니다"라고 설득했다. 옆에서 사공일 경제수석도 적극적으로 말을 거들었다.

그러자 전 대통령은 "이 사람들, 참 질긴 사람들이구먼. 내가 그렇게 안 된다고 말해왔는데 말이지"라면서도 결국 자신의 고집을 꺾었다. "도입을 검토하되 퇴직금 문제를 둘러싸고 노조와 경영자 단체들 반대가 심한 것 같은데 논란이 일지 않도록 양쪽의 동의를 모두 얻어 내시오"라고 귀국 비행기 안에서 검토 지시를 내렸다.

대통령의 재가를 얻어낸 김만제 부총리는 혹시 대통령의 마음이 변할까 봐 귀국하자마자 관계장관 회의를 소집하면서 속전속결速戰速決로 〈국민연금법〉 제정을 서

---

10 김만제 KDI 원장은 1986년 1월 7일에 경제부총리로 취임했다.

둘렀다.

1986년 6월 4일에는 '국민연금 실시 준비를 위한 관계장관 회의'가 열렸다. 이날 회의에서 거론된 사안들은 첫째, 보험료율, 둘째, 기존 퇴직금제도와의 조정, 셋째, 관리운영조직을 둘러싼 논의였다. 이날 회의에서 별도의 관리운영 조직으로 '연금관리공단'을 설립하기로 했다.

김만제 부총리는 퇴직금의 국민연금 기여분 전환 문제를 둘러싼 노사갈등을 해결하기 위해 공무원들과 KDI 연구원들(서상목 부원장 등 4명)이 노조와 경영자 단체 대표를 잇달아 접촉하여 양측을 설득하도록 했다. 이들은 노동자 단체와 경영자 단체의 견해차를 극복하기 위해 설득하고 중재하여 타협안을 마련했다. 6월 12일 KDI는 '국민연금제도의 기본 구상과 경제사회적 파급효과'라는 공청회를 열고 전문가와 언론인들의 의견을 수렴하여 작성한 국민연금제도 보고서를 정부에 최종 제출했다.

가장 큰 문제가 된 것은 보험료율 부담이었다. 당초 KDI 안에서는 "2.5% → 7.5% → 10% → 15%까지 단계적으로 인상"하기로 했다. 그 후 논란 끝에 "초기 5년간의 연금보험료율 3%는 노사가 각각 절반씩을 부담하고 이후 5년간의 연금보험료율 6%는 퇴직금 전환분을 제외한 4%를 노사가 각각 2% 부담하며 1998년 이후 연금보험료 9%는 퇴직 전환금을 제외한 6%를 노사가 균등 부담"하기로 최종 확정했다.

일단 대통령의 재가가 떨어지고 노사가 합의하고 나자 13년간 표류하던 국민연금의 제도와 법 제정은 일사천리로 진행되었다. 여론 수렴을 위한 공청회와 토론회 등 일련의 과정을 거쳐 KDI가 제출한 최종 방안은 1986년 8월 11일 대통령 하계 기자회견에서 발표되었다. '제5차 경제사회발전 5개년 계획'의 정책과제 중에서 전 국민 의료보험의 확대 방안, 최저임금제도의 도입 방안, 국민연금제도의 실시 방안 등 국민복지 3대 정책을 발표한 것이다.

그해 9월 1일부터 수차례의 당정 연석회의와 1986년 9월 6일부터 9월 23일까지 다섯 차례에 걸쳐 이루어진 개정안 보고를 통해 기본 요강이 확정되었다. 드디어 1986년 12월에는 〈국민연금법〉(법률 제3902호)이 국회를 통과했다. KDI가 1973년 국민연금 도입을 주장한 이래 무려 13년 만의 일이었다.

국민복지연금에서 국민연금으로

1986년 〈국민연금법〉이 1973년에 KDI가 주장한 '국민복지연금'과 외형적으로 가장 다른 점은 '복지'라는 말이 없다는 것이다. 재원 조달 면에서 노사가 보험료를 나누어 내고 연금 개시기에 자신이 낸 돈을 자신이 가져가는 재정중립적 제도를 추구했기 때문이다.[11] 정부는 국민연금 운용을 책임지고 배분하는 형태의 간접비만 내는 방식으로 설계된 것이다.[12]

1986년 말에 통과된 〈국민연금법〉 제1조(목적)는 "이 법은 국민의 노령, 폐질 또는 사망에 대하여 연금 급여를 실시함으로써 국민의 생활 안정과 복지 증진에 기여함을 목적으로 한다"고 적시했다. 제45조(급여의 종류)에서는 노령연금, 장해연금, 유족연금, 반환일시금을 명시했다.

이 법은 또한 국민연금사업에 관한 주요 사항을 심의하기 위해 보건사회부에 국민연금심의위원회를 두고 실무조직으로 국민연금관리공단을 둔다는 등 국민연금기금의 설치 및 조성, 관리, 운용 등 기금운용 지침과 관련된 규정을 담았다.

그 결과, 1988년 1월 역사적인 국민연금제도가 첫발을 내딛게 되었다. 연구원 차원에서 국민연금제도를 처음으로 연구하여 수십 차례 정부에 도입을 건의하여 국민연금제도 도입을 성사시킨 '일등공신'은 김만제 KDI 원장이라 할 수 있다. 서슬 퍼런 군 출신 두 대통령의 반대에도 굴하지 않고 13년이 넘는 오랜 시간 동안 국민연금제도를 연구하고 집요하게 설득하여 마침내 뜻을 관철한 것이다.

김만제 원장에 대해서 《실록 국민의 연금》은 "이 시대에 가장 합당한 대불핍인 代不乏人이었다"고 기록했다.[13]

---

11 새로운 연금제도의 혜택을 받지 못하는 기존 노령계층을 위해 정부가 따로 복지형태의 연금제도를 실시하지 않는 상황에서 굳이 '복지'라는 말을 포함시킬 이유가 없다는 주장도 영향을 미쳤다.
12 보험료율이 낮고 정부의 직접 보조가 없다 보니 소득대체율이 크게 낮아져 '용돈연금'이 되고 말았다는 비판도 나왔다.
13 국민연금사편찬위원회, 《실록 국민의 연금》, 국민연금공단, 2015, 86쪽.

돌이켜보면 만약 김만제라는 인물이 없었다면 과연 누가 전두환 대통령의 고집을 꺾을 수 있었을까? 고양이 목에 방울 달 사람이 선뜻 떠오르지 않는다. 시대마다 그 시대에 합당한 인물이 있다는 대불핍인이라는 말이 있다. 김만제를 두고 하는 말이라면 과할까? 물론 1972년 초기 구상 단계에서 이인삼각으로 이론과 실무적 측면을 지원해 준 박종기 박사의 공로 또한 함께 기억되어야 할 것이다.

4장

'발전과 복지'를 사유하다

공정과 효율이 조화된 새로운 발전 모색

1981년 KDI가 발표한 《사회보장제도 개선을 위한 연구보고서》의 총론에서 박종기 박사는 "고도 경제성장 자체가 경제정책과 국가의 목표가 될 수 없으며 고도성장으로 인한 고용 창출은 필요조건이지만 충분조건은 아니다"라고 역설했다.

국가를 구성하는 국민은 개개인이 각각 다른 환경에서 태어나 각각 다른 상황에 직면해 있다. 비자발적 실업자와 나이가 들어 노동 능력이 없는 고령자, 질병을 앓고 있는 사람, 보살핌을 받아야 하는 아동 등 모두가 국가의 보호를 받아 최저생활을 보장받을 수 있어야 한다는 것이다. 더구나 고용되었다고 하더라도 고용 조건이 천차만별이기 때문에 불리한 고용 조건에서 한계수입을 얻는 사람들도 국가의 사회 안전망 속에 포함되어야 한다는 것이다.

연하청 지금 복기해 보면, 1980년대는 사회적 공정과 경제적 효율이 조화를 이루는 새로운 경제사회발전 모델을 마련할 전환기적 시점이었다고 할 수 있죠. 정부뿐만 아니라 KDI 내에서도 이러한 정책 이슈에 대해 많은 논의가 이루어졌고, 연구 우선

순위에 올려야 한다는 공감대가 형성되기 시작했습니다.

이와 관련하여 정부에서는 1988년 유창순 전 총리를 위원장으로 '대통령 자문 경제구조조정 자문회의'를 구성했습니다. 구본호 KDI 원장께서 사무국장을 맡았고, KDI의 김중수·곽태원·양수길·연하청·이원영 박사가 각 분과의 전문위원으로 참여했습니다. KDI 원외에서는 이강남(한국은행), 강철규(KIET), 최양부(농촌경제연구원) 박사 등이 선발되어 연구를 진행했습니다.

사회보장 인프라 구축의 토대 마련

경제구조조정 자문회의 사무국장을 맡았던 구본호 전 KDI 원장은 서민대책 연구를 하려면 효율적 복지전달체계 구축이 필수라고 말한다. [1]

> 그때 우리가 현장 방문을 많이 했어요. 그중에서 기억에 남는 곳 중 하나가 탄광입니다. 좁은 갱도를 고개 숙이고 걸어야 되니 힘들더군요. 서민대책으로 신림동 동회에 간 것도 기억에 남습니다. 가난한 사람을 위해 정부가 예산을 책정해 놓으면 중간에 인건비 등으로 50~60%가 쓰이고, 실제 가난한 사람에게 전달되는 것은 40% 정도밖에 안 되는 것을 알게 되었습니다.
>
> 사회복지는 현장으로의 전달 과정이 가장 중요합니다. 정부예산만 키운다고 그것이 가난한 사람들에게 모두 전달된다고 생각하면 큰 오산입니다. 효율적 전달체계를 잘 만들고 제대로 관리해야 해요. 진심으로 가난한 사람을 도울 수 있는 인력구성을 만들어야 합니다. 그러지 못하면 아무리 돈을 풀어도 서민대책이 어렵죠.

당시 연구의 종합적 결과물이 〈경제 선진화를 위한 기본 구상〉 보고서였다. 이 보고서는 1988년 10월에 노태우 대통령에게 보고되어 정책에 반영되었다. 연하청

---

1 구본호, KDI 원로 인터뷰, 〈KDI 아카이브〉, 2017. 3. 8.

박사는 1980년대에 각종 사회보장제도의 인프라가 만들어진 것은 KDI 연구의 기여가 적지 않았다고 평가한다.

연하청 이 시기에 국민기초생활보장제도가 개선되어 영세민 대책 및 〈생활보호법〉 개정으로 이어졌고, 최저임금제도가 도입되었으며, 의료보험제도의 전 국민 적용이 확대 개편되는 등 각종 제도개선이 이루어졌습니다. 이 같은 일련의 사회보험제도개혁은 복지에 대한 KDI의 문제의식과 연구정책 건의에 기반을 둔 결과라 할 수 있습니다.

또한 1970년대 말부터 1980년대 중반까지 10여 년에 걸쳐 국민연금제도 도입의 타당성 연구가 지속적으로 이루어졌습니다. 이승윤 서강대 교수(후일 경제기획원 장관)를 비롯해 김대영, 박종기, 연하청, 민재성, 서상목, 김중수 등 KDI 연구진이 꾸준히 참여했죠. 이러한 연구들이 축적되어 1988년부터 1월 실시된 국민연금제도의 핵심 토대가 되었다고 할 수 있습니다.

북한 경제와
통일대비 연구

1장

북한 경제 연구의 시작

미소 데탕트와 남북 관계의 태동

1968년 1월 21일 북한 무장공비 31명이 남방한계선을 넘어 GOP 철책을 끊고 청와대 앞까지 은밀히 침투한 사건이 벌어졌다. 같은 해 10월에 북한 특수부대의 울진·삼척 침투사건이 발생했고, 다음 해 4월에 북한의 미군 정찰기 격추 사건이 일어났다. 1970년 6월 5일에는 연평도 부근 해상에서 북한이 남한 해군함정에 포를 쏘아 침몰 상태에서 납치해 가는 일이 벌어졌으며, 6월 22일에는 북한 무장특공대 3명이 국립묘지 현충문에 폭탄을 설치하려다 발각되었다.

이처럼 남북한 간 긴장이 최고조로 높아지던 1970년대 초, 국제사회에서는 강대국 간에 체제 갈등과 군비경쟁을 완화하는 이른바 '데탕트Détente' 무드가 점차 무르익었다. 1971년 4월 '핑퐁 외교'를 시작으로 20년 이상 단절되었던 미중 간 대화가 재개되었고, 1972년 2월 미국과 중국의 두 정상이 상하이 공동성명을 발표했다. 미국과 소련 역시 군사적 긴장과 갈등을 줄이기 위해 데탕트 국면에 접어들었다.

남북은 모두 강대국들의 긴장 완화 분위기를 '전환기의 불안한 위기 국면'으로 인식했다. 남한에서 유신체제가 수립되고 북한에서는 사회주의 헌법이 공포되었다. 그러면서도 미국과 소련이 긴장 완화를 위해 남북 양측에 평화적 노력을 요구했기 때문에 표면적으로는 남북한 화해 국면을 조성하려는 움직임이 형식적으로나마 지속되었다. 1972년 강대국 의존을 벗어나 자체적 방위력을 강화하는 '7 · 4 남북공동성명' 이후 남북 대화의 물꼬가 트인 것이 1970년대를 관통하는 남북 관계의 모순된 상황이었다.

고일동 1972년에 중앙정보부가 비밀리에 작업해 남북조절위원회를 만들고 이후락 중앙정보부장이 북한을 오갈 무렵 박정희 대통령이 "우리가 북한을 평가할 수 있는 정보가 전혀 없다. 경쟁력이나 국력 평가가 전혀 없다"고 했어요. 그래서 KDI의 민재성 연구위원을 포함한 각 분야별 전문가들이 모여 북한 역량평가 종합보고서를 만들었어요. 그 보고서는 물론 대외비였고, 지금도 2급 비밀문서로 분류되어 있는 것으로 압니다.

그 후 남북 관계가 나빠진 데다가 중화학 · 방위산업 육성 및 유신 등 남한의 내부단속이나 내부 역량 결집이 더 중요해지고 시급해지면서 북한 경제력 평가 연구는 더 이상 진행하지 않았습니다.

1980년대 초 들어 오랜 이데올로기적 대립을 줄이고 냉전을 종식시키려는 강대국들의 움직임은 국제 정세에 더욱 큰 변화의 바람을 불러왔다. 그러나 남북 관계는 1983년 아웅산 테러사건 이후 급속히 냉각되었다. 중국과 한국의 관계 개선이 이루어지자 북한은 한때 대소 편향정책을 취하기도 했지만, 냉전시대 사회주의 블록경제가 무너지는 흐름은 이미 거스를 수 없는 대세였다.

남북경제회담과 KDI 북한 경제 연구 본격화

1984년은 남북 관계에 큰 전환이 이루어진 해였다. 1984년 8월 20일 남한 정부가 "남북 간 물자교역 및 경제협력을 제의하고 대북 기술 및 물자를 무상 제공하겠다"고 발표하자 북한은 남한이 제공한 수해구호 물자를 받아들였다.

1984년 10월 12일 신병현 당시 부총리 겸 경제기획원 장관은 북한의 최영림 부총리에게 남북경제회담 개최를 제의하는 서한을 보냈다. 차관급을 수석대표로 하여 남북한 경제당국 및 민간 경제단체 대표들이 참가하는 남북경제회담을 개최하자는 것이었다. 북한은 10월 16일 김환 부총리 명의의 서한을 통해 이를 받아들이겠다고 화답했다.

다음 달 11월 15일 제1차 남북경제회담이 판문점에서 개최되었다. 분단 40년 만에 처음으로 남북 간의 경제 분야 회담이 성사된 것이다. 1986년 3월까지 다섯 차례에 걸쳐 진행된 이 회담의 주요 내용은 남북한이 필요한 물자 교역을 통해 경제협력을 증진한다는 것이었다. 남북 경제협력 공동위원회 구성이 논의되고 적십자 회담, 체육 회담, 국회 회담 등 남북한 대화 및 교류도 시작되었다.

KDI가 북한 경제 분야의 연구를 본격적으로 시작한 것은 이 무렵부터다. 남북경제회담 수석대표로 김기환 전임 KDI 원장이 참석하면서 KDI의 연하청 박사에게 북한 경제 및 남북경협에 관한 연구를 의뢰한 것이다. 회담이 꾸준히 진행되는 동안 KDI의 북한 경제 연구도 지속되었다. 1984~1986년에 연하청 박사는 남북한 무역 경합관계 분석, 북한 경제총량 추정에 관한 소고, 북한 경제의 동향과 정책 결정, 북한의 경제개방화 정책 분석, 북한의 개방 전망과 남북한 경제협력, 남북한 무역 성과지표 비교로 본 경협 방안 등 일련의 연구를 계속했다. [1]

1986년에는 그간의 북한 관련 연구를 집대성한 《북한의 경제정책과 운용》이 출간되었다. [2] 이 연구서는 북한 연구의 목적에 대해 첫째, 1960년대 이후 남북한 경제 총량 규모 및 경제계획의 특성을 비교하고 남북한 무역 규모 및 구조를 분석하여 북한 경제에 대한 정확한 평가와 무역 경합 관계를 규명하고, 둘째, 남북한의 경제총량 개념의 차이를 분석 검토하고 남북한 소득 규모 추정 및 비교 연구를 할 수 있는 방법론을 검토하며, 셋째, 분단 이후 북한의 산업구조 변화와 실태를 분석하는 한편 산업 부문 간 구성 및 특성을 살펴보고, 넷째, 북한의 무역수지 및 수출입 동향을 자세히 살펴보는 것이라고 밝혔다.

---

1   연하청, "남북한 무역경합관계 분석", 〈한국개발연구〉, 6권 2호 ; 연하청, "북한경제총량 추정에 관한 소고", 〈한국개발연구〉, 6권 3호 ; 연하청, "북한 경제의 동향과 정책 결정", 〈한국개발연구〉 8권 2호 ; 연하청 "북한의 경제개방화정책 분석", 〈한국개발연구〉, 9권 3호 ; 연하청, "북한의 개방 전망과 남북한 경제협력", 〈한국개발연구〉, 13권 4호 참조.
2   연하청, 《북한의 경제정책과 운용》, KDI, 1986.

당시로서는 남한과 비교할 때, 북한의 경제력과 경제수준이 어느 정도인지 통계로 간단명료하게 보여 주는 작업이 필요했다. 그러나 과거 북한 국민소득을 추정하고 이를 한국과 비교한 몇몇 연구들의 추정 방법과 추정 결과, 해석은 문제가 있었다.

우선 북한의 국민소득NI: National Income은 경제의 각 분야에서 생산된 부가가치를 합산한 순생산액으로 사회 총생산액에서 감가상각과 중간재 투입비용을 제외한 것이다. 이 같은 개념에는 서비스산업이 제외되며 거래수입금이 포함되어 있어 한국 등 자본주의 국가에서 사용하는 국민소득과 상당한 차이가 있다. 북한은 또 산업총생산 성장률을 대표적 경제성장의 발표로 내세우는데, 이 지표는 모든 생산기업의 총생산가치를 합계하여 화폐단위로 환산한 것이어서 한국이 사용하는 국민총생산 GNP: Gross National Product 개념과 상당한 차이가 있다. 3

KDI는 과거 북한 경제 연구가 이처럼 잘못된 통계치에 근거함을 지적하고 수정된 통계로 남북한 경제를 다음과 같이 비교했다.

남북한 경제를 비교하면, 한국과 북한의 국민총생산은 1960년에 한국이 북한의 2.9배에서 1981년에는 3.9배로 증가했으며 1984년에는 5.5배로 늘어났다. 1인당 GDP는 1960년에 1.2배에서 1981년에는 1.8배, 1984년에는 2.6배를 시현했다.

남북한 무역 비교는 더욱 큰 차이를 나타냈다. 한국은 1970년 북한 무역 규모의 4.1배, 1980년 11.9배, 1984년 24.3배로 크게 확대되었다. 수출 규모는 1970년 5.2배에서 1984년에는 24.1배로 격차가 커졌다.

특히 남북한 외채원리금 상환 비율은 1981년 한국이 13%인데 북한은 30% 수준이어서 북한 경제의 외채부담에 대한 심각성을 보여 준다. 북한은 수출을 늘려 외자부족 문제를 해결하려 했으나 1970년대 중반 석유파동으로 인한 세계 경기침체 때문에 북한의 주요 수출품인 아연, 비철금속 등의 원자재 가격이 폭락하여 기대했던 외화 획득에 실패했고 1975년에는 외채상환 불이행 사태가 발생했다. 적정 재원 확보에 실패한 결과 1978~1984년에 추진한 제2차 7개년 계획의 경제 목표도 달성하지 못했다.

---

3 부가가치의 합산이 아니라 원자재나 중간생산재를 포함한 총가치의 합산이므로 이중 계산되어 고평가되는 경향이 있으며 더욱이 환율은 북한 화폐의 극단적 고평가 상태로 나타난다.

북한이 의욕적으로 내세운 〈합영법合營法〉에 대해서는 "북한이 〈합영법〉을 제정하여 서방국가의 합작투자 노력을 전개한 것은 나름대로 변신 노력이지만, 내용이 구체적이지 못하고 외국의 신뢰를 얻을 만큼 눈에 띄는 대목이 없어 외자 유치에 한계가 있다"고 평가했다. 합작법인의 조직 및 인사 선임 원칙, 출자 대상, 합작 비율 등 세부 조항을 명시하지 않은 채 막연히 평등과 호혜 원칙만을 내세웠으며, 경제특구 설치법이나 투자 안정성을 보장하는 방식, 보험 등도 언급하지 않았다는 것이다.

KDI 보고서는 다음과 같이 결론을 내렸다. 1994년부터 추진된 남북한 경제교류는 대對 중공시장에 대한 간접 진출과 남북 경제통합의 점진적 실현에 따른 경제적 실리를 얻고 통일을 위한 평화 협력의 첫 단계라는 정치적 측면에서 의의를 찾을 수 있다. 그러나 남북한 이념대립과 체제의 차이 및 대외적 체면을 고려할 때 한국이 TV나 라디오, 냉장고 등 완성 공산품을 수출하고 북한이 원자재를 수출하는 식의 수직적 분업 형태의 무역은 북한이 받아들이지 않을 것이다. 따라서 초기에는 상호평등 원칙하에 교역을 모색하며 무역거래뿐만 아니라 다양한 경제기술 협력을 통해 서로 간 이익이 공평하게 보상될 수 있는 방법을 강구해야 할 것이다. 꾸준한 대화와 협상이 필요하며 여건이 허락하는 범위 내에서 부문별로 접근해 점차 확대하는 것이 바람직하다.

이 연구를 위해 연하청 박사는 일본무역진흥회가 입수한 북한 자료[4]를 비롯해 미국 랜드 코퍼레이션이나 미국 국방부 자료[5] 및 국제전략문제연구소IISS, [6] IMF, OECD 자료 등을 광범위하게 인용했다.

남북경협이 시작되었다지만 북한에 대해 말만 꺼내도 누가 듣고 있지 않은지 주위를 돌아볼 만큼 냉전적 사고가 팽배했던 시절이다. 선행 연구가 거의 존재하지 않는 북한 경제 분야를 새로 개척하는 것은 사막에 나무를 심는 것만큼 힘든 일이었다. 막상 연구에 착수하자 가장 큰 문제는 북한에 관한 정확한 통계나 자료를 국내에서 거의 찾을 수 없다는 점이었다. 설령 자료가 있더라도 사정기관에서 대외비로 취급했다.

---

4   최고인민회의 제6기 1차 회의, 이종옥의 보고(일본무역진흥회, 〈북조선의 경제와 무역의 전망〉. 1984. 3),
5   "The Economist Intelligence Unit", 〈Quarterly Economic Review of China, North Korea, 2nd Quarter〉, 1985, p.31.
6   IISS, *The Military Balance*, 1983~1984.

연하청 당시 북한 출판의 원자료와 〈노동신문〉 구독은 물론 북한 관련 연구보고서 발간은 정부의 엄격한 관리하에 있었기 때문에 당연히 어려움이 있었습니다. 특히 KDI가 1986년에 발간한 《북한의 경제정책과 운용》은 정부 부처와 학계에 큰 관심을 고취시켰지만, 정부 당국의 허가 없이 총서가 발행되어 약간 말썽이 있었습니다. 당시에 북한 관련 연구보고서 및 서적 발행은 정부 담당부처 허가사항이었거든요.

제가 KDI 연구총서에서 활용한 각종 북한 경제 및 사회 관련 통계는 주로 해외에서 습득한 것이었습니다. 미국 중앙정보국USCIA의 National Foreign Assessment Center 에서 발간한 *Handbook of Economic Statistics Annual Issues*, 구소련과 중국 사회과학원, 일본 무역진흥기구JETRO 등의 해외 통계자료를 어렵게 구해 인용했지요. 그런데 안기부와 통일부가 과거에 발표해온 기존 통계자료와 차이가 큰 것이 문제였습니다.

홍은주 통계가 서로 다르니 "어느 통계가 맞느냐?"는 의문이 사회적으로 제기됐겠군요.

연하청 통계가 달랐던 이유는 당시 북한의 정치구조, 지도층의 인적 사항, 국방 등에 대한 자료는 정부 관련 부처에 잘 축적되었으나, 경제 및 사회 관련 자료는 미미한 상태였기 때문이었습니다.

아무튼 상이한 통계 때문에 정부 관련 부처로부터 많은 항의를 받고 한동안 어려움을 겪었죠. 결국 KDI의 이 보고서는 정부 부처의 북한 관련 통계를 대거 수정하고, 학계의 북한 관련 연구의 불을 지피는 계기가 되었습니다. 또한 북한의 원전(자료)과 〈노동신문〉을 구독하기 위해 별도의 관련 자료 보관 장소를 KDI 북한경제연구센터에 설치하는 것을 정부로부터 허가받는 계기가 되기도 했습니다.

한편 KDI는 원내의 IDEP를 통해 이미 1980년대 중반부터 대 공산권 교류를 점진적으로 추진하여 정부 북방외교의 토대를 마련했다. 1986년 아태개발센터APDC 이사회가 베이징에서 총회를 개최하던 당시 황인정 KDI IDEP 소장이 이사장 역할을 하며 중국의 관계 인사들을 KDI에 초청했다. 이 일은 양국 간에 국교 수립이 이루어지기 훨씬 이전에 이루어졌기 때문에 정부와 업계의 비상한 관심을 받았다.

2장

남북 경제협력의 구상

'7·7 특별선언'과 KDI 북한경제연구센터 설립

한창 잘 진행되던 남북경제회담은 북한이 한국과 미군의 팀스피릿 훈련을 빌미로 1986년 1월 20일 진행 중인 모든 남북 대화의 연기를 발표하면서 5회를 마지막으로 중단되었다. 1987년에는 KAL기 폭파사건이 발생하여 심각한 긴장 국면에 접어들기도 했다.

그러나 당시 국제질서는 바야흐로 냉전이 완전히 종식되는 분위기로 접어들었다. 1985년 소련 공산당 서기장 고르바초프는 새로운 외교 철학으로 "더 이상 미국을 소련의 주적主敵으로 생각하지 않겠다. 경제성장과 안보를 함께 모색하는 협력국가로 인식하겠다"는 '노보에 미셸레니에Noboe Mishellenie'(새로운 사고)를 제시했다. 군비軍備경쟁보다 '페레스트로이카Perestroika'(개혁), '글라스노스트Glasnost'(개방) 정책을 통해 국가 이익을 추구하는 것이 우선이라는 현실론을 주장한 것이다.

노태우 대통령은 1988년 2월 25일 취임사에서 "사회주의 국가와의 외교 정상화와 남북한 통일 실현을 추진하겠다"는 외교안보정책을 밝혔다. 올림픽 개최 직전에는 "남북한 상호교류 및 이산가족 문제 해결, 남북한 간 교역 증진, 남북 외교대결 지양 및 국제 협력 등 6개 항의 정책을 추진한다"는 '7·7 특별선언'을 발표하고, 이를 실천하기 위해 〈남북교류협력에 관한 법률〉을 제정했다.

'7·7 특별선언'의 배경에 대해 KDI 북한경제연구센터의 설립 초기에 합류했던 고일동 박사는 이렇게 분석한다.

고일동 남북 관계가 싸늘하면 올림픽 때 불안해서 누가 한국에 오겠습니까? 그래서 노태우 정부는 출범하자마자 박철언 씨를 내세워 북방외교를 시작했습니다. 북한과 직접 대화를 못하니까 소련 및 동구권과 외교관계를 수립하여 북한을 안심시키는 전략을 편 것이죠. 정지 작업 후에 1988년 올림픽 직전인 7월 7일 우리가 일방적으로 '7·7 선언'을 발표했습니다.

러시아의 개혁개방정책에 이어 폴란드 정치지도자 바웬사Lech Walesa[1]의 등장을 비롯하여 동구권의 큰 변화를 보여 주는 일들이 일어나고 거대한 개방 흐름이 생기니까 북한도 못 이기는 척하고 이걸 받아들였습니다.

1989년 2월 1일 한국은 동유럽 공산권 국가로는 처음으로 헝가리와 정식 수교를 맺었다. 곧이어 유고슬라비아, 소련, 폴란드, 불가리아 등에 무역사무소를 차례로 신설했으며, 1990년 2월 21일 모스크바 주재 영사처를 개설했다. 한편 중국과는 2년 후인 1992년 8월 24일 수교했다.

새로운 단계에 접어든 남북 관계는 1990년 9월에 남북 당국 간 고위급 회담으로 이어졌다. 1991년부터 북한 상품의 반입이 이루어졌고, 곧이어 각종 문화체육행사의 공동 개최와 이산가족 상봉 등 화합과 협력의 분위기가 확산되었다.

이에 따라 정부가 대북정책과 관련하여 시급하게 판단하고 결정하는 데 필요한 자료나 통계가 크게 늘어나 KDI 북한연구팀의 업무도 증가했다. 1990년 11월에는 KDI에 '북한경제연구센터'가 설립되었다. 소장은 연하청 박사가 맡았고, 전홍택·고일동 박사가 먼저 연구를 시작한 이후 조동호·박진 박사 등이 합류했다.

---

1 바웬사는 노동운동가 출신 정치가로 1983년 노벨평화상을 수상했고, 1990~1995년 폴란드 대통령을 역임했다.

연하청 북한경제연구센터 설립 및 연구 지원은 조순 경제부총리 시절에 시작되었습니다. 당시 조순 부총리는 미국에 있는 서대숙 교수(워싱턴대), 이봉석 교수(뉴욕주립대 올버니캠퍼스),[2] 조이제 박사(하와이대 동서문화센터) 등의 방문 건의를 받은 후 KDI에 연구 검토와 함께 북한경제연구센터 설립을 지시했습니다.

향후 남북한 경제협력 및 통일 경제 운용 준비를 위해 남북한 경제총량 규모와 경제개발 계획의 기본 정책 방향을 비교 분석하고, 당시 북한의 제2차 7개년 계획과 외자유치를 위한 〈합영법〉 평가, 북한의 산업과 무역정책의 분석, 북한 경제 운용 체계의 역량과 문제점 및 경제정책 결정의 토대가 되는 가치관 등을 구체적으로 연구해 보라는 내용이었죠.

전담 연구인력과 예산이 크게 확충되자 북한경제연구센터는 북한의 산업 및 무역구조와 경제제도 연구, 북한의 개방 전망과 대북한 경제 및 기술 협력, 교역 및 직간접적 투자전략 등에 관해 연구하고, 남북한 경제협력 방안에 관한 정부 정책 수립에 크게 기여했다. 북한의 인구동향과 전망 등[3] 다양한 북한 관련 해외 보고서를 번역하여 북한 연구를 위한 정보를 제공하기도 했다.

고일동 북한 경제 연구는 한국의 발전 및 생존과 직결된 이슈라고 간주하여 KDI가 메인을 맡는다는 컨센서스가 있었습니다.

당시 KDI의 북한 연구는 크게 세 가지였습니다. 첫째, 실태연구로 북한의 현 상황을 파악할 수 있는 각종 정보를 모으고 평가하는 연구였습니다. 둘째, 남북경협 연구, 즉 남북한이 무엇을 교역하고 서로 주고받을 것이 무엇이며 교역제도는 어떻게 추진해야 하는지 연구했습니다. 셋째, 남북한의 장기적·미래지향적 관계 개선 및 체제 이질화를 방지하고 동질성을 확보하여 체제 수렴을 하는 연구였습니다. 훗날 김대중 정부 때 등장한 1국 2체제는 홍콩의 중국 반환을 보고 1국 2체제라는 것

---

2 김기환·안승철 원장 재임 시기에 KDI에서 초빙연구원visiting fellow으로 1년간 근무했다.

3 Nicholas Eberstadt & Judith Banister, *North Korea: Population Trends and Prospects*, 1990 (KDI 북한경제연구센터 번역).

이 가능하다고 깨닫고 등장한 아이디어입니다. 1988년 통일부에서 만든 느슨한 남북연방제가 있었고 북한도 고려연방제라는 것을 만들었습니다. 바로 통일하자는 것이 아니라 조심스럽게 공존하자는 방안이었습니다.

남북한 경제관계 발전을 위한 기본 구상 연구

북한 연구를 수행하는 데 있어서 가장 큰 애로사항은 선행 연구가 거의 존재하지 않거나 제대로 정리되어 있지 않고, 국내 각 기관별로 북한 관련 연구는 대부분 비밀리에 수행되어서 결과물의 존재 자체를 알 수 없다는 점이었다. 따라서 연구의 내실을 기하려면 국내 전문 연구기관이나 개인 연구자들과 합동연구가 반드시 필요했다.

KDI 북한경제연구센터가 정부의 의뢰를 받아 여러 연구기관과 공동으로 수행한 대표적 연구가 경제기획원의 요청에 따라 수행한 《남북한 경제관계 발전을 위한 기본 구상》이었다. [4]

이 연구를 위해 KDI는 북한 관련 연구 경험이 있는 국내의 12개 공공 연구기관 및 한국은행과 한국무역협회 등 총 14개 기관들이 참여하는 위원회를 구성했고, 이를 통해 외부 연구기관들과의 연구 협력을 추진했다. [5]

연하청 남북한 경제관계 발전을 위한 기본 구상은 안기부(안기부장 특보 이동복)가 KDI에 특별 연구 프로젝트를 요청하여 대외비로 수행한 연구입니다. 당시 연구를 진행하기 위해 KDI가 주도하여 한국노동연구원, 대외정책연구원, 한국보건사회연

---

4 구본호, 《남북한 경제관계 발전을 위한 기본 구상: 총괄보고서》, KDI, 1991.
5 이 연구에 참여한 14개 기관은 교통개발연구원, 국민경제제도연구원(1992년에 KDI에 편입, 현 경제정보센터), 국토개발연구원(현 국토연구원), 대외경제정책연구원, KIET, 에너지경제연구원, 통신개발연구원(현 정보통신정책연구원), 한국과학기술원, 한국교육개발연구원, 한국노동연구원, 한국농촌개발연구원, 한국보건사회연구원 등 12개 기관과 한국은행, 한국무역협회 등이었다.

구원, 국토개발연구원, 한국농촌경제연구원 등 12개 정부 출연 연구기관과 한국은행 등으로부터 각각 각론별로 연구 결과를 지원받았습니다. 북한 연구를 위한 일종의 연합 연구체제를 구성하게 된 것이죠.

1990년 12월에 시작된 이 연구는 1991년 2월 말경 14개 외부 연구기관으로부터 초고를 받을 정도로 빠르게 진전되었다. 통일원 등 관계 당국의 분석자료, 미국 CIA와 OECD, 일본, 중국 등 외국 기관의 해외 통계 등도 포괄적으로 검토하여 포함시켰다. KDI는 북한 경제력을 추정하고 남북한 경제를 비교하기 위해 북한 경제지표를 추정하는 작업에 상당히 노력을 집중했다.

고일동 사회주의 국가는 품목 분류가 서방과 많이 달랐습니다. 유엔에서 동구권 경제의 트렌드와 타임 시리즈를 연구하기 위해 사용한 통계적 방법이 있었는데, 우리가 그 발표된 자료를 가져와 북한 경제에 원용한 것입니다. 또 GDP를 측정할 때 동구권은 NMP^Net Material Product라고 해서 서방의 GDP 개념과 완전히 다르기 때문에 이걸 전환해야 합니다. 그나마 북한은 이 통계도 1964년까지밖에 없었습니다. 그 후 이 자료도 내지 않았습니다.

그리고 북한은 상품을 배급받는 것이지 시장에서 물건을 살 수 있는 시장경제가 아니기 때문에 인플레이션 개념도 없고, 경제적 실질가치 평가를 위한 GDP 디플레이터도 없으며, 화폐는 상징적 존재에 불과했습니다. GDP를 서방식으로 접근하는 것은 전혀 불가능했습니다.

그래서 시멘트나 전력, 철강 등 경제발전의 기반이 되는 주요 상품 생산량과 소비량을 가지고 간접적으로 경제 규모를 측정했습니다. 즉, 계량식을 만들어 그 상품들을 어느 정도 소비한 동유럽과 아프리카 국가의 1인당 GDP는 어느 정도인지 측정해 본 것입니다. 이걸 전홍택 박사님과 오강수 연구원이 했는데 1989년 것을 추정해 보니까 북한이 1,000달러 안팎으로 추정되었습니다. 나름대로 상당히 의미 있는 작업이었습니다.

당시 KDI가 사용한 구체적 방법론은 다음과 같다. 6 첫째는 재정 규모를 이용하여 GNP를 역으로 추정하는 방법인데, 이는 사회주의 계획경제에서 재정 규모와 GNP 간의 상관관계가 높기 때문이다. 또 재정통계는 비교적 신뢰도가 높을 뿐만 아니라 북한이 계속 공식적 통계를 발표하고 있다는 점에 착안한 것이었다.

다른 하나는 실물지표 접근법이었는데, 이는 발전량, 철강생산 등 주요 실물지표와 GNP 간의 상관관계가 높다는 점에 기초하여, 다른 사회주의 국가들에서 각종 실물 생산의 1인당 생산량과 1인당 GNP 간의 관계를 추정한 후 이 관계식에 북한 실물지표들을 대입해 북한 GNP를 추정하는 방법이었다.

실물지표 접근법을 이용해 추정한 결과는 통일원이 추정하여 제시한 북한 GNP 규모와 차이가 별로 없었고, 한국은행이 이때부터 공식적으로 발표하기 시작한 북한 GNP 추정 규모에도 매우 근접하는 수준이었다.

이 가운데 재정접근법은 이전에도 이용된 적이 있지만 실물지표 접근법은 국내에서는 최초로 시도된 접근방법으로서, 방대한 통계량만큼이나 신뢰도가 높았다.

이를 통해 KDI는 "1인당 GNP를 기준으로 할 때 1990년 현재 남북한 경제력 격차는 대략 5 대 1 정도로 평가된다. 남북한 간 인구비율은 2 대 1이기 때문에 GNP를 기준으로 할 때 그 격차는 10 대 1에 달한다. 북한의 산업 및 기술 수준은 대략적으로 평가해 볼 때 남한의 1970년대 중반 정도 수준으로 남한보다 약 15년 혹은 그 이상 뒤처져 있다"고 결론을 냈다.

1991년 9월 최종 보고서 인쇄가 완료되었다. 14개나 되는 국내 연구기관이 동시에 연구에 착수하여 얻은 내용에 대해 KDI가 북한 경제의 현실을 종합적으로 판단하고 평가를 내린 것은 크게 의미 있는 일이었다.

연구 내용은 북한 경제 실태 파악 및 경제력 평가, 남북경협의 내용 분석과 향후 추진 방안, 통일의 경제적 파급효과와 부작용 최소화 방안 등으로 구성되었다. 이와 함께 구소련 연방의 몰락 이후 동구권의 체제 전환과 중국의 개방·개혁에 관한 내용 정리 및 평가, 그리고 북한 및 남북 관계에 주는 시사점 등을 포함했다.

---

6 KDI, 《KDI 정책연구 사례: 지난 30년의 회고》, 2003.

1990년대 KDI의 북한 경제 연구

KDI가 1991년에 발간한 《남북한 경제관계 발전의 목표와 정책과제》[7]에서는 독일 통일 후 발생한 각종 경제적 문제점과 사회적 괴리 등 과도기적 갈등을 소개하고, 이러한 문제점을 선제적으로 해결하기 위해 남북한이 같이할 수 있는 경제협력 방향을 제시했다.

남북한 양 지역이나 제3국에 대한 공동투자, 기술교류, 자원 공동개발, 그리고 교통, 통신, 금융 등 상품거래나 자본교류를 원활히 할 수 있는 하부구조의 공동 구축이 필요하며, 북한 경제발전을 촉진하기 위해 간접적 지원을 해야 한다고 제안한 것이다.

이 연구를 시작으로 KDI는 〈한국경제신문〉과 공동으로 연 1회 북한 경제에 관한 국제학술회의를 개최함으로써 북한 경제 연구의 저변을 확대했다. 첫 회의로 1991년 9월 30일과 10월 1일 양일간 '북한 경제의 현황과 전망'이라는 국제학술회의를 열었다. 1992년 6월에는 '남북한 투자협력의 당면 과제와 두만강 지역 개발 계획'이라는 국제 세미나를 개최했다.

1992년 국제 세미나는 점증하는 북한 핵무기 개발의 가능성에 대한 대내외의 우려 속에 열렸다. 한국 정부는 1991년 11월 8일 비핵화 선언에 이어 12월 5차 남북 고위급회담에서 '한반도 비핵화 공동선언'을 제안했다. 그러나 북한은 1992년 2월에 열린 6차 고위급 회담에서도 여전히 핵문제의 조기 해결방안에 대해 비협조적 태도로 일관했다.

이에 따라 정부는 남북한 경제협력 속도를 핵문제 진전 속도에 맞추어 조정하는 '당근과 채찍' 전략을 선택했다. 경제협력을 '당근'으로 제시하기 위해 1992년 2월에는 '남북 사이의 화해와 불가침 및 교류협력에 관한 합의서'를 발표하고 경제교류협력 공동위원회를 비롯한 여러 공동위원회를 구성했다. 일단 경제교류부터 시작하여 신뢰를 구축하고 민족 동질성을 회복한다는 입장이었다.

---

7 연하청, 《남북한 경제관계 발전의 목표와 정책과제》, KDI, 1991.

KDI의 제2차 국제 세미나에서 KDI의 전홍택·조동호 박사는 정부 간 경제협력을 대對동독 관계 개선의 지렛대로 활용한 서독의 경험을 들어 상업적 차원과 정치적 혹은 인도적 차원의 지원을 엄격히 구분해야 한다고 강조했다. 즉, 상업 관계는 경제 원칙에 근거하여 추진하는 대신 정부 차원의 경제협력은 관계 개선의 수단으로 활용할 것을 건의했다.

또한 해외투자를 유치하기 위한 북한의 〈합영법〉의 한계를 지적하고, 대북한 투자협력을 위해 국유화 수용과 송금 제한, 전쟁이나 폭동 등 정치적 사태와 위험에서 투자자를 보호할 수 있도록 투자보증협정이나 투자보장협정을 선제적으로 맺을 것을 촉구했다. 8

제2분과에서 '두만강 지역 개발 계획과 남북한 경제협력'을 발표한 고일동 박사는 "남북한은 중국, 몽골과 함께 UNDP의 두만강 지역 개발 계획을 제안한 발의 국가로 함께 참여하고 있기 때문에 두만강 지역 개발 계획은 한반도 긴장 완화와 남북한의 민족 동질성 회복을 위해 매우 중요한 역할이 기대된다"고 전제했다.

이어서 이 지역을 북한-중국-러시아를 잇는 세계적 교통 중심지로 발전시키는 문제와 자원 가공 및 제조업 중심지로 개발하는 과제를 위해 중국의 출해권出海權 문제, 지역개발의 범위, 관계국 간의 협력 방식, 투자 재원의 조달 문제 등을 선제적으로 해결하려는 노력이 필요하다고 지적했다.

또한 북한의 나진·선봉 자유경제무역지대 개발에 대해서도 해당 지역의 투자 여건과 한계, 문제점 등을 자세히 분석하고 주변국과 적극적으로 협력하는 것이 문제 해결의 핵심임을 주지시켰다.

홍은주 당시 많은 북한 연구를 했는데 혹시 북한도 방문하셨나요?

---

8 투자보장협정은 국가 간 투자를 촉진하고 보호하기 위해 맺는 일반적 협정이다. 투자보증협정은 1980년 미국이 중국과 맺은 협정처럼 정치적 위험을 자본 수출국의 전문기구가 배상하되 자본수입국은 배상 이후 권리를 전문기구에 보장하는 협정이다.

고일동 제가 두만강 연구를 했기 때문에 저와 대외경제정책연구원KIEP의 유장희 박사, 교통연구원 오재학 박사, 수출입은행장 등 10여 명이 1992년에 두만강 개발사업 조사차 방북했습니다.

일본 나고야로 가서 북한 고려항공을 타고 평양에 갔는데 칙사 대접을 받았습니다. 북한에서는 기차로 청진으로 이동했고요. 기차 시속이 30~40km나 될까요? 기차가 자주 흔들려서 팔로 지탱하니까 팔이 엄청 아프고 식사하거나 물 마시기도 어려웠습니다. 그 정도로 북한의 교통 상황이 열악했습니다.

방북 당시 제가 호기심이 발동하여 새벽에 평양을 좀 돌아다니다가 하마터면 못 돌아올 뻔했습니다. 이것이 문제가 될 수도 있었는데, 같이 갔던 미국 〈워싱턴 포스트〉 기자가 북한 안내원 가이드로 김현희 집을 방문해 난리가 나는 바람에 제가 평양 시내를 좀 방황한 것은 대충 넘어가 무사히 귀국할 수 있었습니다(웃음).

3장

한반도 통일대비 방안 연구

독일 통일과 통일비용 연구의 가속화

1986년 미국의 레이건 대통령과 고르바초프 소련 공산당 제1서기가 정상회담을 한 후 1989년 몰타회담으로 사실상 냉전체제가 막을 내렸다. 그해 11월 독일 분단을 상징하는 베를린장벽이 무너졌다. 1990년 이후부터는 헝가리, 폴란드, 구 체코슬로바키아 등 동유럽 선발 국가들의 민주주의와 시장경제로의 체제 전환 움직임이 본격화되었다. 결국 1991년 말 소비에트연방은 역사 속으로 사라졌다.

소비에트연방 해체와 베를린장벽 붕괴로 갑자기 독일이 통일되자 KDI의 북한 경제 연구는 급격한 북한 체제 해체의 시나리오에 초점을 맞추게 되었다. 당시 독일 통일이 보여 준 가장 큰 교훈은 오랫동안 강고하게 가로막혔던 통일이 의외로 예고 없이 갑작스럽게 찾아올 수 있으며, 준비하지 않을 경우 큰 혼란과 경제적 어려움을 야기할 수 있다는 것이었다.

사실 1989년 11월 베를린장벽이 무너지기 직전까지 독일이 빠른 시일 내에 통일되리라고 보는 사람은 거의 없었다. 그런데 견고한 베를린장벽이 하루아침에 무너지고 1년도 안 되는 기간 내에 동서독이 완전히 통일되었다. 독일 통일 후에 일어난 혼란은 통일이 민족 재결합이라는 가슴 뜨거운 사건인 동시에 엄청난 비용이 발생하고 대량 실업과 경제위기를 야기한다는 냉혹한 현실의 양면을 보여 주었다. 독일의 통일비용 지불로 마르크화가 약세를 보이면서 국제 금융시장에서 마르크화 투기가 극심해졌다.

경제 대국인 서독도 통일 후 경제적 부담으로 심한 몸살을 앓는데, 한반도가 통일된다면 한국이 겪을 부작용은 독일과 비교할 수 없을 정도로 클 것이라는 목소리가 높아졌다. 한반도에서 독일과 유사한 상황이 도래할지도 모른다는 막연한 기대감과 함께 통일비용의 우려가 커졌다.

이러한 상황에서 정부는 KDI에 한반도의 통일 가능성과 이에 따른 경제적 파급효과 등을 추정해 줄 것을 요청했다.

연하청 KDI가 1991년 안기부의 요청으로 〈북한의 급변사태에 대한 정책 대응〉이라는 대외비 연구 프로젝트를 수행했습니다. 시기적으로는 기본 구상과 동시에 연구를 진행한 것입니다. 이 같은 보고서들을 작성하여 노태우 대통령과 후임인 김영삼 대통령에게 KDI 원장이 직접 보고했고 그 자리에 제가 배석했습니다.

KDI 통일비용 연구는 점진적 통일과 급진적 통일이라는 두 가지 시나리오를 먼저 제시했다. 그리고 "경제통합이 이루어진 후 10년이 경과했을 때 북한의 1인당 소득 수준을 남한의 일정 수준까지 끌어올리기 위해 필요한 총자본 투입액과, 그 과정에서 북한 주민들에 대한 경제적 지원이 어느 부문에 얼마나 필요한가?"에 대한 재정 부담을 시나리오별로 추계했다.

당시 북한 관련 연구는 거의 발표되지 않았다. 북한 연구를 한다는 이야기가 돌면 안기부에서 알아차리고 연락했다. "지금 정부가 물밑으로 이러이러한 접촉을 하는데 이것이 발표되면 북한을 자극할 가능성이 있으니 시기가 좋지 않다. 신문에서 곧 대서특필을 할 텐데 발표를 미뤄 달라"고 요청했다. 그 바람에 고생해서 완성한 연구가 대부분 묻혔다. 안기부에서 연구비용을 대지만 대외비로 하기 때문에 공개하지 못한 것이다.

KDI가 수행한 〈북한의 급변사태에 대한 정책 대응〉 연구도 비슷한 길을 걸었다. 1991년 7월 말경, 돌연 안기부에서 "이 보고서의 내용을 일반 독자에게 공개하는 것은 당분간 보류해 달라"고 요청해온 것이다. '당분간 보류'로 그칠 줄 알았던 보고서 비공개 결정은 오랜 시간이 경과한 후에도 풀리지 않았다.

다음은 고일동 박사의 회고다. [1]

비록 북한경제연구센터가 심혈을 기울여 처음 작성한 보고서가 햇빛을 보지 못한 셈이기는 하지만, 이 보고서의 내용이 모두 사장된 것으로 생각할 수는 없다. 보고서 출판 이후 KDI는 정부의 대북 관련 정책 수립 과정에 조언과 함께 직접적인 참여의 기회도 있었으며, 기본 구상의 내용 중 중요한 부분들은 더욱 발전시켜서 여기에 대부분 반영되었기 때문이다.

또한 핵심적 내용들은 약 20페이지 정도 축약된 요약본 형태로 정부 관계자들에게 배포되었고, 또 그 내용에 대해 자세한 보고가 있었기 때문에 중요한 메시지는 충분히 전달된 것으로 믿고 있다.

그런데 1991년에 작성되었다가 미궁에 빠졌던 보고서가 국제적으로 다시 빛을 보게 되어 한국에 역수입되는 기묘한 사건이 발생했다.

유일한 분단국으로 남아 있는 한국의 통일문제에 세계인이 관심을 갖자 영국 리즈대University of Leeds 사회학과 교수인 에이단 포스터카터Aidan Foster-Carter가 한반도의 통일 가능성과 통일 형태, 통일비용 등을 골자로 한 책을 저술하여 1992년 출판했다. 이 책에 KDI가 1991년 작성한 보고서의 내용, 즉 통일의 기본 구상과 통일비용 추정이 그대로 실린 것이다.

포스터카터 교수는 자료의 원천이 KDI임을 밝혔지만 통일비용에 관한 KDI의 연구 내용 가운데 급진적 통합의 경우만 집중적으로 부각시키는 등 잘못된 논리 전개를 했다.

고일동 박사는 이에 대해 "원저자인 KDI의 허락 없이 무단으로 내용을 전재했을

---

1 결국 이 보고서는 1997년 여름에 50권 정도의 보관용 장서만 남긴 채 폐기 처분되었다고 한다. 이 에피소드는 고일동 박사가 쓴 《KDI 정책연구 사례: 지난 30년의 회고》(KDI, 2003)에 자세히 기술되어 있다.

뿐만 아니라, 본질적 메시지를 왜곡한 사실에 대해 책임을 물어야 할 것이지만, 연구 결과가 세상에 알려지게 되었으니 오히려 포스터카터 교수에게 감사하는 마음을 가져야 한다는 역설적 생각도 했다"고 복잡한 심경을 토로했다. [2]

한편 당시 소련과 동구권 블록의 해체와 함께 북한도 곧 붕괴할 것이라는 예상이 많이 나왔다. 독일 통일에 천문학적 비용이 들었다는 이야기가 나오자 민간 경제학자들이 이 문제를 지적했고, 금방 통일될 것이라는 착각이 만연했으며, 통일비용에 대해 정확하지 않은 숫자들이 자꾸 나왔다.

이러한 상황에서 KDI는 1992년 통일비용 연구를 시작했다. 고일동 박사와 박진 박사를 비롯한 KDI 연구진은 "북한이 빠른 시일 내에는 절대로 붕괴되지 않을 것"이라고 확신하고 그 방향으로 연구의 결론을 내렸다.

고일동 체제의 내부 붕괴는 현재의 지배계층의 대안세력이 존재할 때만 가능합니다. 예를 들어, 독일에는 '티부 가설Tiebout Hypothesis'이 있습니다. 주민들이 자신의 거주 지역을 결정하고 지역 간에 자유롭게 이동하며 자신의 선호에 맞는 지방정부를 선택하는 모델이죠. 가령, 지역끼리 주민유치 경쟁을 한다면 주민들이 '발'로 투표합니다.

이미 오랫동안 독일 주민들은 연간 250만여 명씩 동서독을 오가는 것이 훈련되어 있었습니다. 특히 은퇴자들은 서독 여권을 받아 자유롭게 왕래할 수 있었어요. 호네커Erich Honecker 시절에 "서독은 물가와 집값이 비싸고 사회보장도 거의 없으니 가봐야 살 수 없을 것"이라고 호언장담하면서 동독 사람들에게 갈 테면 가라고 하니까 동독 사람들이 서독 영사관에 새카맣게 몰려든 적도 있었습니다. 이런 역사가 쌓였기 때문에 나중에 동독 사람들이 서독으로 무더기로 몰려와 베를린장벽이 무너진 겁니다. 남북한은 그런 경험이 전혀 없지 않습니까?

그런데 독일이 통일되니까 언론에서 북한 체제가 금방이라도 무너질 것처럼 막연

---

[2] 포스터카터 교수에 의해 해외에 먼저 알려진 이 연구 결과는 다시 국내에 역수입되는 과정을 거친다. 어이없는 사실은 국내에서 이 결과를 인용할 때 EIUEconomist Intelligence Unit가 작성한 자료로 잘못 인용했다는 점이다 (KDI, 《KDI 정책연구 사례: 지난 30년의 회고》, 2003).

한 정서적 기대를 형성하기 시작했습니다. 그때 많은 사람이 중국 길림에 가면 술집에서 "우리의 소원은 통일"을 외치곤 했지요. 그런 국민적 정서에 부합하는 기대가 점점 쌓여가니까 정치권이 이에 편승하기 시작했습니다.

자꾸 통일 연구를 해달고 하는데 KDI에서 곧바로 통일되기 어려울 것이라는 보고서를 내면 정치권에서 좋아하지 않는 기색이 역력했습니다. 많은 사람이 통일을 기대하고 있었고, 북한 접근 방식이 지나치게 정서적이었죠. 북한 붕괴가 어려울 것이라고 하면 마치 통일 반대 세력인 것처럼 치부하는 사람도 있었어요. 심지어 북한이 망하지 않으리라고 보는 것이 북한 체제의 우월성을 인정하는 것이라고 오해하는 사람까지 있었습니다. 잡혀가지 않았을 뿐이지, 눈에 보이지 않는 많은 박해를 받았습니다. "아무리 그래도 금방 통일될 것 같지 않다"고 주장하면 "그럼 통일된다고 가정하고 연구해 보라"고 자꾸 주문했습니다.

요컨대, 당시에는 통일비용이 얼마나 들 것인지, 통일을 전제로 하여 무슨 일이 벌어질 것인지, 이에 어떻게 대처할 것인지에 대해 시나리오별로 혹은 기간별로 연구해 달라는 요청이 쇄도했습니다.

정부수반협의회에 초청받은 KDI

우여곡절을 겪으면서도 KDI는 꾸준히 북한 경제와 통일 연구에 앞장섰다. 1994년에 《남북한 교역의 내국 간 거래승인 문제와 우리의 입장》(조동호), 《북한의 금융제도 현황과 경제통합 시 예상되는 북한 금융 부문의 개혁과제》(전홍택), 《남북한 청산결제제도의 운용방안과 정책과제》(고일동) 등 다수의 보고서를 발표했다.

1995년에는 《동북아 사회주의 국가의 경제개방과 한국 무역구조의 전망: 중국의 경제개방을 중심으로》(유정호), 《북한 노동력 수급 분석》(조동호), 《북한의 외국인 투자제도와 대북투자 추진 방안》(전홍택) 등의 보고서를 냈다. 1996년에는 《나진·선봉 자유경제무역지대의 경제적 효과 전망》(박정동), 《북한의 경제특구: 중국과의 비교》(박정동) 등 북한 경제특구의 성공 가능성에 대한 연구를 진행했다.

이 밖에도 《남북한 경제통합 시의 경제·사회 안정화 대책》(박진), 《북한의 식량난 실태와 시사점》(전홍택), 《북한의 체제 전환과 남북한 경제통합의 주요 과제》(전홍택) 등의 연구보고서와 《북한 경제 동향: 1995년도》(KDI), 《북한 경제 지표집》(KDI) 등의 자료집이 출간되었다.

이 같은 꾸준한 연구 결과, KDI는 북한 연구를 선도하는 세계적 연구기관으로서 명성을 얻게 되었다. '전직 정부수반협의회Inter Action Council'에 한국을 대표하여 공식적으로 초청받기도 했다. 전직 정부수반협의회는 독일, 프랑스, 네덜란드, 멕시코, 일본, 그리고 한국의 전직 대통령 혹은 총리가 주요 멤버로 참석하는 고위급 회의이다.

연하청 KDI가 북한 연구의 중심이 되면서, 독일 전직 총리인 헬무트 슈미트Helmut Schmidt 의장을 비롯한 세계 정상들이 주요 이슈를 논의하는 협의체인 전직 정부수반협의회에 제가 KDI 실무 전문가로서 참석하게 되었습니다.

이 회의의 주요 주제는 과거 분단국의 통일 경험에 대한 것이 많았죠. 1980년대 말 프랑스 파리에서 회의가 열렸는데, 노태우 대통령 대신 신현확 전 총리(당시 삼성 고문)가 참석했습니다. 이때 신 전 총리를 보좌하여 강경식 전 부총리와, 이상우 서강대 교수, KDI에서는 제가 참석했습니다.

이 회의에서 한국 대표인 신현확 전 총리가 노태우 대통령을 대신하여 "ROH Tae Woo Letter to Helmut Schmidt"를 발표했습니다. 저는 "Economic Consequences of German Unification and It's Policy Implications for Korea"라는 연구로 발제에 나섰습니다. 이 연구는 추후에 *Perspectives of Global Responsibility-In Honor of Helmut Schmidt on the Occasion of his 75th Birthday*(Hans d'orville, Inter Action Council, New York, 1993)로 발간되어 정부와 학계의 주목을 받으며 널리 인용되기도 했습니다.

남북한 경제통합 전략 수립

종합적 통일비용 연구가 다시 이루어지고 공개된 것은 한참의 시간이 지난 1997년, 북한의 급격한 몰락과 예기치 못한 통일 시나리오가 나오면서부터다. KDI는 연세대 부설 통일연구원과 공동으로 통일 시 예상되는 경제 각 부문의 주요 과제를 파악하고 대응 전략을 모색하는 《한반도 통일 시의 경제통합 전략》이라는 종합 연구보고서를 발간했다.[3]

이 보고서는 북한의 경제난과 암시장 성행, 탈북자 증가 등에 따른 북한의 갑작스러운 붕괴 시나리오를 바탕으로 통일이 불러올 여러 문제들을 고찰했다. 재산권 문제와 사유화 문제, 화폐 및 금융 통합 문제, 인력 및 인구이동 문제, 통일비용 조달 문제 등을 연세대 통일연구원과 함께 연구했다.

우선 재산권 확립과 사유화 문제는 사회주의 경제가 자본주의 경제와 통합하기 위한 핵심 전제이므로 재산권 배분 기준과 사유화 방법, 기업 소유와 경영 방식, 가격자유화, 농지 사유화 및 농업구조개혁 등의 문제를 상세히 검토했다. 화폐와 통화통합 문제는 북한 경제 침체를 방지하고 북한지역에 적당한 유동성을 공급하며 북한 주민에게 적절한 초기 자산을 제공하여 통합 충격에 따른 경제적 불확실성과 불안정을 최소화하는 데 정책목표를 두어야 한다고 지적했다. 이를 위해 통화통합 시기, 통화교환 비율, 통화금융정책의 방향, 북한지역 금융구조개혁 방안 등을 논의했다.

북한이 붕괴할 경우 남북한 간 소득격차와 북한의 실업 증가에 따라 북한 주민이 대규모로 남한에 이주할 가능성을 지적하고 대처 방안을 탐구했으며, 북한 주민의 고용 및 임금정책, 직업교육의 방향을 모색했다. 나아가 북한지역 내 인력 재배치 방안에 대해서도 부문별로 검토했다.

---

[3] 전홍택·이영선 편, 《한반도 통일 시의 경제통합 전략》, KDI, 1997. 당시 종합보고서가 작성된 배경은 통일 이후 장기화된 독일 경제의 충격과 불안을 목격했기 때문이다. 통일은 단순히 민족적 열망의 실현 문제가 아니라 통일비용과 경제난 등 현실적 문제를 수반한다는 인식에 따라 급진적 통일 시나리오를 전제로 비용을 최소화하며 편익을 최대화하기 위한 방안을 종합적으로 연구한 것이다.

통일비용 문제에 대해서는 재산 사유화 방법과 통화통합 방법을 알아보았다. 또한 북한 주민의 이주 정도 및 임금정책에 따라 사회복지비용이 달라지므로, 경제통합 방식에 따라 달라지는 점을 전제로 하여 북한지역 사회간접자본 건설, 실업자 생활보장 및 사회보장, 교육지원 등에 필요한 비용을 추정했다. 비용 조달방법으로는 조세규모 확대, 해외 차입, 국내 자본시장에서의 조달 등을 제시했다. 통일비용에는 위기관리 비용, 체제전환 비용, 경제적 투자비용 등이 모두 포함된다. 이 가운데 위기관리 비용과 체제전환 비용은 항목별 소요비용 추계 방식을 선택하고 경제적 투자비용 추계에는 소득목표 방식을 채택하여 절충식 통일비용을 추계했다.

그 결과, 총소요 재원을 마련하기 위해 조세부담을 통해 GNP의 3.5% 정도 비용을 충당하고, 통신 및 전기시설 등 확실한 수익이 보장되는 인프라 분야는 외자유치를 추진해 국채를 발행하여 조달한 자금을 북한지역 생산시설을 확충하는 데 사용함으로써 국채 발행에 따른 이자율 상승효과와 긴축 충격을 완화해야 한다고 제안했다. 통일비용 연구는 급격하게 진행될 가능성이 있는 남북통일 상황을 시나리오별로 미리 예측하고, 통일비용 부담과 선제적으로 점검하고 투자해야 할 주요 분야를 법적·경제적으로 점검함으로써 불확실성에 대처한다는 점에서 큰 의미가 있다고 평가된다.

시대 변화에 따른 북한 연구의 전개

1997년 이후 남북 관계는 급속히 개선되는가 하면, 때로는 장기간 경색 국면에 접어들면서 부침을 계속했다. 특히, 김대중 정부와 노무현 정부의 남북정상회담 이후 남북 간 호혜와 협력 분위기가 형성되다가 이명박 정부 들어 장기간 냉각 국면을 겪었다.

고일동 1998년 들어 정주영 회장의 '소떼 방북'이 이뤄지고 11월에는 금강산 관광이 시작되며 설봉호가 취항하자 갑작스레 민족 간 화해 무드가 조성되었습니다. 통일

이야기는 어느새 사라지고 남북 화해와 협력, 경협 이야기가 북한 경제 연구의 주요 이슈로 등장하여 노무현 정부 때까지 계속됩니다. 10여 년간 그 추세가 계속되어 우리도 그런 테크니컬한 경협 연구를 많이 했습니다.

2007년 남북정상회담을 앞두고 청와대가 여러 가지 준비를 요청했습니다. KDI에서는 북한 연구가 저 혼자였으니까 산업연구원과 합쳐 경제 분야의 실무적 연구와 준비를 했습니다. 사실 그게 정부와 KDI가 긴밀하게 교감하면서 했던 마지막 북한 연구이고 작업이었습니다.

2008년 보수 정부인 이명박 정부가 들어섰는데 "북한에 왜 돈을 주느냐?"는 비판에 부응해 통일부 남북협력기금을 대외경제협력기금EDCF과 합쳐 버리려 했습니다. 북한을 여러 개도국 중 하나로 본 것이죠. 북한은 그 기금이 자기네 돈이라고 착각했는지 그걸 합친다고 하니까 난리가 났습니다.

그 후 한국 정부에서 북한의 존재감이 완전히 사라졌습니다. 이쪽에서 만나자고 하지 않으니까 북한이 트집을 잡기 시작했어요. 결국 '박양자 사망사건'이 발생해 남북 관계가 완전히 중단되고 '천안함 피격사건'까지 일어나 악화일로를 걷게 되었습니다.

남북 관계 변화에 따라 KDI의 북한 경제 연구 역시 약간의 주제 변화를 보였다. 1999년 통일부 의뢰로, 현재부터 미래의 남북 공동체 형성 시까지 단계별로 제기될 정책과제를 연구한 《민족경제공동체 형성 종합계획》을 발표했다. [4] 2002년에는 '제3국 컨설턴트'의 시각에서 북한의 정치적·경제적 제약 요인을 충분히 고려하여 북한이 수용 가능한 경제정책 방안을 도출하는 북한 경제발전 전략 연구를 수행했다.

1990년대 이후 본격적으로 증가한 북한이탈주민을 돕기 위해 1997년 〈북한이탈주민의 보호 및 정착지원에 관한 법률〉이 제정되었는데, 2014년 전후에는 북한이탈주민의 경제활동 실태와 과제 연구가 꾸준히 이루어졌다. [5]

---

4 조동호, 《민족경제공동체 형성 종합계획》, KDI, 1999.
5 신효숙, "2014년 북한이탈주민 경제활동 실태와 과제", 〈KDI 북한경제리뷰〉, 2015. 3.

2015년에는 동서독 통일 25주년을 맞아 〈독일 통일 25년, 구동독지역 인구 및 노동력 변화〉 연구가 진행되었다. 6

이 연구에 따르면, 독일 통일은 동독에 충격적인 인구학적 변화를 가져왔다. 동독(베를린 포함) 인구는 1988년 말 1,874만 명에서 2013년 말 1,592만 명으로, 25년간 15.1%, 약 282만 명이 감소했다. 자연 감소분을 제외하고 1989년에서 2013년까지 동독에서 서독으로 이주한 누적 순유출자 수는 약 179만 명으로, 이는 1989년 동독 인구의 10.9%에 상응하는 규모였다. 동독에서 서독으로 이주한 인력의 상당수는 노동시장에서 경쟁력 있는 고급 인력이었으므로 이른바 '두뇌 유출brain drain'이 발생했다.

이 연구는 한반도 통일 시 북한 주민에게 이주에 대한 기회비용을 높일 수 있는, 무엇보다 명확한 경제적 목표를 정책적으로 제시해 주어야 한다고 강조했다. 또한 더 나은 교육 이수를 위해 이주를 희망하는 젊은 연령층의 이민을 억제할 수 있도록 통일 이후 북한지역에 신속한 교육 인프라 구축이 필요하다고 제안했다.

2016년에는 "최근 북한의 경제정책 평가 및 향후 전망"(이종규), "북한의 실제 취업률과 소득은 얼마나 될까?"(이석), "대북경제제재의 영향력 추정과 실효성 증진 방안"(이석) 등의 연구가 진행되었다.

2018년에는 "북한무역, 양적 성장만으로 충분한가?"(김규철), "북한의 석유교역 분석 시사점"(김규철), "대내외 환경변화에 따른 북한의 경제정책 대응 분석"(이종규) 등의 연구가 이루어졌다.

이러한 연구들은 매달 발간되는 〈KDI 북한경제리뷰〉에 소개되어 왔다. 〈KDI 북한경제리뷰〉는 북한 경제의 실태, 남북한 경제협력 및 경제통합과 관련한 주요 이슈를 분석하고 정리한다. 정책당국자나 학계 및 업계의 북한 이해를 높이고 북한 관련 정책 방안을 도출하는 데 도움을 주려는 목적으로 꾸준히 발간되고 있다.

---

6 김창권, "독일 통일 25년, 구동독 지역 인구 및 노동력 변화", 〈KDI 북한경제리뷰〉, 2015. 3. 이 연구는 김창권 전주대 교수에 의해 수행되었다.

고일동 1998년 11월, 북한 금강산 관광이 시작된 달부터 KDI에서 〈KDI 북한경제리뷰〉를 창간하여 한 달에 한 번씩 내고 있습니다. 북한 경제 현황을 실시간으로 업데이트하고 KDI의 북한 연구 전통을 유지하기 위해서죠.

당시 김대중 정부의 기획예산위원회에서 공공 부문을 개혁하면서 KDI의 북한 연구를 통일연구원으로 보내라는 말이 나왔습니다. KDI의 연구를 갑자기 다른 연구원에 넘기는 건 말이 안 되고, 북한연구센터 연구원들 가운데 누가 통일연구원으로 가려 하겠습니까? 그래서 우리가 좀 무리가 되더라도 월간을 내기 시작했죠.

시간이 지나면서 북한 연구에 대한 시대적 열기도 사라지고 이걸 만드는 것이 너무힘들어서 몇 번이나 중단하려 한 적도 있지만, 지금까지 계속 내고 있습니다.

급변하는 남북한 정치 기류와 환경 변화 속에서도 KDI 북한연구팀은 남북문제에 대해 객관적이고 일관된 연구 방향을 유지하기 위해 노력한다.

다음은 오랫동안 북한 연구를 계속해온 고일동 박사의 소회이다. [7]

남북 관계는 화해와 대립, 협력과 갈등의 사이를 오가는 불안정한 상태가 계속되기 때문에 눈앞의 상황에 집착하다 보면 자칫 입장이나 시각이 흔들릴 위험이 있다. 그러나 남북문제에 대해 KDI는 일관된 입장을 견지해왔다.

KDI의 주장은 한마디로 한반도의 상황은 독일과 워낙 다르기 때문에 독일과 같은 형태의 통일은 가능하지도 않고 바람직하지도 않다는 것이다. 또한 북한 경제의 침체는 남북 관계가 바람직한 방향으로 나아가는 데에 커다란 장애가 되기 때문에 남북경협을 통해 북한 경제가 최소한 회복될 수 있도록 조치를 취하는 것이 남북 모두의 입장에서 바람직하다는 것이다.

---

7 KDI, 《KDI 정책연구 사례: 지난 30년의 회고》, 2003.

국제교류협력 사업

1장

국제개발교류 프로그램^{IDEP} 출범

원조 받는 나라에서 주는 나라로

1950년대 이후 미국과 유엔의 원조 혜택을 받은 나라 가운데 빈곤을 가장 빠른 속도로 극복하고 원조를 제공하는 나라로 도약한 유일한 국가가 바로 한국이다.

한국은 해방 직후 미군 점령지역구제기금GARIOA 및 미국 경제협력처ECA의 원조를 받았다. 1950년대부터는 미국의 공법 제480조에 의한 잉여농산물대전, 즉 대충자금 원조를 받아 부족한 예산을 충당했으며, 유엔 긴급구호를 통해 발전소와 도로 등 전후 복구 기반을 구축했다.

1962년에는 서독으로부터 1억 5,000만 마르크(약 3,000만 달러)의 공공차관을 제공받았다. 1964년 전후에는 상업차관을 대거 도입하면서 본격적 수출 공업화와 급속도의 경제발전을 추진했다. 그 결과, 1972년에는 미국의 무상원조에서 벗어났고, 1980년대에는 선발 개도국으로 지위가 격상되어 대부분의 국제개발 협력 지원에서 탈피하게 되었다.

한국이 과거에 받았던 원조를 국제사회에 되돌려 주기 시작한 때는 1980년대 후반부터다. 1987년에 대對개도국 공적개발원조ODA1 협력을 추진하기 위해 대외경제협력기금을 창설했다. 1991년에는 대개도국 무상 및 기술협력사업을 전담하는 한국국제협력단KOICA: Korea International Cooperation Agency을 창립하여 경제원조를 제공하기 시작했다.

2000년 189개국 정상들이 한자리에 모여 전 세계의 빈곤 퇴치를 위해 공동으로 노력하겠다는 '새천년 개발목표 선언'을 했다. 그해에 한국은 OECD 산하 개발원조위원회의 공적개발원조 리스트에서 완전히 탈출했다. 뿐만 아니라 1억 달러 이상 규모의 ODA를 개발도상국들에게 공여하는 '순純공여국' 지위에 올랐다. 불과 반세기 만에 원조를 받는 국가에서 원조를 제공하는 국가가 된 깜짝 놀랄 만한 사건이었다.

한국에 대한 개발원조와 협력사업이 성공적이었다는 것은 한국의 고도압축성장과 더불어 그간 한국에 공여된 개발협력 차관借款의 상환에서 단 한 건의 연체나 채무조정rescheduling, 탕감 사례도 없었다는 점에서도 찾아볼 수 있다. 2

한국의 개발 경험 공유하는 IDEP의 출범3

한국이 수원국受援國을 막 졸업한 1981년에 KDI에서 '국제개발교류 프로그램IDEP: International Development Exchange Program'이 출범했다. IDEP는 "한국의 경제개발 경험과 공업화 노하우를 후발 개도국에 소개함으로써 개발 노력을 지원하는 개도국 간 기술협력TCDC: Technical Cooperation among Developing Countries을 실천하는 것"을 목적으로 만들어졌다.

---

1 OECD 산하 개발원조위원회는 "ODA란 중앙 및 지방정부를 포함한 공공기관이나 이를 집행하는 기관이 OECD 수원국 리스트에 속한 개발도상국 및 국제기구에 제공한 자금으로서 개도국의 경제개발 및 복지증진에 기여하는 자금"이라고 정의했다.
2 이경구, 〈한국에 대한 개발원조와 협력〉, KOICA 연구자료, 2004, 201쪽.
3 이하 IDEP에 관한 내용은 《KDI 정책연구 사례: 지난 30년의 회고》(KDI, 2003)에서 황인정 소장이 집필한 내용을 위주로 요약, 정리한 것이다.

IDEP의 출범 배경에 대해 오랫동안 KDI 국제교류사업을 기획하고 실무를 책임 졌던 이태희 실장의 설명을 들어 보자.

이태희　IDEP가 만들어진 계기는 전두환 대통령의 아시아 방문이었습니다. 아세안 ASEAN 국가 순방 시, 현지 지도자나 고위 관료들이 "한국 경제가 급속도로 발전한 이유와 그 추진 전략을 알고 싶다. 한국의 발전상을 직접 보고 싶다"고 요청했다고 합니다. 한국의 경제발전이 국제적 관심사가 되었던 거죠.

　　이 프로그램이 생긴 또 하나의 배경은 "지금까지 우리가 주로 선진국과 협력해왔 는데 앞으로 개도국과의 협력이 더 중요해질 것"이라는 시대 인식 때문이었습니다. 한국이 주석이나 목재, 원자재 등 천연자원 대부분을 아시아 국가들로부터 수입해 왔거든요. 그러니까 경제외교 차원에서라도 전략적 협력관계를 구축할 필요가 있 었죠. 이른바 '남남南南 협력'의 시작이었습니다.

정부가 구상한 국제적 지식협력 사업을 수행할 역량이 있는 기관은 당시 KDI뿐이 었다. 경제개발 계획 수립에 참여한 경험이 풍부했을 뿐만 아니라 폭넓은 국제적 네 트워크를 구축하고 있었기 때문이다. KDI는 1971년에 창립되어 10년이 채 안 되는 기간 동안에 수많은 연구 성과를 거두면서 저명한 개발경제학자들이나 국제기구들 사이에서 상당한 위상과 인지도를 얻은 상태였다.

　　특히 미국 USAID의 지원을 받아 KDI와 하버드대 국제개발연구소4가 공동 편찬 한 《한국 근대화 연구총서Economic and Social Modernization of the Republic of Korea》(전 8권) 5 는 개발경제 발전전략의 교과서로 널리 알려져 있었다.

4　HIID: Harvard Institute for International Development.
5　김만제와 에드워드 메이슨Edward Mason이 공동 편집하여 1979년부터 1983년까지 출간되었다.

상호 존중 의미에서 '교류'에 방점

KDI는 국제적 지식교류 및 협력 프로그램 출범을 앞두고 황인정 서울대 교수(후일 KDI 원장)를 초대 소장으로 초빙했다. 황인정 소장은 유엔 아태개발센터APDC의 창설과 운영에 참여했던 경험이 풍부한 학자였다. 그는 최초의 구상 단계부터 시작하여 프로그램 명칭과 연수의 구체적 내용은 물론이고 KDI 내 조직의 위상과 인적 구성까지 신속하게 확정했다.

KDI의 신규 국제 프로젝트의 명칭은 '국제개발교류 프로그램'으로 결정되었다. "지식과 경험의 일방적 전수 개념인 '연수'라는 말 대신에 개도국 간 상호 존중 및 교환 형식을 취한다는 의미에서 '교류'라는 단어를 사용한 것"이라고 황 소장은 회고한다. 6

황인정 소장으로부터 프로그램의 구체안을 받은 김만제 원장은 1981년 8월 25일 이를 청와대에 보고하여 승인받고 관련 예산을 편성받았다. KDI의 구舊 홍릉 본관 옆에 연수와 국제교류 목적의 흰색 건물이 신축되었고, IDEP 조직이 별도로 구성되었다. 초대 소장인 황인정 교수를 필두로 박현두, 최돈길, 유승민, 홍성훈, 성재귀 연구원 등 5명이 합류하면서 드디어 IDEP가 출범했다.

---

6 "한국을 포함한 개발도상국 상호 간의 공통의 열망aspiration을 전제로, 이를 실현하기 위해 여러 가지 경험들을 서로 공유exchange하자는 취지에서 '교류'라는 표현이 적정하다"고 제안했다.

2장

국제교류와 지식공유 활성화

개도국 고위직 연수와 경험 공유

IDEP가 초기에 가장 역점을 둔 사업은 단기 연수과정인 '고위정책연찬회senior policy forum'였다. 이 프로그램의 내용은 개발도상국의 차관 및 국장급 고위 경제관리들을 매회 25~30명씩 초청하여 10일간 연수와 정책세미나, 산업시찰, 관련 인사 면담 등을 제공하는 것이었다.

정책세미나는 순수한 학문적 토론에 그치지 않았다. 한국의 경제개발 계획 수립과 집행 과정에서 실무를 맡았던 전현직 고위 공무원들이 진솔한 경험과 성공 및 실패의 요인, 집행 현장에서의 구체적 애로사항 등을 전해 주는 강의까지 폭넓게 진행되었다.

산업시찰은 시각적 효과가 큰 중화학공업단지를 주로 방문했다. 세계 최대 규모를 자랑하는 현대중공업의 초대형 선박건조 도크와 골리앗이라고 불리는 거대 크레인, 석유에서 추출되는 나프타를 중심으로 일련의 공장들이 집적화된 울산의 종합석유화학 콤비나트, 첨단 자동화 설비로 무장한 전자공장과 자동차 조립공장 등을 방문하면서 한국 기업들의 눈부신 기술 수준을 한눈에 볼 수 있게 한 것이다.

산업시찰과 더불어 한국의 문화유산을 찾아가면서 문화유산이 현재의 한국 경제 발전과 자연스럽게 연결되도록 문화탐방 스토리를 구성했다.[1]

가령 경주를 방문하여 에밀레종을 보여 줄 때는 1,200년 전 신라시대 쇠를 다루는 기술 수준이 얼마나 높았는지를 설명하여 오늘날 발전된 포철이나 조선공업과 연계시켰다.

에밀레종은 아침, 저녁 강하게 쳐서 멀리 소리를 보내는 동종銅鐘이기 때문에 금방 깨지기 쉽다. 그런데 에밀레종이 1,200년 이상을 두들겨도 아직 아름다운 원형과 소리를 유지하고 있다는 것은 이 종을 만들었을 당시에 신라가 지녔던 주물기술, 철을 다루는 솜씨가 얼마나 높았는지를 단적으로 보여 준다.

오늘날 한국의 공업발전이 단순히 해외 수입기술에 의존한 것이 아니고 역사 속에 이미 깊은 뿌리가 있었음을 알리는 방향으로 문화탐방의 스토리를 설계한 것이다.

IDEP 참가자들은 대부분 개도국의 고위 공무원이었으므로, 한국 기업의 노력 여하에 따라 합작투자나, 플랜트 수출, 인력자원 및 기술이전 등의 가능성을 충분히 논의할 수 있는 기회를 제공했다. 이때 정부와 KDI의 국제교류협력 사업의 취지를 가장 잘 이해하고 활용한 사람이 고故 정주영 현대그룹 회장이었다. 그는 KDI의 초빙으로 한국에 온 개도국 공무원들을 적극적으로 현대그룹에 초대하여 홍보와 함께 현지 인맥을 형성하곤 했다.[2]

정책연찬회의 마지막 종합토의 시간에 황인정 소장은, "한국은 20세기 초 약소국 가였기 때문에 일본에 나라를 빼앗기고 35년간 국제적 수모와 엄청난 고통을 겪어야 했다. 그로부터 오랜 시간이 지난 후 경제발전을 성공적으로 이룩한 한국은 국제사회에 과연 무엇을 돌려줄 수 있을까, 우리가 국제사회에 긍정적 보답을 해야 하지 않나 고민했다. 21세기에는 후발 개도국들이 강대국에 의해 불이익이나 어려움을 당하는 일이 없도록 하는 데 우리의 경험이 참고가 되기를 희망한다"는 메시지를 늘 강조했다. 이는 한국과 비슷하게 뼈아픈 식민의 역사를 경험한 후발 개도국들과 '동

1 KDI, 《KDI 정책연구 사례: 지난 30년의 회고》, 2003.
2 안승철, 《배움, 이룸, 바람》, 기파랑, 2018, 170쪽.

병상련同病相憐'의 아픔을 함께하는 효과를 발휘했다.

고위정책연찬회는 1982년 6월 '공업화와 무역정책'을 주제로 제1회 정책연찬회를 성공적으로 마친 이래 2001년까지 20년간 해마다 한두 차례씩 26회 지속되었다. [3]

'국제교류협력센터'로 위상 높아진 IDEP

고위정책연찬회가 성공적으로 진행되고 프로그램에 탄력이 붙으면서 'IDEP실'은 이후 업무 내용에 걸맞게 '국제교류협력센터'로 승격되어 그 위상이 높아졌다.

이태희 IDEP의 핵심 프로그램이 고위정책연찬회였어요. 행사는 약 2주 정도로, 연찬회를 기획하고, 외국 참가자들과 개별 접촉하여 스케줄을 조정하고, 항공권을 보내고, 외국 인사를 영접하러 새벽부터 김포공항에 나가 픽업하는 일까지 했어요. 오시는 분들이 대부분 해외 장차관급이니까 의전이 쉽지 않았지만, 외국의 고위급 인사가 한국에 별로 오지 않던 시절이라 연찬회 행사에 주목도가 높아 보람은 있었죠. 각 나라에서 몇 명 정도로 구성된 대표단이 입국해서 연수를 받고, 대통령이나 한국 고위 관료들을 만나기도 했습니다.

각국에서 선발된 고위관리들에게 실수하지 않기 위해 IDEP 팀은 초청 전부터 세세한 내용까지 심사숙고하여 프로그램을 마련했다. 또한 외국 인사들의 체류기간 내내 완벽하게 프로그램이 진행되도록 혼신의 힘을 쏟았다. 그들은 밤낮없이 헌신했고, 참가자들이 귀국 비행기를 타고 나서야 간신히 한숨 돌렸다.

이 과정에서 'KDI 스쿨'(KDI 국제정책대학원)의 설립 아이디어가 나오기도 했다.

---

3 IDEP에 2년 이상 참여했던 연구진은 전영학, 이택수, 하태현, 이영용, 황원규, 이태희, 정해숙, 정우용, 윤미경, 이대근, 박현태, 김한준, 임정은, 이인숙, 고 김순정, 정진욱 등이다.

이태희 처음에는 단기 과정으로 진행되다가 황인정 소장님이 KDI의 국제교류협력 사업의 폭을 넓힐 필요가 있다고 생각해서 장기 교육과정을 추진하셨어요. 황 소장님은 아시아 개도국들이 한국 경제발전에 관심이 많다는 것을 잘 알았고, 개도국 공무원들의 역량 강화에 주목했기 때문에 이들을 대상으로 2년 석사과정을 구상했던 것 같습니다. 제가 그 일을 맡아 관련 기관들과 협의하고 설립 예산을 추정하고 대학원 부지도 보러 다니는 작업을 했는데, 안타깝게도 그때는 성사되지 못했습니다. "또 다른 국립대학을 만드느냐?"면서 사립대학들이 반대했다고 들었습니다.

홍은주 이때의 계획이 훗날 'KDI 스쿨'로 이어지는 것이군요?

이태희 그렇습니다. 그때로부터 10여 년 후에 설립되었지요. 역사에 가정은 없다지만, 만약 그 10년 전에 당초 계획대로 글로벌 교육기관이 신설되었더라면 지금보다 평판이나 네트워크는 물론이고 국제교육이 더 깊고 넓어졌을 것이라고 생각합니다.

홍은주 IDEP는 황인정 소장님이 처음부터 기획과 설계를 하고 장기간 동안 운영했는데, 이분의 업무 스타일은 어땠나요?

이태희 영어도 잘하시고 배울 것이 참 많은 분이셨어요. 꼼꼼하고, 국제협력 네트워크도 잘 갖추었고, 순발력이 뛰어나고, 정말 워커홀릭workaholic이셨죠.

이분이 딱 하나 못하는 것이 있는데 바로 술이에요. 언젠가 원장님을 모시고 베트남 출장을 간 적이 있어요. 하노이까지 직항이 없어서 홍콩에서 한참 대기하다가 다시 비행기를 갈아타고 하노이로 들어가는 일정이었습니다. 아침에 김포를 출발해서 베트남에 저녁 늦게야 도착했으니까 모두들 피곤하고 지쳤죠. 시원한 맥주 한 잔 생각이 간절하잖아요?

그런데 소장님이 저녁 식사 자리에서 맥주를 딱 한 병만 시키는 겁니다. 맥주 한 병을 여러 잔에다 조금씩 나눠 따르시더니 거기에 냉수를 부어서 잔을 채우더라고요. 그러면서 "이게 흡수가 잘되고 피로회복에 가장 좋다"고 하시는 거예요. 그래서 맥주 한 병을 가지고 서너 명이 생수를 채워서 나눠 마시면서 내심으로 아쉬워했던 기억이 납니다(웃음).

KDI의 IDEP 팀은 세계은행, 유엔개발계획UNDP, 아시아개발은행ADB, 하버드대 등 유수의 국제기관과 협동연수사업도 활발히 벌였다. 최초의 IDEP 국제협동연수사업은 1982년 하버드대와의 협업으로 시작되었다.4 이후 세계은행, ADB, 아시아태평양경제사회위원회ESCAP, UNDP 등 여러 국제기구와 본격적으로 협동연수 과정을 운영했다.

　세계은행 및 관련 기구의 연수 프로그램에 참석한 학생들이 KDI를 방문해 7회에 걸친 협동연수를 받았고, 유엔 기구들5과 공동 개최한 연수 행사도 많았다. APEC, OECD 등과도 협력했으며, 미국의 NBERNational Bureau of Economic Research와 브루킹스연구소 등 세계적 연구기관들과도 협동연수를 추진했다.

사회주의 국가의 시장경제 체제 전환 지원

1990년대 초반 들어 사회주의에서 시장경제로 체제를 전환한 국가들의 관료와 전문가들이 한국으로 초청되어 이들의 지적 요구에 맞게 기획된 연수가 자주 실시되었다.

　1992년 8월 24일 한국과 중국이 국교를 정상화하면서 이때부터는 대對중국 연수가 집중적으로 이루어졌다. 중국 국가기획위원회와 한국 경제기획원 간에 맺어진 협정에 따라 KDI는 중국 경제관리들을 대상으로 특별연수를 15회에 걸쳐 집중적으로 진행했다.

　같은 해 한국과 베트남 수교 시에는 베트남의 요청에 따라 한국이 100만 달러의 무

4　하버드 Mason Fellow Program의 일환으로 하버드대에서 장기 연수를 받던 개도국 학생 49명이 1982년 3월 28일부터 5일간 KDI를 방문하여 Korea Week Program을 통해 경제개발 경험 연수를 받았다.

5　UNDP, 아시아태평양경제사회위원회ESCAP, UNCTAD, 유엔공업개발기구UNIDO, 유엔아동기금UNICEF 등을 꼽을 수 있다.

상원조를 제공하여 KDI와 비슷한 베트남의 개발전략연구소DSI: Development Strategy Institute를 지원하는 사업을 추진하기도 했다.

이태희 베트남이 개방개혁정책(도이모이 정책)6을 추진하던 때인데, "베트남에 한국의 KDI 같은 정책연구소를 육성하려 하니 이를 지원해 달라"고 한국 정부에 요청했습니다. 이 요청을 한 베트남 관료는 판방카이Phan Văn Khải 전 국가계획위원회State Planning Commission 위원장이었습니다.

1991년 한국과 베트남의 정식수교 이전에 KDI가 세계은행과 함께 베트남 관료를 대상으로 공동연수사업Joint Study Tour을 실시한 적이 있었어요. 일주일은 워싱턴에서, 일주일은 한국에서 실시한 이 연수에 베트남 사절단장으로 참여했던 분이 바로 판방카이 위원장이었습니다.

당시 베트남 사절단이 참 열성적이었어요. 경제기획원이나 교육부 등 정부 부처는 물론이고 현대, 대우 등 민간기업체에도 방문하여 기업 성장에 대해 진지하게 토론하고 협력 방안을 논의했습니다. KDI가 한국 경제발전을 위해 그동안 해온 역할을 쭉 설명했는데, 판방카이 단장이 그때 베트남의 경제개혁 추진에서도 KDI와 같이 핵심적 역할을 할 싱크탱크가 필요하다고 생각했던 것 같습니다.

판방카이 위원장이 1991년 8월에 부총리가 되고 한국과 수교(1992년 12월 22일)를 맺자 베트남 기획투자부 산하 DSI가 KDI와 같은 역할을 할 수 있도록 지원해 달라고 한국 정부에 요청했습니다. 이분이 나중에 베트남 수상까지 되셨습니다.

홍은주 KDI가 그때 무엇을 어떤 식으로 도와주었습니까?

이태희 DSI의 해외연구소 벤치마킹, 분야별 정책연구를 위한 직무연수, 정책세미나 실시, 조직재편institution-building 등을 지원했습니다. 해외연구소 벤치마킹의 목적은 DSI의 연구 방향과 역할을 정립하기 위한 것으로 중국국무성개발연구센터DRC,

---

6 도이doi는 '변경한다'는 뜻이며 모이moi는 '새롭게'라는 의미로, 도이모이Doi Moi는 '정책적 쇄신'을 뜻한다.

태국개발연구소TDRI, 한국 KDI를 방문하여 그 창립 과정과 역할을 살펴보도록 했습니다.

그리고 연구원들의 역량 강화를 위해 연구 분야별로 양국 연구진이 공동연구를 실시했습니다. 또한 정책연구의 협력과 활용을 위해 양국 연구진과 베트남 관료가 참여하는 현안 정책세미나를 개최했죠. 마지막으로, 정책연구를 효율적으로 수행하기 위해 조직 역량을 강화하는 조직 형성 방안을 자문했습니다.

연구소의 주요 업무는 정책 수립을 위해 관련 통계자료를 수집, 분석하고 그 결과를 해석하는 것입니다. 그런데 저희가 베트남에 가서 확인해 보니까 통계자료 자체가 없거나 자료가 있어도 부실했어요. 우선 통계자료를 어떻게 수집하여 데이터를 만들 것인지 기술적 부분부터 지원했습니다. 이분들이 시장경제의 개념도 아직 충분히 이해하지 못한 상태였기 때문에 결코 쉬운 과업은 아니었지요.

사업 종료 후에도 베트남의 요청으로 DSI 역량강화 사업을 여러 차례 실시했습니다. 8회의 국별 연수와 고위 경제관리들을 대상으로 하는 경제정책 및 기획 관련 재직훈련 과정을 마련하는 등 다양하게 지원했습니다.

홍은주 당시 베트남 연구소 지원사업에 참여한 분들은 누구입니까?

이태희 지원사업의 프로젝트매니저와 거시 부문 자문은 남상우 박사님이, 사업기획과 관리는 제가 맡았습니다. 또 강문수 박사님이 금융 부문, 박준경 박사님이 산업 부문, 김종기 박사님은 지역개발을 각각 담당하셨습니다. 그 외에도 전홍택 박사님 등 많은 연구자가 베트남 지식자문에 참여했어요.

외부 인사로는 KDI 출신으로 대외교역 부문을 담당했던 김적교 전 대외경제정책연구원 원장님, KDI에서 인력개발 부문을 담당했던 김수곤 경희대 교수님 등이 참여했습니다.

당시 KDI 박사들이 아무 경제적 보상도 받지 못한 채 그야말로 지식협력을 위해 무료 자원봉사를 한 것이지요. 그런데도 다들 정말 열심히 해 주셨어요. 이 자리를 빌려 제가 그 점을 꼭 강조하고 싶습니다.

국가별 맞춤형 지식자문

IDEP는 또한 국가별 실정에 맞도록 장단기 '맞춤형 국별 연수과정Country Specific Program'도 진행했다. 대표적인 예가 1983년 12월 5일부터 13일까지 말레이시아 정부의 요청에 따라 쿠알라룸푸르에서 시행된 경제계획 연수다. 여기에는 말레이시아 중견 경제관리 40여 명이 참여하여 집중교육을 받았다. [7]

말레이시아는 당시 유엔공업개발기구UNIDO: UN Industrial Development Organization에서 지원금 220만 달러를 받아 '말레이시아 공업화 10개년 계획'(1986~1995년)을 수립했는데, 이를 자문할 상주 전문가 3명 중 2명을 KDI가 추천해 줄 것을 요청했다. [8]

KDI는 자문단장으로 유성재 박사(삼성전자 전무, 후일 중앙대 교수), 산업정책 전문가로 서장원 박사(KIET 연구위원)를 추천하고 인력개발과 산업연관분석 분야를 담당할 단기(2~3개월) 자문관으로 송병락(서울대) · 안충영(중앙대) · 김수용(서강대) 교수를 파견했다.

KDI가 자문을 제공한 '말레이시아 공업화 10개년 계획'은 마하티르 수상이 집권기간 내내 강력히 추진하여 1980~1990년대에 걸쳐 말레이시아가 경제 중진국으로 도약하는 데 든든한 기초가 되었다. 이에 자신을 얻은 말레이시아 정부는 그 후 'Malaysia 2020' 비전을 제시하기도 했다.

파키스탄 정부도 당시 주한 파키스탄 대사 아마드 카말Ahmad A. Kamal을 통해 맞춤형 연수를 요청했다. 이에 따라 파키스탄행정참모대학Pakistan Administrative Staff College에서 연수 중인 고위관리 13명을 한국에 불러 한국 공업화 실상과 개발 경험 등을 소개하고, 경제사회 개발전략 및 계획기법 등을 전수했다. 파키스탄 공무원들에 대한 맞춤형 연수는 1985년 이후 세 차례나 더 이루어졌다. [9]

---

[7] 이하 내용은 《KDI 정책연구 사례: 지난 30년의 회고》(KDI, 2003)에서 발췌했다.

[8] 제1차 IDEP 정책연찬회에 참석했던 말레이시아의 공업개발청 차장 게심홍Geh Sim Hong이 "'말레이시아 공업화 10개년 계획'을 수립하려고 하는데 KDI에서 자문단을 파견해 달라"고 요청해왔다(위의 책 참조).

[9] 이들이 귀국하여 연수보고서 *Process of Industrialization in the Republic of Korea*를 작성하여 출판하기도 했다(위의 책 참조).

대규모 국가회의 주관

KDI의 IDEP팀은 국가 차원에서 추진하는 대형 국제회의를 준비하기 위해 기획 및 집행업무에도 참여했다. 국가 IR을 위한 대규모 행사를 담당할 수 있는 기관은 당시 KDI가 거의 유일했기 때문이다.

대표적 예가 1982년 출범 이후 경주와 뉴욕을 연결한 이른바 '경주회의Gyeongju Conference'였다. 이 회의는 한국과 미국의 미래를 이끌어갈 차세대 리더들이 참여하여[10] 경주에서 정치·경제·외교·안보·투자 등 한미 간 현안에 대해 토론하고 관련 배경과 상황을 공유하는 형태로 진행되었다. 1983년에는 KDI가 태평양경제협력회의PECC[11] 운영 책임을 맡아 지역 경제개발 협력에 크게 기여했다.

대규모 국제회의 개최 노하우가 장기간 축적되자 이후 수많은 국가 행사를 기획하고 지원하는 업무가 KDI에 계속 밀려들었다. 1999년 2월에 한국 정부와 세계은행이 공동 개최한 대형 국제포럼 '민주주의와 시장경제'도 재정경제부와 KDI가 주관한 행사였다.[12]

같은 해 12월에 개최된 'IMF 2년: 한국의 경제위기와 구조개혁 평가를 위한 국제포럼'의 기획과 진행도 KDI가 주도했다. 이 포럼에는 캉드쉬Michel Camdessus IMF 총재, 스티글리츠Joseph Eugene Stiglitz 세계은행 수석부총재 등 세계 저명인사들을 비롯해 1,500여 명이 참여했고, 결과적으로 한국 경제의 위기관리 과정과 가시화되는 효과에 대해 국제적 공인을 받는 계기가 되었다. 이 포럼은 KDI가 고부가가치 서비

---

10 당시 회의는 신현확 전 총리와 로버트 옥스남Robert Oxnam 아시아소사이어티Asia Society 총재가 공동의장을 맡았고, 한미은행장으로 자리를 옮긴 김만제 전 KDI 원장과 브루킹스연구소의 로런스 크라우스Lawrence Krause, 랜드코퍼레이션Rand Corporation의 노먼 레빈Norman Levin 등 쟁쟁한 인사들이 주제 발표를 했다.

11 1980년대 초 유럽연합의 창설 발전에 자극받은 아시아·태평양 연안국가들, 즉 미국과 캐나다, 호주, 일본, 한국, 태국·말레이시아·싱가포르 등 ASEAN 국가들이 모여 PECC를 구성했다. 이것이 발전한 형태가 오늘날 역대 정상들이 거년마다 정례적으로 참석하는 APEC 즉 아시아태평양경제협력체다.

12 나카소네 전 일본 총리 등 전직 국가수반 5명, 울펀슨 세계은행 총재 등 저명인사를 비롯해 3,500여 명이 참석한 대규모 행사인 이 포럼은 "탈냉전 이후 보편화되고 있는 민주주의와 시장경제의 상호보완성과 상승효과를 이론적·현실적으로 규명함으로써 21세기 세계질서를 정립한다"는 목적으로 열렸다.

스 산업인 마이스산업MICE: Meetings, Incentives, Conferences & Exhibitions을 활용한 첫 국제회의였다.

이태희 그때 우리가 처음으로 '행사 대행업체'들을 활용했어요. 요즘 말하는 마이스산업의 시초라 할 수 있습니다. KDI가 컨벤션 사업시장을 처음으로 열었다고 할 수 있겠죠. 그 후 민관 주관의 대규모 국제회의에 대행업체를 활용하는 것이 일상화되었지요. 이 국제회의는 마이스산업을 활성화하는 계기가 되었고, 참여했던 행사대행업체는 당시 신지식인으로 선정되기도 했습니다. [13]

UNDP 지역협력사업의 주도

KDI는 1994년부터 1999년까지 UNDP의 지역협력사업을 총체적으로 책임지는 집행기관으로서 다양한 국가에 경제정책 자문활동을 수행했다. 이는 UNDP의 재정지원하에 13개 회원국에 KDI나 한국 경제정책 전문가를 파견하여 경제개발 계획의 수립과 정책 개발을 지원하는 프로그램이었다.

이 프로그램은 아시아·태평양 지역 내 정책연구기관 간의 네트워크 및 협력체계를 구축하고 역내국의 경제개혁 및 정책 입안, 집행 능력 제고를 지원했다. 이를 통해 정책연찬회, 정책연구세미나, 중견관리대상 연수사업과 아울러 회원국의 정책연구소 간 네트워크 DB 채널 구축 등이 추진되었다. [14]

이태희 1994년 아태지역 13개국이 참여하는 UNDP 아태경제개발 네트워크사업
EDAP Network: Economic Development Management in Asia-Pacific을 KDI가 위탁받아 수행하기 시작했습니다. 총 295만 달러 규모로 시작된 사업으로 그때까지 우리가 수행한 국

---

13 최태영 인터컴 사장이 신지식인으로 선정되었다.
14 이 프로그램을 기반으로 *Social Reform and Development in the Asia-Pacific* (1998)을 포함하여 총 9권의 보고서가 출간되었다.

제기구 협력사업 중 가장 크다고 들었어요. 중국, 인도, 호주, 미국 등이 모두 참여했는데 그걸 운영하는 총책임을 우리가 맡게 된 것이죠.

우선 사업 결정 방식은 각 나라 회원 기관들이 KDI에 사업계획서(제안서)를 제출하면 저희가 검토해 전체 회의에 보고하고 다음 연도 사업으로 결정하는 것이었습니다. 미국, 중국, 호주 등도 우리에게 제안서를 제출하여 심사를 받았으니까 오늘날 표현을 빌리자면 KDI가 '갑'이고 그들은 '을'이었던 셈이지요. 그 과정에서 저희 연구원들도 컨설턴트로 참여하여 직접 페이퍼를 쓰고 발표할 수 있었어요.

자금 운영 방식 역시 사업활동과 관련된 예산집행계획서에 사인한 공식 서한을 KDI가 보내면 사업수행 국가가 해당국 UNDP 사무소에서 달러 자금을 받아 집행하는 방식이었습니다. 마치 아태지역 모든 국가에 IDEP 지역사무소를 둔 것과 같은 효과가 있었지요. 15

한번은 제가 방콕에 컨설턴트 겸 감독관으로 갔는데 방콕 UNDP에 KDI의 '위임장 authorization letter'를 전해 주니까 곧바로 현금이 나오더라고요. 해외에서도 KDI의 권위를 인정받으니 긍지와 보람을 느꼈지요. 돈은 UNDP에서 내지만 저희가 전체 프로그램의 검수와 관리를 책임지고 생색도 다 냈기 때문에 국제기구 협력사업 중에서 가장 의미 있는 프로젝트였지요. 사업수행기관으로 KDI가 선정된 것은 그만큼 국제적 명성이 높았기 때문에 가능했다고 생각합니다.

홍은주 유엔이 프로젝트를 객관적이고 정확하게 리뷰하고 집행 관리를 할 수 있는 책임기관으로서 KDI를 공식적으로 인정한 것이군요.

이태희 KDI가 국제교류협력 사업의 전문성을 인정받았던 것입니다. 원칙적으로 사업경비가 국내에서 집행될 경우 서울 사무소를 통해, 해외에서 집행될 경우에는 UNDP 해당국별 사무소를 통해 이루어졌습니다. 가령 컨설턴트를 채용할 경우,

---

15 당시 사업활동은 다음과 같다. 첫째, 정책연구를 하고, 둘째, 장차관급 정책결정자와 내용을 공유하는 고위 정책세미나와 능력개발 프로젝트capacity building project, 트레이닝 워크숍training workshop 등을 진행했다. 필요에 따라 TOT 워크숍Training of Trainers Workshop도 시행했다.

IDEP 소장의 추천 서한으로 컨설턴트가 서울 UNDP와 직접 계약하는 방식이었죠.

처음에 호주 교수가 이 사업 제안서를 KDI에 가져와 발표하고 검토 세미나를 했을 때, 박을용 소장님이 "이걸 과연 우리가 할 수 있을까?"라고 주저하셨어요. 만성적으로 인원이 부족하니까요. 그래서 제가 "KDI 연구위원들이 전부 다 전문가들입니다. 사업관리는 경험 있는 IDEP 멤버들이 하고, 필요하면 미국에서 석사를 받은 자문역을 한두 명 고용해 시작해도 될 것 같습니다"라고 말씀드려 시작되었습니다. 이후 남상우 박사님이 3대 IDEP 소장님으로 오시면서 UNDP 사업의 후반부 프로젝트를 주로 집행하셨죠.

홍은주 국제기구 자금을 집행하는 과정에서 어려움은 없었나요?

이태희 당연히 있었어요. 우리가 모든 현지 사정을 다 알지 못하기 때문에 상당 부분 현지 협력기관이나 담당자의 판단이나 의견에 의지할 수밖에 없는 한계가 있었습니다. 더구나 컨설턴트가 퇴직하거나 이직하는 경우는 업무 연계에 어려움이 있었어요. 현지에서 실제로 벌어진 일을 잘 모르니까 UNDP에 설명할 때 어려운 경우도 있었어요.

그렇게 힘든 일도 일부 있었지만, 우리가 국제협력 업무나 국제기구와 일하는 방법을 많이 배울 수 있었던 중요한 프로젝트였습니다. 이러한 경험이 훗날 한국의 대표적 지식협력 브랜드인 'KSP 사업'을 만드는 데 초석이 되었다고 봅니다.

1980년대 한국 경제성장의 국제 비교[*]

한국 경제의 위기극복과 비상

1980년대 무역 및 금융환경 등 글로벌 경제환경 변화는 거대하고 급속한 형태로 진행되었다. 개발도상국은 물론 선진국도 수용하기 어려운 시대적 지각변동이 발생했다.

1980년대 초반에 세계경제 전체가 암울한 가운데 한국은 더욱 극심한 정치적·경제적 위기에 직면했다. 대외적으로 한국의 주요 수출시장이던 선진국의 경기침체와 석유파동 여파 등으로 수출가격 경쟁력이 약화되었다. 대내적으로는 이상 기후로 농산물 생산이 30%나 감소되었고, 박정희 대통령 시해사건 이후 권력 이동에 따른 정치와 사회 불안도 심각했다.

그 결과, 1980년 한국 경제성장률은 -1.7%로 1960년대 초에 경제개발 5개년 계획을 시작한 이래 최악의 경제성장을 기록했다. 이는 세계 평균 성장률은 물론이고 개발도상국 평균 성장률보다 더 낮은 수준이었다. 또한 1980년 한국의 인플레이션율은 24.6%로 세계 평균 인플레이션율 및 개발도상국 평균 인플레이션율 수준보다

---

[*] 이 장은 송대희 박사가 작성한 KDI 내부자료 "1980년대의 국제 경제환경 변화와 한국 경제성장의 국제 비교"를 참고하여 집필했다.

훨씬 더 높았다. 1980년대 출발선상에서 보았을 때 한국의 초기 여건은 다른 개발도상국에 비해 훨씬 더 열악했다고 평가할 수 있다.

이러한 초기 악조건 속에서도 한국은 1980~1990년 기간 중 연평균 8.9%의 고도경제성장을 달성했다. 같은 기간의 첫해인 1980년 한 해를 제외하고는 항상 세계 평균보다 높은 경제성장률을 기록했다. [1]

세계은행이 1980~1990년 성장률 통계를 확보한 133개국 가운데 한국은 최상위 5% 그룹에 속한다. 한국보다 연평균 성장률이 높은 나라는 아프리카의 보츠와나 (11.3%), 에스와티니(9.7%), 아시아의 중국(9.2%) 등 3개국에 불과하다. 이 가운데 보츠와나와 에스와티니는 다이아몬드 등 부존자원 수출에 의존하는 인구 200만 명 내외의 소국이고, 중국은 개혁개방의 초기 단계에 있었다.

이러한 점을 감안하면 한국은 여러 경쟁국들 가운데 사실상 1980~1990년 기간 중 세계 최고 경제성장률을 달성한 나라로 평가할 수 있다. 1980년부터 1990년 사이에 한국이 1인당 GDP 면에서 추월한 나라는 모두 22개국이다. [2]

주요 선진국 및 개도국 경제성장률과의 비교

선진 3개국 및 남미 4개국과의 비교

세계 경제가 전체적으로 어려운 시기에 한국 경제는 초기 불황을 제외하고 전반적으로 고도성장의 호황을 누렸다. 1980년대 한국은 평균 경제성장률 8.9%로 같은 기간 중 세계 경제성장률의 평균치 3%에 비해 세 배나 높은 고도성장을 달성했다.

개별 선진국과 비교해 보면, 1980~1990년 기간 중 미국의 평균 성장률이 3%,

---

[1] 1980~1990년 기간 중 한국 경제발전 성과의 국제 비교는 기본적으로 세계은행 데이터베이스를 중심으로 GDP 성장률을 비교하는 데 중점을 두었다. 개발도상국과 경제발전 성과를 비교할 때는 경제성장 결과로 나타난 1인당 GDP^Per Capita GDP 수준 변화를 함께 분석했다(World Bank, 2018. 12. 8 인출).

[2] 22개국은 알제리, 아르헨티나, 브라질, 불가리아, 칠레, 코스타리카, 쿠바, 에콰도르, 피지, 가봉, 이란, 말레이시아, 멕시코, 나미비아, 오만, 파나마, 세이셸, 남아프리카공화국, 수리남, 트리니다드토바고, 우루과이, 베네수엘라 등이다(World Bank, 2018. 12. 8 인출).

독일의 평균 성장률이 2. 3%, 일본의 평균 성장률이 4. 4%로 나타났다. [3] 1981～
1982년에 독일 경제성장률은 계속 하강했고, 미국과 일본은 1981년에 약간 회복세를
보이다 1982년에 또다시 하락했다. 반면 한국은 1980년을 제외하고 경제성장률이
가파르게 상승해 지속적으로 높은 경제성장을 달성했다.

한국 경제의 약진은 남미 개발도상국과 비교할 때 더욱 차별화된다. '잃어버린 10년'
이라 불리는 이 기간에 라틴아메리카 개발도상국 4개국(아르헨티나, 브라질, 칠레, 멕
시코)의 평균 경제성장률은 1. 8%였다. 멕시코는 1978～1981년에 평균 9. 1%의 높
은 성장률을 나타내다 1982년에 -0. 6%, 1983년에 -4. 3%, 1987년에 다시 -3. 7%로
떨어졌다. 1970년대 후반(1977～1981년)에 평균 8. 5%의 높은 성장률을 보인 칠레도
1982년에 -11. 0%, 1983년에 -5. 0%로 극심한 마이너스 성장률을 기록했다. 브라질
역시 1980년에 9. 1%의 고도성장을 했으나, 1981～1983년에 경기침체에 시달렸다. [4]

아르헨티나는 다른 남미 국가들보다 상황이 심각했다. 1970년대부터 마이너스 성
장[5]에 시달리던 아르헨티나는 1981년 -5. 7%를 시작으로 1980년대 10년 중에 6년간
마이너스 성장으로 남미 국가들 중 최악의 경제성장률을 기록했다. [6] 이들은 1984년
이후 1995년까지 3～4%의 평균 성장률을 넘지 못하는 저성장 기조를 유지했다.

이들 남미 국가는 모두 높은 인플레이션과 감당할 수 없는 국가부채에 시달렸다.
1982년에 아르헨티나와 멕시코가 국가부도 사태에 직면하여 대외 채무조정을 받았
다. 1983년에는 브라질과 칠레가 외환위기를 겪었다.

남미 개발도상국들의 경제 부침은 우선 주 수출 품목인 천연자원의 국제 가격과 관
계가 깊다. 산유국인 브라질과 아르헨티나, 멕시코는 제2차 석유파동으로 원유 가격
이 상승한 1980년 전후에 고도성장을 누렸으나, 1981년 하반기부터 원유 가격이 하락
하자 성장률이 급격히 추락했다. 칠레는 구리 등 원자재가 주 수출 품목으로 원자재

---

3 선진 3개국의 평균 경제성장률은 1975~1995년 기간 중 거의 같은 추세로 등락 현상을 보이면서 높은 상호
   연계성을 나타냈다.
4 1981년에 -4.4%, 1982년에 0.6%, 1983년에 다시 -3.4% 하락했다.
5 1976년에 -2.0%, 1978년에 -4.5% 하락했다.
6 1982년 -5.0%, 1985년 -7.6%, 1988년 -2.7%, 1989년 -7.5%, 1990년 -2.4%를 기록했다.

가격이 높았던 1980년 초 고도성장을 했으나 원자재 가격 하락하자 불황을 겪었다. 7

제프리 삭스Jeffrey Sachs 교수는 남미 국가들의 무역정책과 환율정책 실패를 남미 경제 부진의 또 다른 이유로 지적한다. 한국과 남미 국가들은 똑같이 많은 외채를 들여왔으나, 한국은 수출 증대를 위해 썼고 남미는 수입대체를 위해 사용했다. 환율정책도 한국에서는 수출 촉진을 도왔으나 남미에서는 오히려 수출 억제 기능을 했다. 8

한편 1980년 1인당 GDP 수준은 한국이 1,704달러로 아르헨티나 2,738달러, 브라질 1,939달러, 칠레 2,577달러, 멕시코 2,802달러보다 훨씬 낮았다. 그러나 1980년대 내내 남미 4개국은 저성장을 되풀이했다. 이에 따라 1990년 한국의 1인당 GDP가 6,516달러로 상승한 반면, 남미 4개국의 1990년 평균 1인당 GDP는 3,200달러에 그쳐 두 배 이상의 큰 격차를 나타냈다. 1980년대 기간 중에 1인당 GDP 수준에서 한국이 남미 4개국을 훌쩍 추월하여 앞서가기 시작한 것이다.

아시아 4개국과의 비교

아시아 개발도상국 중 인도네시아, 말레이시아, 필리핀, 태국 등 4개국의 1980년대 평균 경제성장률은 5.4%였다. 한국의 같은 기간 평균 경제성장률 8.9%에 현저히 못 미치는 수준이었다.

아시아 국가들 가운데 최악의 경우는 필리핀이었다. 야당 지도자 아키노가 1983년 암살된 이후 발생한 대규모 군중 시위로 정치·사회적 불안과 경제적 실정이 겹쳐 1984년과 1985년, 두 차례에 걸쳐 -7.3%라는 최악의 마이너스 성장을 기록했다. 오랜 기간 동안 마르코스 대통령의 부패한 독재정치 체제에서 지속된 수입대체적 무역정책 및 산업고도화의 실패 등으로 저성장의 늪에서 벗어나지 못했다. 9 1980~

---

7 칠레는 남미 국가들 중에서 예외적으로 시카고학파의 정책자문에 따라 자유시장경제 정책을 추진하며 1980년 후반 이후는 비교적 높은 성장세를 이어가고 있다.

8 Jeffrey D. Sachs & John Williamson, "External Debt and Macroeconomic Performance in Latin America and East Asia", *Brookings Papers on Economic Activity*, Vol.1985, No.2, pp.523~573.

9 Michael M. Alba, "Why has the Philippines Remained a Poor Country? Some Perspectives from Growth Economics", *UP School of Economics Discussion Papers*, University of the Philippines School of Economics, 2007.

1990년 기간 중 필리핀의 경제성장은 거의 정체 상태에 머물렀다.

말레이시아는 1980년에 1인당 GDP가 한국보다 높았다.[10] 그러나 1981년부터 한국이 다시 말레이시아를 추월했고, 1980년대 기간 중 말레이시아보다 높은 평균 성장률을 나타냈다. 1990년 한국의 1인당 GDP는 6,516달러로 말레이시아의 2,440달러보다 2.5배 높은 수준이었다.

산유국인 인도네시아는 1980년 9.9%의 고도성장을 기록했으나 이후 점차 하락했다. 1980년대에 한 번도 마이너스 성장을 기록하지 않았으나 평균 성장률이 3%의 낮은 수준에 머물러 한국과의 격차는 점점 더 확대되었다. 한편 태국은 1980~1990년 기간 중 평균 성장률이 7.7%로 아세안 국가 중 나름대로 견실한 움직임을 보였다.

실업률 및 소득분배의 국제 비교

실업률의 국제 비교[11]

실업률 국제 비교에서 한국은 1960년대 이후 오랫동안 가장 실업률이 낮은 나라로 나타났다. 1960년대 이래 고도성장이 지속되어 신규 노동시장으로 진입하는 노동인력을 충분히 흡수했기 때문에 나타난 결과로 보인다.

경기 상황이 최악이던 1980년에 한국의 실업률은 5.2%로 높은 수준이었으나 1981년 이후 하락하여 1989년 2.6%, 1995년 2.1%로 선진국이나 남미 개도국, 아세안 권역의 평균 실업률보다 낮은 수준이었다. 1983년 선진국권 실업률은 7.9%, 세계 평균 실업률은 무려 9.0%에 이르렀다. 1990년에도 선진국권 실업률은 5.8%, 세계 평균은 1989년 기준 7.7%로 높은 수준이었다.

라틴아메리카 개도국의 실업률 역시 1983년에 11.7%라는 최악의 상황에 직면한 후 점차 낮아졌으나 1991년에도 여전히 9.9%라는 높은 평균 실업률을 보였다. 저소

---

10 한국은 1976년부터 말레이시아를 1인당 GDP 면에서 추월했으나, 1980년에 한국은 -1.7%의 마이너스 성장을 했고 말레이시아는 같은 해 6%를 성장한 결과 말레이시아의 1인당 GDP가 한국보다 다시 높아졌다.

11 World bank, 2018. 12. 8 인출.

득 개발도상 국가군의 실업률도 1983년에 가장 높은 10.9%였고, 1989년에 9.3%까지 낮아졌다가 그 후 다시 증가해 1995년 11.7%까지 상승했다.

소득분배 국제 비교

미국 아이오와대의 프레더릭 솔트Frederick Solt 교수가 개발해 하버드대 등에서 활용하는 'SWIID Standardized World Income Inequality Database (세계소득 불평등 데이터베이스) 자료에 기반한 지니계수 추이를 중심으로 소득분배 개선 정도를 비교한 결과, 1980년대에 미국과 영국의 소득분배는 악화된 반면 한국은 완만하게 개선된 것으로 나타났다.[12]

고도성장이 지속되면 소득분배가 다소 악화되는 것이 일반적 경향이다. 그러나 한국은 1980년대에 평균 10%에 가까운 고도성장을 하면서도 소득분배를 나타내는 지니계수는 꾸준히 하향 추세를 보여 소득분배가 개선되었다. 이처럼 한국에서 1980년대 소득분배가 개선된 것은 물가안정으로 실질소득이 개선되고 서민생활이 안정되었을 뿐만 아니라 고도 경제성장에 따른 새로운 일자리 창출에 기인한 것으로 보인다.

1980년대 한국 고도성장에 대한 평가

1980년대 초 세계적 경기침체로 많은 나라가 2~3년간 불황의 늪에서 빠져나오지 못한 사례와 비교하면 한국은 위기극복 측면에서 남다른 순발력을 보인 셈이다. 1980년대 중후반기는 이른바 '3저 효과'(저금리·저달러·저유가)를 최대한 활용하여 만성적 경상수지 적자를 대규모 흑자로 전환시켰다.

1980~1990년 기간 중에 한국이 평균 8.9%라는 놀라운 고도성장을 이룩한 것에 대해 일부에서는 한국의 자체적 노력보다 외부 환경의 덕을 본 것이라고 평가하기도 한다. 그러나 3저 효과는 한국에만 찾아온 것이 아니라 전 세계 모든 나라에 동일하게 주어졌던 국제 경제환경이었다. 한국이 이 변화된 경제환경을 십분 잘 활용

---

12 Frederick Solt, "The Standardized World Income Inequality Database", *Social Science Quarterly*, 97(5), 2016, 1267~1281. SWIID Version 7.1, August, 2018.

했다는 사실은 비슷한 상황에서 남미나 아시아 등 다른 개발도상국들이 보인 낮은 경제성과와 비교할 때 확실히 차별화된다.

한국은 이 기간 동안 소득성장뿐만 아니라 인플레이션율, 실업률, 소득분배 면에서도 다른 개도국들과 비교해 탁월한 성과를 거두었다. 1980년대에 한국이 다른 나라들과 비교해 놀라운 경제발전을 이룰 수 있었던 배경에는 한국이 1980년대에 정치적 위기 상황에서도 굳건한 의지로 추진했던 안정화·개방화·자율화 정책이 있었다.

1980년대에 한국 정부가 세계 경제환경 변화에 대응하여 구상하고 추진했던 경제발전 정책의 내용을 요약하면 다음과 같다.

1970년대 후반부터 한국은 정부 주도의 확장적 경제정책과 발전전략을 민간 주도의 시장경제 중심 발전전략으로 180도 전환했다. 1979년부터 경제 안정화 정책을 추진하여 1980년대 초에 확고히 뿌리내리게 했다. 한국이 안정화 정책으로 경제 기조 전환에 착수한 시점은 영국과 미국보다 앞섰다고 할 수 있다.

1960년대부터 추진했던 한국의 수출주도형 대외지향적 발전전략은 1980년대에도 지속되었다. 불공정무역 시정을 요구하는 미국의 통상압력에 선제적으로 대응하여 1980년대 초에 한국은 스스로 과감한 수입자유화와 개방화 조치를 단행했다. 경제발전에 필요한 자본을 국제시장에서 많이 조달해 국가 부채가 남미와 비슷하게 높은 수준이었지만 전략적 대응으로 위기를 모면하기도 했다. GDP 성장 속도보다 더 빠른 증가세를 보인 수출증대 전략의 추진으로 대외 채무 상환에 필요한 외화를 적기에 조달하여 1980년대 초 남미 국가들이 겪은 것과 같은 금융위기를 피한 것이다.

또한 한국은 탈이념화와 세계화, 무한경쟁 시대의 도래에 부응하여 실용주의적 전략을 펼쳐 시장경제 체제에서 공정경쟁을 더욱 강화했다. 공기업 민영화 등 공공 부문 효율화를 위한 제반 조치도 실시하여 공공 부문의 비효율성이 민간 부문의 경쟁력 제고에 걸림돌이 되지 않도록 하는 노력을 지속했다. 1980년대 초부터 한국은 사회주의 시장으로 적극 진출하는 한편 북한과도 경제협력을 시도했다. 소득분배 개선을 위해 국민연금제도 실시 및 각종 사회보장제도를 새롭게 도입하기도 했다.

이 시기에 KDI는 한국 정부가 추진한 안정화·개방화·자율화 정책의 연구를 수행하며 1980년대 한국 경제의 지속적 고도성장에 크게 기여했다.

집필자 약력

홍은주

한양대를 졸업하고, 미국 오하이오주립대에서 경제학 석사학위와 박사학위를 받았다. 문화방송(MBC) 경제부장, 논설실장을 거쳐 iMBC 대표이사를 지냈다. 한국여기자협회 부회장, 회장 직무대행, 한국 여성경제학회 회장 등을 역임하였으며, 현재 한양사이버대 경제금융학과 교수이다. 저서로는 《경제를 보는 눈》, 《초국적시대의 미국기업》, 《부실채권 정리: 금융산업의 뉴 프론티어》, 《(그림으로 이해하는) 경제사상》, 《코리안 미러클》 1~7권 등 다수가 있다.

KDI 원로들의 증언 – 1980년대

KDI, 자율·경쟁·개방의 시대를 열다

2023년 11월 30일 발행
2023년 11월 30일 1쇄

기획 및 집필_ KDI 원로들의 증언 편찬위원회
발행자_ 趙相浩
발행처_ (주) 나남
주소_ 10881 경기도 파주시 회동길 193
전화_ 031) 955-4601 (代)
FAX_ 031) 955-4555
등록_ 제 1-71호(1979. 5. 12)
홈페이지_ www.nanam.net
전자우편_ post@ nanam.net

ISBN 978-89-300-4155-3
ISBN 978-89-300-8001-9(세트)

책값은 뒤표지에 있습니다.